CÓDIGO DE DEFESA DO CONSUMIDOR

LEI 8.078, DE 11 DE SETEMBRO DE 1990

Grupo Editorial Nacional

O GEN | Grupo Editorial Nacional – maior plataforma editorial brasileira no segmento científico, técnico e profissional – publica conteúdos nas áreas de concursos, ciências jurídicas, humanas, exatas, da saúde e sociais aplicadas, além de prover serviços direcionados à educação continuada.

As editoras que integram o GEN, das mais respeitadas no mercado editorial, construíram catálogos inigualáveis, com obras decisivas para a formação acadêmica e o aperfeiçoamento de várias gerações de profissionais e estudantes, tendo se tornado sinônimo de qualidade e seriedade.

A missão do GEN e dos núcleos de conteúdo que o compõem é prover a melhor informação científica e distribuí-la de maneira flexível e conveniente, a preços justos, gerando benefícios e servindo a autores, docentes, livreiros, funcionários, colaboradores e acionistas.

Nosso comportamento ético incondicional e nossa responsabilidade social e ambiental são reforçados pela natureza educacional de nossa atividade e dão sustentabilidade ao crescimento contínuo e à rentabilidade do grupo.

2019

CÓDIGO DE DEFESA DO CONSUMIDOR

LEI 8.078, DE 11 DE SETEMBRO DE 1990

31.ª edição

revista e atualizada

gen | atlas

EDITORA ATLAS LTDA.
Uma editora integrante do GEN | Grupo Editorial Nacional
Rua Conselheiro Nébias, 1384 – Campos Elíseos – 01203-904 – São Paulo – SP
Tel.: (11) 5080-0770 / (21) 3543-0770
faleconosco@grupogen.com.br / www.grupogen.com.br

- Fechamento desta edição: *DOU* de 11.01.2019

- **CIP – BRASIL. CATALOGAÇÃO NA FONTE.
SINDICATO NACIONAL DOS EDITORES DE LIVROS, RJ.**

Código de Defesa do Consumidor: Lei 8.078, de 11 de setembro de 1990 / organização equipe Atlas. – 31. ed. – São Paulo: Atlas, 2019.
(Manuais de legislação Atlas)

ISBN 978-85-97-01986-5

1. Brasil. [Código de Defesa do Consumidor (1990)]. 2. Defesa do consumidor – Brasil. I. Equipe Atlas. II. Série.

18-54228 CDU: 34:366.542(81)(094.4)

Vanessa Mafra Xavier Salgado – Bibliotecária – CRB-7/6644

NOTA DA EDITORA

Esta obra consolida décadas de experiência do Grupo GEN | Editora Atlas na publicação de livros jurídicos. Apresentamos aos estudantes, acadêmicos e profissionais do Direito e das mais diversas áreas do conhecimento o *Código de Defesa do Consumidor*, confiantes por termos superado o desafio de oferecer o material mais consistente do mercado.

Cuidadosamente produzido para apresentar o melhor conteúdo legislativo, o *Código de Defesa do Consumidor* possui projeto gráfico prático e moderno, que permite a otimização na busca de informações.

Esse conteúdo tem a seguinte estrutura:

- Código de Defesa do Consumidor – Lei 8.078/1990
- Legislação Relacionada – CF, CP e CPC
- Legislação Complementar
- Súmulas dos Tribunais Superiores
- Índice Remissivo

Sobre o acompanhamento legislativo

O Grupo Editorial Nacional | GEN também disponibiliza aos leitores um acompanhamento legislativo, com informações sobre as normas de maior impacto nos principais ramos do Direito brasileiro, bem como aquelas que alterem os dispositivos legais contidos nesta obra, publicadas ao longo do ano. Para acessar esse conteúdo, basta entrar no *site*: <http://genjuridico.com.br/acompanhamentolegislativo/>.

Sobre o Material Suplementar

Aos leitores desta edição do *Código de Defesa do Consumidor*, é oferecido conteúdo *on-line* exclusivo e gratuito. As informações de acesso constam da orelha da obra.

SUMÁRIO

CÓDIGO DE DEFESA DO CONSUMIDOR – Lei 8.078, de 11 de setembro de 1990 1

TÍTULO I – DOS DIREITOS DO CONSUMIDOR 1

Capítulo I – Disposições gerais 1

Capítulo II – Da política nacional de relações de consumo 2

Capítulo III – Dos direitos básicos do consumidor 3

Capítulo IV – Da qualidade de produtos e serviços, da prevenção e da reparação dos danos 5

Seção I – Da proteção à saúde e segurança 5

Seção II – Da responsabilidade pelo fato do produto e do serviço 6

Seção III – Da responsabilidade por vício do produto e do serviço 8

Seção IV – Da decadência e da prescrição 11

Seção V – Da desconsideração da personalidade jurídica 12

Capítulo V – Das práticas comerciais 12

Seção I – Das disposições gerais 12

Seção II – Da oferta 13

Seção III – Da publicidade 14

Seção IV – Das práticas abusivas 15

Seção V – Da cobrança de dívidas 17

Seção VI – Dos bancos de dados e cadastros de consumidores 17

Capítulo VI – Da proteção contratual 18

Seção I – Disposições gerais 18

Seção II – Das cláusulas abusivas 19

Seção III – Dos contratos de adesão 23

Capítulo VII – Das sanções administrativas 23

TÍTULO II – DAS INFRAÇÕES PENAIS 26

TÍTULO III – DA DEFESA DO CONSUMIDOR EM JUÍZO 30

Capítulo I – Disposições gerais 30

Capítulo II – Das ações coletivas para a defesa de interesses individuais homogêneos 34

Capítulo III – Das ações de responsabilidade do fornecedor de produtos e serviços 36

Capítulo IV – Da coisa julgada 37

TÍTULO IV – DO SISTEMA NACIONAL DE DEFESA DO CONSUMIDOR 37

TÍTULO V – DA CONVENÇÃO COLETIVA DE CONSUMO 39

TÍTULO VI – DISPOSIÇÕES FINAIS 39

LEGISLAÇÃO RELACIONADA 41

CONSTITUIÇÃO DA REPÚBLICA FEDERATIVA DO BRASIL, DE 5 DE OUTUBRO DE 1988* 41

CÓDIGO PENAL – DECRETO-LEI 2.848, DE 7 DEZEMBRO DE 1940* 43

CÓDIGO DE PROCESSO CIVIL – LEI 13.105, DE 16 DE MARÇO DE 2015* 46

DECRETO 22.626, DE 7 DE ABRIL DE 1933 48

LEI 1.521, DE 26 DE DEZEMBRO DE 1951 – Altera dispositivos da legislação vigente sobre crimes contra a economia popular* 50

LEI 7.347, DE 24 DE JULHO DE 1985 – Disciplina a ação civil pública de responsabilidade por danos causados ao meio ambiente, ao consumidor, a bens e direitos de valor artístico, estético, histórico, turístico e paisagístico (VETADO) e dá outras providências* 54

LEGISLAÇÃO COMPLEMENTAR 55

Leis

LEI 4.591, DE 16 DE DEZEMBRO DE 1964 – Dispõe sobre o condomínio em edificações e as incorporações imobiliárias 55

LEI 6.766, DE 19 DE DEZEMBRO DE 1979 – Dispõe sobre o parcelamento do solo urbano e dá outras providências 67

LEI 8.137, DE 27 DE DEZEMBRO DE 1990 – Define crimes contra a ordem tributária, econômica e contra as relações de consumo, e dá outras providências 75

LEI 8.987, DE 13 DE FEVEREIRO DE 1995 – Dispõe sobre o regime de concessão e permissão da prestação de serviços públicos previsto no art. 175 da Constituição Federal, e dá outras providências* 80

LEI 9.008, DE 21 DE MARÇO DE 1995 – Cria, na estrutura organizacional do Ministério da Justiça, o Conselho Federal de que trata o art. 13 da Lei nº 7.347, de 24 de julho de 1985, altera os arts. 4º, 39, 82, 91 e 98 da Lei nº 8.078, de 11 de setembro de 1990, e dá outras providências 81

* Conteúdo parcial.

LEI 9.832, DE 14 DE SETEMBRO DE 1999 – Proíbe o uso industrial de embalagens metálicas soldadas com liga de chumbo e estanho para acondicionamento de gêneros alimentícios, exceto para produtos secos ou desidratados 101

LEI 10.671, DE 15 DE MAIO DE 2003 – Dispõe sobre o Estatuto de Defesa do Torcedor, e dá outras providências 106

LEI 10.962, DE 11 DE OUTUBRO DE 2004 – Dispõe sobre a oferta e as formas de afixação de preços de produtos e serviços para o consumidor 116

LEI 12.007, DE 29 DE JULHO DE 2009 – Dispõe sobre a emissão de declaração de quitação anual de débitos pelas pessoas jurídicas prestadoras de serviços públicos ou privados. 126

LEI 12.291, DE 20 DE JULHO DE 2010 – Torna obrigatória a manutenção de exemplar do Código de Defesa do Consumidor nos estabelecimentos comerciais e de prestação de serviços 126

LEI 12.414, DE 9 DE JUNHO DE 2011 – Disciplina a formação e consulta a bancos de dados com informações de adimplemento, de pessoas naturais ou de pessoas jurídicas, para formação de histórico de crédito. 127

LEI 12.529, DE 30 DE NOVEMBRO DE 2011 – Estrutura o Sistema Brasileiro de Defesa da Concorrência; dispõe sobre a prevenção e repressão às infrações contra a ordem econômica; altera a Lei nº 8.137, de 27 de dezembro de 1990, o Decreto-Lei nº 3.689, de 3 de outubro de 1941 – Código de Processo Penal, e a Lei nº 7.347, de 24 de julho de 1985; revoga dispositivos da Lei nº 8.884, de 11 de junho de 1994, e a Lei nº 9.781, de 19 de janeiro de 1999; e dá outras providências* 131

LEI 12.741, DE 8 DE DEZEMBRO DE 2012 – Dispõe sobre as medidas de esclarecimento ao consumidor, de que trata o § 5º do artigo 150 da Constituição Federal; altera o inciso III do art. 6º e o inciso IV do art. 106 da Lei nº 8.078, de 11 de setembro de 1990 – Código de Defesa do Consumidor 140

LEI 12.921, DE 26 DEZEMBRO DE 2013 – Proíbe a fabricação, a comercialização, a distribuição e a propaganda de produtos nacionais e importados, de qualquer natureza, bem como embalagens, destinados ao público infantojuvenil, reproduzindo a forma de cigarros e similares 150

LEI 12.933, DE 26 DEZEMBRO DE 2013 – Dispõe sobre o benefício do pagamento de meia-entrada para estudantes, idosos, pessoas com deficiência e jovens de 15 a 29 anos comprovadamente carentes em espetáculos artístico-culturais e esportivos, e revoga a Medida Provisória nº 2.208, de 17 de agosto de 2001 150

LEI 12.965, DE 23 DE ABRIL DE 2014 – Estabelece princípios, garantias, direitos e deveres para o uso da Internet no Brasil* 152

LEI 13.111, DE 25 DE MARÇO DE 2015 – Dispõe sobre a obrigatoriedade de os empresários que comercializam veículos automotores informarem ao comprador o valor dos tributos incidentes sobre a venda e a situação de regularidade do veículo quanto a furto, multas, taxas anuais, débitos de impostos, alienação fiduciária ou quaisquer outros registros que limitem ou impeçam a circulação do veículo 161

* Conteúdo parcial.

LEI 13.146, DE 6 DE JULHO DE 2015 – Institui a Lei Brasileira de Inclusão da Pessoa com Deficiência (Estatuto da Pessoa com Deficiência)* 162

LEI 13.179, DE 22 DE OUTUBRO DE 2015 – Obriga o fornecedor de ingresso para evento cultural pela internet a tornar disponível a venda de meia-entrada por esse veículo 163

LEI 13.233, DE 29 DE DEZEMBRO DE 2015 – Obriga, nas hipóteses que especifica, a veiculação de mensagem de advertência sobre o risco de escassez e de incentivo ao consumo moderado de água 164

LEI 13.294, DE 6 DE JUNHO DE 2016 – Dispõe sobre o prazo para emissão de recibo de quitação integral de débitos de qualquer natureza pelas instituições integrantes do Sistema Financeiro Nacional, nos termos da Lei nº 4.595, de 31 de dezembro de 1964 165

LEI 13.455, DE 26 DE JUNHO DE 2017 – Dispõe sobre a diferenciação de preços de bens e serviços oferecidos ao público em função do prazo ou do instrumento de pagamento utilizado, e altera a Lei 10.962, de 11 de outubro de 2004 165

LEI 13.460, DE 26 DE JUNHO DE 2017 – Dispõe sobre participação, proteção e defesa dos direitos do usuário dos serviços públicos da administração pública 166

LEI Nº 13.543, DE 19 DE DEZEMBRO DE 2017 – Acrescenta dispositivo à Lei nº 10.962, de 11 de outubro de 2004, que dispõe sobre a oferta e as formas de afixação de preços de produtos e serviços para o consumidor 171

LEI 13.786, DE 27 DE DEZEMBRO DE 2018 – Altera as Leis nºs 4.591, de 16 de dezembro de 1964, e 6.766, de 19 de dezembro de 1979, para disciplinar a resolução do contrato por inadimplemento do adquirente de unidade imobiliária em incorporação imobiliária e em parcelamento de solo urbano 171

Decretos

DECRETO DE 28 DE SETEMBRO DE 1995 – Cria a Comissão Nacional Permanente de Defesa do Consumidor, e dá outras providências 83

DECRETO 2.181, DE 20 DE MARÇO DE 1997 – Dispõe sobre a organização do Sistema Nacional de Defesa do Consumidor – SNDC, estabelece as normas gerais de aplicação das sanções administrativas previstas na Lei nº 8.078, de 11 de setembro de 1990, revoga o Decreto nº 861, de 9 de julho de 1993, e dá outras providências 84

DECRETO 2.521, DE 20 DE MARÇO DE 1998 – Dispõe sobre a exploração, mediante permissão e autorização, de serviços de transporte rodoviário interestadual e internacional de passageiros e dá outras providências* 98

DECRETO 4.680, DE 24 DE ABRIL DE 2003 – Regulamenta o direito à informação, assegurado pela Lei nº 8.078, de 11 de setembro de 1990, quanto aos alimentos e ingredientes alimentares destinados ao consumo humano ou animal que contenham ou sejam produzidos a partir de organismos geneticamente modificados, sem prejuízo do cumprimento das demais normas aplicáveis 105

DECRETO 5.440, DE 4 DE MAIO DE 2005 – Estabelece definições e procedimentos sobre o controle de qualidade da água de sistemas de abastecimento e institui mecanismos e instrumentos para divulgação de informação ao consumidor sobre a qualidade da água para consumo humano 117

* Conteúdo parcial.

DECRETO 5.903, DE 20 DE SETEMBRO DE 2006 – Regulamenta a Lei nº 10.962, de 11 de outubro de 2004, e a Lei nº 8.078, de 11 de setembro de 1990 118

DECRETO 6.523, DE 31 DE JULHO DE 2008 – Regulamenta a Lei nº 8.078, de 11 de setembro de 1990, para fixar normas gerais sobre o Serviço de Atendimento ao Consumidor – SAC 121

DECRETO 7.829, DE 17 DE OUTUBRO DE 2012 – Regulamenta a Lei nº 12.414, de 9 de junho de 2011, que disciplina a formação e consulta a bancos de dados com informações de adimplemento, de pessoas naturais ou de pessoas jurídicas, para formação de histórico de crédito 136

DECRETO 7.962, DE 15 DE MARÇO DE 2013 – Regulamenta a Lei nº 8.078, de 11 de setembro de 1990, para dispor sobre a contratação no comércio eletrônico 142

DECRETO 8.573, DE 19 DE NOVEMBRO DE 2015 – Dispõe sobre o Consumidor.gov.br, sistema alternativo de solução de conflitos de consumo, e dá outras providências 163

Medida Provisória

MEDIDA PROVISÓRIA 2.172-32, DE 23 DE AGOSTO DE 2001 – Estabelece a nulidade das disposições contratuais que menciona e inverte, nas hipóteses que prevê, o ônus da prova nas ações intentadas para sua declaração 102

Portarias

PORTARIA 4, DE 13 DE MARÇO DE 1998 – Divulga, em aditamento ao elenco do art. 51 da Lei nº 8.078/90 e do art. 22 do Decreto nº 2.181/97, cláusulas que são nulas de pleno direito 97

PORTARIA 3, DE 19 DE MARÇO DE 1999 – Dispõe sobre cláusulas nulas de pleno direito 99

PORTARIA 3, DE 15 DE MARÇO DE 2001 – Dispõe sobre cláusulas nulas de pleno direito 101

PORTARIA 81, DE 23 DE JANEIRO DE 2002 – Estabelece regra para a informação aos consumidores sobre mudança de quantidade de produto comercializado na embalagem 103

PORTARIA 5, DE 27 DE AGOSTO DE 2002 – Complementa o elenco de cláusulas abusivas constante do art. 51 da Lei nº 8.078, de 11 de setembro de 1990 104

PORTARIA 7, DE 3 DE SETEMBRO DE 2003 – Para efeitos de fiscalização pelos órgãos públicos de defesa do consumidor, particulariza hipótese prevista no elenco de práticas abusivas constante do art. 39 da Lei nº 8.078, de 11 de setembro de 1990 115

PORTARIA 2.014, DE 13 DE OUTUBRO DE 2008 – Estabelece o tempo máximo para o contato direto com o atendente e o horário de funcionamento no Serviço de Atendimento ao Consumidor – SAC 123

PORTARIA 487, DE 15 DE MARÇO DE 2012 – Disciplina o procedimento de chamamento dos consumidores ou *recall* de produtos e serviços que, posteriormente à sua introdução no mercado de consumo, forem considerados nocivos ou perigosos 133

PORTARIA 3.083, DE 25 DE SETEMBRO DE 2013 – Disciplina o direito do consumidor à informação sobre a segurança dos estabelecimentos de lazer, cultura e entretenimento 144

Portaria Interministerial

PORTARIA INTERMINISTERIAL 3.082, DE 24 DE SETEMBRO DE 2013 – Institui o Sistema de Informações de Acidentes de Consumo – SIAC 143

Resoluções

RESOLUÇÃO 3.694, DE 26 DE MARÇO DE 2009 – Dispõe sobre a prevenção de riscos na contratação de operações e na prestação de serviços por parte de instituições financeiras e demais instituições autorizadas a funcionar pelo Banco Central do Brasil 124

RESOLUÇÃO 296, DE 25 DE OUTUBRO DE 2013 – Dispõe sobre as regras e os critérios para operação do seguro de garantia estendida, quando da aquisição de bens ou durante a vigência da garantia do fornecedor, e dá outras providências 145

RESOLUÇÃO 315, DE 26 DE SETEMBRO DE 2014 – Dispõe sobre as regras e os critérios para operação do seguro viagem 155

SÚMULAS DOS TRIBUNAIS SUPERIORES 173

Súmulas Vinculantes do Supremo Tribunal Federal 173

Súmulas do Superior Tribunal de Justiça 173

ÍNDICE REMISSIVO 177

CÓDIGO DE DEFESA DO CONSUMIDOR[1]

Lei 8.078, de 11 de setembro de 1990.

O Presidente da República. Faço saber que o Congresso Nacional decreta e eu sanciono a seguinte Lei:

TÍTULO I
DOS DIREITOS DO CONSUMIDOR

CAPÍTULO I
Disposições gerais

Art. 1º O presente Código estabelece normas de proteção e defesa do consumidor, de ordem pública e interesse social, nos termos dos arts. 5º, inciso XXXII, 170, inciso V, da Constituição Federal e art. 48 de suas Disposições Transitórias.

> Legislação relacionada: Decreto nº 2.181/97 (Dispõe sobre a organização do Sistema Nacional de Defesa do Consumidor – SNDC, e estabelece as normas gerais de aplicações das sanções administrativas previstas nesta Lei. Sobre os valores constantes deste diploma legal); Decreto nº 1.306/94 (Regulamenta o Fundo de Defesa de Direitos Difusos); Lei nº 9.791/99 (Dispõe sobre a obrigatoriedade de as concessionárias de serviços públicos estabelecerem ao consumidor e ao usuário datas opcionais para o vencimento de seus débitos); Lei nº 8.987/95 (Lei de Concessões); Portaria Interministerial nº 477/95 – Saúde, Justiça e Comunicações (Divulga o teor das advertências sobre os males provocados pelo consumo de tabaco e produtos derivados, para os efeitos desta Lei do Consumidor); Decreto nº 2.978/99 (Regulamenta a arrecadação da Taxa Processual e da Taxa de Serviços do Conselho Administrativo de Defesa Econômica – CADE); Resolução nº 45/07 do Conselho Administrativo de Defesa Econômica – CADE (Aprova o seu Regimento Interno); Lei nº 12.529/11 (Estrutura o Sistema Brasileiro de Defesa da Concorrência; dispõe sobre a prevenção e repressão às infrações contra a ordem econômica).

Art. 2º Consumidor é toda pessoa física ou jurídica que adquire ou utiliza produto ou serviço como destinatário final.

Parágrafo único. Equipara-se a consumidor a coletividade de pessoas, ainda que indetermináveis, que haja intervindo nas relações de consumo.

> Artigos conexos: art. 17 (responsabilidade civil, consumidor vítima de evento); art. 29 (práticas comerciais, equiparação ao consumidor).

---

[1] *DOU* de 12-9-1990. Retificado no *DOU* de 10-1-2007.

Art. 3º Fornecedor é toda pessoa física ou jurídica, pública ou privada, nacional ou estrangeira, bem como os entes despersonalizados, que desenvolvem atividades de produção, montagem, criação, construção, transformação, importação, exportação, distribuição ou comercialização de produtos ou prestação de serviços.

§ 1º Produto é qualquer bem, móvel ou imóvel, material ou imaterial.

§ 2º Serviço é qualquer atividade fornecida no mercado de consumo, mediante remuneração, inclusive as de natureza bancária, financeira, de crédito e securitária, salvo as decorrentes das relações de caráter trabalhista.

> Artigo conexo: art. 28 (desconsideração da personalidade jurídica).

> Legislação relacionada: Código Civil, art. 50 (desconsideração da personalidade jurídica).

> Súmulas 297 e 563 do STJ.

CAPÍTULO II
Da política nacional de relações de consumo

Art. 4º A Política Nacional das Relações de Consumo tem por objetivo o atendimento das necessidades dos consumidores, o respeito à sua dignidade, saúde e segurança, a proteção de seus interesses econômicos, a melhoria da sua qualidade de vida, bem como a transparência e harmonia das relações de consumo, atendidos os seguintes princípios:

> Art. 4º, *caput*, com redação dada pela Lei nº 9.008, de 21-3-1995.

I – reconhecimento da vulnerabilidade do consumidor no mercado de consumo;

II – ação governamental no sentido de proteger efetivamente o consumidor:

a) por iniciativa direta;

b) por incentivos à criação e desenvolvimento de associações representativas;

c) pela presença do Estado no mercado de consumo;

d) pela garantia dos produtos e serviços com padrões adequados de qualidade, segurança, durabilidade e desempenho;

III – harmonização dos interesses dos participantes das relações de consumo e compatibilização da proteção do consumidor com a necessidade de desenvolvimento econômico e tecnológico, de modo a viabilizar os princípios nos quais se funda a ordem econômica (art. 170, da Constituição Federal), sempre com base na boa-fé e equilíbrio nas relações entre consumidores e fornecedores;

IV – educação e informação de fornecedores e consumidores, quanto aos seus direitos e deveres, com vistas à melhoria do mercado de consumo;

V – incentivo à criação pelos fornecedores de meios eficientes de controle de qualidade e segurança de produtos e serviços, assim como de mecanismos alternativos de solução de conflitos de consumo;

VI – coibição e repressão eficientes de todos os abusos praticados no mercado de consumo, inclusive a concorrência desleal e utilização indevida de inventos e criações industriais das marcas e nomes comerciais e signos distintivos, que possam causar prejuízos aos consumidores;

VII – racionalização e melhoria dos serviços públicos;

VIII – estudo constante das modificações do mercado de consumo.

> Legislação relacionada: Constituição Federal, art. 170; Código Civil, art. 422 (boa-fé nos contratos); Lei nº 9.791/99 (Dispõe sobre a obrigatoriedade de as concessionárias de serviços públicos estabelecerem ao consumidor e ao usuário datas opcionais para o vencimento de seus débitos); Lei nº 9.279/96 (Regula os Direitos e Obrigações Relativos à Propriedade Industrial); Lei nº 10.603/02 (Dispõe sobre a proteção de informação não divulgada submetida para aprovação da comercialização de produção e dá outras providências).

Art. 5º Para a execução da Política Nacional das Relações de Consumo, contará o Poder Público com os seguintes instrumentos, entre outros:

I – manutenção de assistência jurídica, integral e gratuita para o consumidor carente;

II – instituição de Promotorias de Justiça de Defesa do Consumidor, no âmbito do Ministério Público;

III – criação de delegacias de polícia especializada no atendimento de consumidores vítimas de infrações penais de consumo;

IV – criação de Juizados Especiais de Pequenas Causas e Varas Especializadas para a solução de litígios de consumo;

V – concessão de estímulos à criação e desenvolvimento das Associações de Defesa do Consumidor.

§ 1º (Vetado).[2]

> O texto vetado dispunha:
> *"§ 1º Os Estados, Distrito Federal e Municípios manterão órgãos de atendimento gratuito para orientação dos consumidores."*

§ 2º (Vetado).[3]

> O texto vetado dispunha:
> *"A União, os Estados, o Distrito Federal e os Municípios poderão fiscalizar preços e autuar os infratores, observado seu prévio tabelamento pela autoridade competente."*

CAPÍTULO III
Dos direitos básicos do consumidor

Art. 6º São direitos básicos do consumidor:

I – a proteção da vida, saúde e segurança contra os riscos provocados por práticas no fornecimento de produtos e serviços considerados perigosos ou nocivos;

II – a educação e divulgação sobre o consumo adequado dos produtos e serviços, asseguradas a liberdade de escolha e a igualdade nas contratações;

III – a informação adequada e clara sobre os diferentes produtos e serviços, com especificação correta de quantidade, características, composição, qualidade, tributos incidentes e preço, bem como sobre os riscos que apresentem;

> *Inciso III com redação dada pela Lei nº 12.741, de 8 de dezembro de 2012.*

---

2 Mensagem de Veto nº 664/90, *do § 1º do art. 5º*: "Esta disposição contraria o princípio federativo, uma vez que impõe aos Estados, ao Distrito Federal e aos Municípios a obrigação de manter determinados serviços gratuitos."

3 Mensagem de Veto nº 664/90, *do § 2º do art. 5º*: "Cabe à lei que estabelecer o tabelamento, à vista de excepcional interesse público, indicar a autoridade competente para fiscalizá-lo. A cláusula prevista no § 2º outorga atribuição genérica, incompatível com a segurança jurídica dos administradores, pois enseja a possibilidade de ser o mesmo fato objeto de fiscalização simultânea pelos diferentes órgãos."

> O texto original dispunha:
>
> *"III – a informação adequada e clara sobre os diferentes produtos e serviços, com especificação correta de quantidade, características, composição, qualidade e preço, bem como sobre os riscos que apresentem;"*

IV – a proteção contra a publicidade enganosa e abusiva, métodos comerciais coercitivos ou desleais, bem como contra práticas e cláusulas abusivas ou impostas no fornecimento de produtos e serviços;

V – a modificação das cláusulas contratuais que estabeleçam prestações desproporcionais ou sua revisão em razão de fatos supervenientes que as tornem excessivamente onerosas;

VI – a efetiva prevenção e reparação de danos patrimoniais e morais, individuais, coletivos e difusos;

VII – o acesso aos órgãos judiciários e administrativos, com vistas à prevenção ou reparação de danos patrimoniais e morais, individuais, coletivos ou difusos, assegurada a proteção jurídica, administrativa e técnica aos necessitados;

VIII – a facilitação da defesa de seus direitos, inclusive com a inversão do ônus da prova, a seu favor, no processo civil, quando, a critério do juiz, for verossímil a alegação ou quando for ele hipossuficiente, segundo as regras ordinárias de experiência;

IX – (Vetado).[4]

> O texto vetado dispunha:
>
> *"IX – a participação e consulta na formulação das políticas que os afetam diretamente, e a representação de seus interesses por intermédio das entidades públicas ou privadas de defesa do consumidor."*

X – a adequada e eficaz prestação dos serviços públicos em geral.

> Artigos conexos: arts. 8º a 10 (da proteção à saúde e segurança); art. 12 (responsabilidade pelo fato do produto); art. 18, *caput*, e art. 19, *caput* (vício do produto, solidariedade); art. 22 (órgão público, fornecimento de produto); art. 25 (cláusula de exclusão de responsabilidade); art. 28, § 3º (solidariedade, sociedades consorciadas); arts. 30 e 31 (da oferta); art. 34 (solidariedade, atos do preposto); art. 36, parágrafo único (publicidade, guarda dos dados fáticos); art. 37 (publicidade enganosa ou abusiva); art. 51, III (transferência de responsabilidade a terceiros); art. 52 (concessão de crédito); art. 59, § 1º (pena de cassação, concessionária de serviço público); arts. 66 a 69 (penalidades).

> Legislação relacionada: Código Civil, art. 157 (lesão); art. 421 (função social do contrato); art. 723 (contrato de corretagem, diligência do corretor); Lei nº 9.791/99 (Dispõe sobre a obrigatoriedade de as concessionárias de serviços públicos estabelecerem ao consumidor e ao usuário datas opcionais para o vencimento de seus débitos); Portaria nº 81/02 do Ministério da Justiça (Estabelece regra para a informação aos consumidores sobre mudança de quantidade de produto comercializado na embalagem, determinando que o não cumprimento sujeitará o fornecedor às sanções da Lei nº 8.078/90 e do Decreto nº 2.181/97); Medida Provisória nº 2.172-32/01 (Estabelece a nulidade das disposições contratuais que menciona e inverte, nas hipóteses que prevê, o ônus da prova nas ações intentadas para sua declaração); Decreto nº 6.932/09 (Dispõe sobre a simplificação do atendimento público prestado ao cidadão, ratifica a dispensa do reconhecimento de firma em documentos produzidos no Brasil, institui a "Carta de Serviços ao Cidadão" e dá outras providências).

Parágrafo único. A informação de que trata o inciso III do *caput* deste artigo deve ser acessível à pessoa com deficiência, observado o disposto em regulamento;

> Parágrafo único acrescido pela Lei 13.146/2015 – Estatuto da Pessoa com Deficiência, em vigor 180 (cento e oitenta) dias após a sua publicação (DOU 07.07.2015).

---

[4] Mensagem de Veto nº 664/90, *do inciso IX do art. 6º* : O dispositivo contraria o princípio da democracia representativa ao assegurar, de forma ampla, o direito de participação na formulação das políticas que afetam diretamente o consumidor. O exercício do poder pelo povo faz-se por intermédio de representantes legitimamente eleitos, excetuadas as situações previstas expressamente na Constituição (CF, art. 14, I). Acentue-se que o próprio exercício da iniciativa popular no processo legislativo está submetido a condições estritas (CF, art. 61, § 2º).

Art. 7º Os direitos previstos neste Código não excluem outros decorrentes de tratados ou convenções internacionais de que o Brasil seja signatário, da legislação interna ordinária, de regulamentos expedidos pelas autoridades administrativas competentes, bem como dos que derivem dos princípios gerais do direito, analogia, costumes e equidade.

Parágrafo único. Tendo mais de um autor a ofensa, todos responderão solidariamente pela reparação dos danos previstos nas normas de consumo.

> Artigos conexos: arts. 18, *caput*, 19, *caput*, e 25 (responsabilidade solidária por vício do produto e serviço); art. 28, § 3º (desconsideração da personalidade jurídica, sociedades consorciadas); art. 34 (práticas comerciais abusivas, solidariedade); art. 51, III (cláusulas abusivas).

> Legislação relacionada: Código Civil, arts. 275 a 285 (solidariedade); Resolução nº 3.694/09 do Banco Central do Brasil (Dispõe sobre a prevenção de riscos na contratação de operações e na prestação de serviços por parte de instituições financeiras e demais instituições autorizadas a funcionar pelo Banco Central do Brasil); Decreto nº 2.521/98 (Dispõe sobre a exploração, mediante permissão e autorização, de serviços de transporte rodoviário interestadual e internacional de passageiros e dá outras providências).

CAPÍTULO IV
Da qualidade de produtos e serviços, da prevenção e da reparação dos danos

Seção I
Da proteção à saúde e segurança

Art. 8º Os produtos e serviços colocados no mercado de consumo não acarretarão riscos à saúde ou segurança dos consumidores, exceto os considerados normais e previsíveis em decorrência de sua natureza e fruição, obrigando-se os fornecedores, em qualquer hipótese, a dar as informações necessárias e adequadas a seu respeito.

§ 1º Em se tratando de produto industrial, ao fabricante cabe prestar as informações a que se refere este artigo, através de impressos apropriados que devam acompanhar o produto.

> Primitivo parágrafo único renumerado pela Lei 13.486/2017.

§ 2º O fornecedor deverá higienizar os equipamentos e utensílios utilizados no fornecimento de produtos ou serviços, ou colocados à disposição do consumidor, e informar, de maneira ostensiva e adequada, quando for o caso, sobre o risco de contaminação.

> § 2º com redação pela Lei 13.486/2017.

> Artigos conexos: art. 6º, I e III (direitos básicos do consumidor, proteção à saúde e informação); arts. 30 e 31 (oferta); arts. 36 e 37 (publicidade); arts. 63 a 68 (penalidade).

> Legislação relacionada: Lei nº 9.965/00 (Restringe a venda de esteróides ou peptídeos anabolizantes).

Art. 9º O fornecedor de produtos e serviços potencialmente nocivos ou perigosos à saúde ou segurança deverá informar, de maneira ostensiva e adequada, a respeito da sua nocividade ou periculosidade, sem prejuízo da adoção de outras medidas cabíveis em cada caso concreto.

> Artigo conexo: art. 63 (penalidades).

> Legislação relacionada: Portaria Interministerial nº 477/95 dos Ministérios da Saúde, da Justiça e das Comunicações (resolveram divulgar o teor das advertências sobre os males provocados pelo consumo de tabaco e produtos derivados, para os efeitos da Lei nº 8.078/90); Lei nº 9.294/96, regulamentada pelo Decreto nº 2.018/96

(Restrições ao uso e à propaganda de produtos fumígenos, bebidas alcoólicas, medicamentos, terapias e defensivos agrícolas); Portaria nº 789/01, do Ministério da Justiça (Regula a comunicação, no âmbito do Departamento de Proteção e Defesa do Consumidor - DPDC, relativa à periculosidade de produtos e serviços já introduzidos no mercado de consumo).

Art. 10. O fornecedor não poderá colocar no mercado de consumo produto ou serviço que sabe ou deveria saber apresentar alto grau de nocividade ou periculosidade à saúde ou segurança.

§ 1º O fornecedor de produtos e serviços que, posteriormente à sua introdução no mercado de consumo, tiver conhecimento da periculosidade que apresentem, deverá comunicar o fato imediatamente às autoridades competentes e aos consumidores, mediante anúncios publicitários.

§ 2º Os anúncios publicitários a que se refere o parágrafo anterior serão veiculados na imprensa, rádio e televisão, às expensas do fornecedor do produto ou serviço.

§ 3º Sempre que tiverem conhecimento de periculosidade de produtos ou serviços à saúde ou segurança dos consumidores, a União, os Estados, o Distrito Federal e os Municípios deverão informá-los a respeito.

> Artigo conexo: art. 64 (penalidade).

> Legislação relacionada: Portaria nº 789/01 do Ministério da Justiça (Regula a comunicação, no âmbito do Departamento de Proteção e Defesa do Consumidor - DPDC, relativa à periculosidade de produtos e serviços já introduzidos no mercado de consumo de que trata este parágrafo).

Art. 11. (Vetado).[5]

> O texto vetado dispunha:

"Art. 11. O produto ou serviço que, mesmo adequadamente utilizado ou fruído, apresenta alto grau de nocividade ou periculosidade será retirado imediatamente do mercado pelo fornecedor, sempre às suas expensas, sem prejuízo da responsabilidade pela reparação de eventuais danos."

Seção II
Da responsabilidade pelo fato do produto e do serviço

Art. 12. O fabricante, o produtor, o construtor, nacional ou estrangeiro, e o importador respondem, independentemente da existência de culpa, pela reparação dos danos causados aos consumidores por defeitos decorrentes de projeto, fabricação, construção, montagem, fórmulas, manipulação, apresentação ou acondicionamento de seus produtos, bem como por informações insuficientes ou inadequadas sobre sua utilização e riscos.

§ 1º O produto é defeituoso quando não oferece a segurança que dele legitimamente se espera, levando-se em consideração as circunstâncias relevantes, entre as quais:

I – sua apresentação;

---

[5] Mensagem de Veto nº 664/90, *do art. 11*: O dispositivo é contrário ao interesse público, pois, ao determinar a retirada do mercado de produtos e serviços que apresentem "alto grau de nocividade e periculosidade", mesmo quando "*adequadamente utilizados*", impossibilita a produção e o comércio de bens indispensáveis à vida moderna (*e. g.* materiais radioativos, produtos químicos e outros). Cabe, quanto a tais produtos e serviços, a adoção de cuidados especiais, a serem disciplinados em legislação específica.

II – o uso e os riscos que razoavelmente dele se esperam;

III – a época em que foi colocado em circulação.

§ 2º O produto não é considerado defeituoso pelo fato de outro de melhor qualidade ter sido colocado no mercado.

§ 3º O fabricante, o construtor, o produtor ou importador só não será responsabilizado quando provar:

I – que não colocou o produto no mercado;

II – que, embora haja colocado o produto no mercado, o defeito inexiste;

III – a culpa exclusiva do consumidor ou de terceiro.

> Artigos conexos: art. 6º (direitos básicos do consumidor); arts. 8º e 9º (proteção à saúde e segurança); art. 12, *caput* (responsabilidade pelo fato do produto); arts. 30 e 31 (oferta); art. 36, parágrafo único, e 37 (publicidade); art. 52 (outorga de crédito ao consumidor); arts. 66 a 69 (penalidades).

Art. 13. O comerciante é igualmente responsável, nos termos do artigo anterior, quando:

I – o fabricante, o construtor, o produtor ou o importador não puderem ser identificados;

II – o produto for fornecido sem identificação clara do seu fabricante, produtor, construtor ou importador;

III – não conservar adequadamente os produtos perecíveis.

Parágrafo único. Aquele que efetivar o pagamento ao prejudicado poderá exercer o direito de regresso contra os demais responsáveis, segundo sua participação na causação do evento danoso.

> Legislação relacionada: Código Civil, art. 88 (proibição de denunciação da lide); art. 346 (pagamento com sub-rogação).

Art. 14. O fornecedor de serviços responde, independentemente da existência de culpa, pela reparação dos danos causados aos consumidores por defeitos relativos à prestação dos serviços, bem como por informações insuficientes ou inadequadas sobre sua fruição e riscos.

§ 1º O serviço é defeituoso quando não fornece a segurança que o consumidor dele pode esperar, levando-se em consideração as circunstâncias relevantes, entre as quais:

I – o modo de seu fornecimento;

II – o resultado e os riscos que razoavelmente dele se esperam;

III – a época em que foi fornecido.

§ 2º O serviço não é considerado defeituoso pela adoção de novas técnicas.

§ 3º O fornecedor de serviços só não será responsabilizado quando provar:

I – que, tendo prestado o serviço, o defeito inexiste;

II – a culpa exclusiva do consumidor ou de terceiro.

§ 4º A responsabilidade pessoal dos profissionais liberais será apurada mediante a verificação de culpa.

> Legislação relacionada: Código Civil, art. 951 (responsabilidade civil no exercício da atividade profissional).

Art. 15. (Vetado).[6]

> O texto vetado dispunha:

"Art. 15. Quando a utilização do produto ou a prestação do serviço causar dano irreparável ao consumidor, a indenização corresponderá ao valor integral dos bens danificados."

Art. 16. (Vetado).[7]

> O texto vetado dispunha:

> *"Art. 16. Se comprovada a alta periculosidade do produto ou do serviço que provocou o dano, ou grave imprudência, negligência ou imperícia do fornecedor, será devida multa civil de até um milhão de vezes o Bônus do Tesouro Nacional - BTN ou índice equivalente que venha substituí-lo, na ação proposta por qualquer dos legitimados à defesa do consumidor em juízo, a critério do juiz, de acordo com gravidade e proporção do dano, bem como a situação econômica do responsável."*

Art. 17. Para os efeitos desta Seção, equiparam-se aos consumidores todas as vítimas do evento.

Seção III
Da responsabilidade por vício do produto e do serviço

Art. 18. Os fornecedores de produtos de consumo duráveis ou não duráveis respondem solidariamente pelos vícios de qualidade ou quantidade que os tornem impróprios ou inadequados ao consumo a que se destinam ou lhes diminuam o valor, assim como por aqueles decorrentes da disparidade, com as indicações constantes do recipiente, da embalagem, rotulagem ou mensagem publicitária, respeitadas as variações decorrentes de sua natureza, podendo o consumidor exigir a substituição das partes viciadas.

§ 1º Não sendo o vício sanado no prazo máximo de 30 (trinta) dias, pode o consumidor exigir, alternativamente e à sua escolha:

I – a substituição do produto por outro da mesma espécie, em perfeitas condições de uso;

II – a restituição imediata da quantia paga, monetariamente atualizada, sem prejuízo de eventuais perdas e danos;

III – o abatimento proporcional do preço.

§ 2º Poderão as partes convencionar a redução ou ampliação do prazo previsto no parágrafo anterior, não podendo ser inferior a 7 (sete) nem superior a 180 (cento e oitenta) dias. Nos contratos de adesão, a cláusula de prazo deverá ser convencionada em separado, por meio de manifestação expressa do consumidor.

§ 3º O consumidor poderá fazer uso imediato das alternativas do § 1º deste artigo, sempre que, em razão da extensão do vício, a substituição das partes viciadas puder comprometer a qualidade ou características do produto, diminuir-lhe o valor ou se tratar de produto essencial.

---

6 Mensagem de Veto nº 664/90, *do art. 15*: A redação equivocada do dispositivo redunda em reduzir a amplitude da eventual indenização devida ao consumidor, uma vez que a restringe ao valor dos bens danificados, desconsiderando os danos pessoais.

7 Mensagem de Veto nº 664/90, *do art. 16*: O art. 12 e outras normas já dispõem de modo cabal sobre a reparação do dano sofrido pelo consumidor. Os dispositivos ora vetados criam a figura de "multa civil", sempre de valor expressivo, sem que sejam definidas a sua destinação e finalidade.

§ 4º Tendo o consumidor optado pela alternativa do inciso I do § 1º deste artigo, e não sendo possível a substituição do bem, poderá haver substituição por outro de espécie, marca ou modelo diversos, mediante complementação ou restituição de eventual diferença de preço, sem prejuízo do disposto nos incisos II e III do § 1º deste artigo.

§ 5º No caso de fornecimento de produtos *in natura*, será responsável perante o consumidor o fornecedor imediato, exceto quando identificado claramente seu produtor.

§ 6º São impróprios ao uso e consumo:

I – os produtos cujos prazos de validade estejam vencidos;

II – os produtos deteriorados, alterados, adulterados, avariados, falsificados, corrompidos, fraudados, nocivos à vida ou à saúde, perigosos ou, ainda, aqueles em desacordo com as normas regulamentares de fabricação, distribuição ou apresentação;

III – os produtos que, por qualquer motivo, se revelem inadequados ao fim a que se destinam.

> Artigos conexos: art. 6º (direitos básicos do consumidor); art. 7º, parágrafo único (responsabilidade solidária); art. 12, § 1º (produto defeituoso); arts. 20 a 23 (vícios do produto); art. 25 (cláusula de exclusão de responsabilidade); art. 28, § 3º (desconsideração da personalidade jurídica, sociedades consorciadas); art. 34 (responsabilidade solidária, atos de preposto); arts. 26 e 27 (prazo para propositura da ação); art. 35 (recusa no cumprimento à oferta); art. 41 (preços tabelados); art. 49 (desistência do consumidor, compra fora do estabelecimento comercial); art. 51 (cláusulas abusivas); art. 58 (penalidade); art. 54 (contratos de adesão).

> Legislação relacionada: Código Civil, art. 442 (vício redibitório, direito do adquirente de reclamar abatimento do preço); arts. 927 e 931 (ato ilícito, obrigação de indenizar); Decreto nº 4.680/03 (Regulamenta o direito à informação, assegurado pela Lei nº 8.078, de 11 de setembro de 1990, quanto aos alimentos e ingredientes alimentares destinados ao consumo humano ou animal que contenham ou sejam produzidos a partir de organismos geneticamente modificados, sem prejuízo do cumprimento das demais normas aplicáveis); Portaria nº 81/02 do Ministério da Justiça (Estabelece regra para a informação aos consumidores sobre mudança de quantidade de produto comercializado na embalagem).

Art. 19. Os fornecedores respondem solidariamente pelos vícios de quantidade do produto sempre que, respeitadas as variações decorrentes de sua natureza, seu conteúdo líquido for inferior às indicações constantes do recipiente, da embalagem, rotulagem ou de mensagem publicitária, podendo o consumidor exigir, alternativamente e à sua escolha:

I – o abatimento proporcional do preço;

II – complementação do peso ou medida;

III – a substituição do produto por outro da mesma espécie, marca ou modelo, sem os aludidos vícios;

IV – a restituição imediata da quantia paga, monetariamente atualizada, sem prejuízo de eventuais perdas e danos.

§ 1º Aplica-se a este artigo o disposto no § 4º do artigo anterior.

§ 2º O fornecedor imediato será responsável quando fizer a pesagem ou a medição e o instrumento utilizado não estiver aferido segundo os padrões oficiais.

> Artigos conexos: art. 7º (responsabilidade solidária); art. 25 (cláusula de exclusão de responsabilidade); art. 28 (desconsideração da personalidade jurídica); art. 34 (responsabilidade solidária, atos de preposto); art. 51, III (nulidade de cláusula que transfira a responsabilidade a terceiros); art. 58 (pena, vício de quantidade e qualidade).

> Legislação relacionada: Código Civil, arts. 275 a 285 (solidariedade); art. 500 (venda *ad corpus* e *ad mensura*).

Art. 20. O fornecedor de serviços responde pelos vícios de qualidade que os tornem impróprios ao consumo ou lhes diminuam o valor, assim como por aqueles decorrentes da disparidade com as indicações constantes da oferta ou mensagem publicitária, podendo o consumidor exigir, alternativamente e à sua escolha:

I – a reexecução dos serviços, sem custo adicional e quando cabível;

II – a restituição imediata da quantia paga, monetariamente atualizada, sem prejuízo de eventuais perdas e danos;

III – o abatimento proporcional do preço.

§ 1º A reexecução dos serviços poderá ser confiada a terceiros devidamente capacitados, por conta e risco do fornecedor.

§ 2º São impróprios os serviços que se mostrem inadequados para os fins que razoavelmente deles se esperam, bem como aqueles que não atendam as normas regulamentares de prestabilidade.

> Artigo conexo: art. 58 (pena, vício de quantidade).

Art. 21. No fornecimento de serviços que tenham por objetivo a reparação de qualquer produto considerar-se-á implícita a obrigação do fornecedor de empregar componentes de reposição originais adequados e novos, ou que mantenham as especificações técnicas do fabricante, salvo, quanto a estes últimos, autorização em contrário do consumidor.

> Artigo conexo: art. 70 (pena, utilização de peças e componentes sem autorização do consumidor).

Art. 22. Os órgãos públicos, por si ou suas empresas, concessionárias, permissionárias ou sob qualquer outra forma de empreendimento, são obrigados a fornecer serviços adequados, eficientes, seguros e, quanto aos essenciais, contínuos.

Parágrafo único. Nos casos de descumprimento, total ou parcial, das obrigações referidas neste artigo, serão as pessoas jurídicas compelidas a cumpri-las e a reparar os danos causados, na forma prevista neste Código.

> Artigo conexo: art. 6º, X (direitos básicos do consumidor, serviço público).

> Legislação relacionada: Lei nº 9.791/99 (Dispõe sobre a obrigatoriedade de as concessionárias de serviços públicos estabelecerem ao consumidor e ao usuário datas opcionais para o vencimento de seus débitos).

Art. 23. A ignorância do fornecedor sobre os vícios de qualidade por inadequação dos produtos e serviços não o exime de responsabilidade.

> Artigo conexo: art. 18, § 6º (produtos impróprios para uso e consumo).

Art. 24. A garantia legal de adequação do produto ou serviço independe de termo expresso, vedada a exoneração contratual do fornecedor.

> Artigos conexos: art. 50 (garantia contratual); art. 74 (deixar de entregar termo de garantia, penalidade).

Art. 25. É vedada a estipulação contratual de cláusula que impossibilite, exonere ou atenue a obrigação de indenizar prevista nesta e nas Seções anteriores.

§ 1º Havendo mais de um responsável pela causação do dano, todos responderão solidariamente pela reparação prevista nesta e nas Seções anteriores.

§ 2º Sendo o dano causado por componente ou peça incorporada ao produto ou serviço, são responsáveis solidários seu fabricante, construtor ou importador e o que realizou a incorporação.

> Artigo conexo: art. 51, III (cláusulas abusivas).

Seção IV
Da decadência e da prescrição

Art. 26. O direito de reclamar pelos vícios aparentes ou de fácil constatação caduca em:

I – 30 (trinta) dias, tratando-se de fornecimento de serviço e de produto não duráveis;

II – 90 (noventa) dias, tratando-se de fornecimento de serviço e de produto duráveis.

§ 1º Inicia-se a contagem do prazo decadencial a partir da entrega efetiva do produto ou do término da execução dos serviços.

§ 2º Obstam a decadência:

I – a reclamação comprovadamente formulada pelo consumidor perante o fornecedor de produtos e serviços até a resposta negativa correspondente, que deve ser transmitida de forma inequívoca;

II – (Vetado).[8]

> O texto vetado dispunha:
> *"II – a reclamação formalizada perante os órgãos ou entidades com atribuições de defesa do consumidor, pelo prazo de noventa dias."*

III – a instauração de inquérito civil, até seu encerramento.

§ 3º Tratando-se de vício oculto, o prazo decadencial inicia-se no momento em que ficar evidenciado o defeito.

> Artigo conexo: art. 18 (responsabilidade por vício do produto).

> Legislação relacionada: Código Civil, art. 207 (decadência); art. 445 (vício redibitório, decadência); art. 9 da Lei nº 7.347/85 (Ação Civil Pública).

Art. 27. Prescreve em 5 (cinco) anos a pretensão à reparação pelos danos causados por fato do produto ou do serviço prevista na Seção II deste Capítulo, iniciando-se a contagem do prazo a partir do conhecimento do dano e de sua autoria.

> Artigos conexos: arts. 12 a 17 (responsabilidade pelo fato do produto e do serviço); arts. 101 a 102 (ações de responsabilidade civil).

> Legislação relacionada: Código Civil, art. 206, 5º (prescrição).

---

8 Mensagem de Veto nº 664/90, *do inciso II, § 2º do art. 26*: O dispositivo ameaça a estabilidade das relações jurídicas, pois atribui a entidade privada função reservada, por sua própria natureza, aos agentes públicos (*e. g.* Cód. Civil, art. 172, e Cód. Proc. Civil, art. 219, § 1º). (Refere-se ao Cód. Civil de 1916, atual art. 202, do Cód. Civil de 2002).

Parágrafo único. (Vetado).[9]

> O texto vetado dispunha:

"Parágrafo único. Interrompe-se o prazo de prescrição do direito de indenização pelo fato do produto ou serviço nas hipóteses previstas no § 1º do artigo anterior, sem prejuízo de outras disposições legais."

Seção V
Da desconsideração da personalidade jurídica

Art. 28. O juiz poderá desconsiderar a personalidade jurídica da sociedade quando, em detrimento do consumidor, houver abuso de direito, excesso de poder, infração da lei, fato ou ato ilícito ou violação dos estatutos ou contrato social. A desconsideração também será efetivada quando houver falência, estado de insolvência, encerramento ou inatividade da pessoa jurídica provocados por má administração.

§ 1º (Vetado).[10]

> O texto vetado dispunha:

"§ 1º A pedido da parte interessada, o juiz determinará que a efetivação da responsabilidade da pessoa jurídica recaia sobre o acionista controlador, o sócio majoritário, os sócios-gerentes, os administradores societários e, no caso de grupo societário, as sociedades que a integram."

§ 2º As sociedades integrantes dos grupos societários e as sociedades controladas são subsidiariamente responsáveis pelas obrigações decorrentes deste Código.

§ 3º As sociedades consorciadas são solidariamente responsáveis pelas obrigações decorrentes deste Código.

§ 4º As sociedades coligadas só responderão por culpa.

§ 5º Também poderá ser desconsiderada a pessoa jurídica sempre que sua personalidade for, de alguma forma, obstáculo ao ressarcimento de prejuízos causados aos consumidores.

> Legislação relacionada: Código Civil, art. 50 (desconsideração da personalidade jurídica).

CAPÍTULO V
Das práticas comerciais

Seção I
Das disposições gerais

Art. 29. Para os fins deste Capítulo e do seguinte, equiparam-se aos consumidores todas as pessoas determináveis ou não, expostas às práticas nele previstas.

---

[9] Mensagem de Veto nº 664/90, *do parágrafo único do art. 27*: Essa disposição padece de grave defeito de formulação, que impossibilita o seu entendimento, uma vez que o § 1º do art. 26 refere-se ao termo inicial dos prazos de decadência, nada dispondo sobre interrupção da prescrição.

[10] Mensagem de Veto nº 664/90, *do § 1º do art. 28*: O *caput* do art. 28 já contém todos os elementos necessários à aplicação da desconsideração da personalidade jurídica, que constitui, conforme doutrina amplamente dominante no direito pátrio e alienígena, técnica excepcional de repressão a práticas abusivas.

Seção II
Da oferta

Art. 30. Toda informação ou publicidade, suficientemente precisa, veiculada por qualquer forma ou meio de comunicação com relação a produtos e serviços oferecidos ou apresentados, obriga o fornecedor que a fizer veicular ou dela se utilizar e integra o contrato que vier a ser celebrado.

> Artigos conexos: art. 6º, III (direito à informação); art. 8º (saúde e segurança do consumidor); art. 9º (produto nocivo ou perigoso); art. 12, *caput* (responsabilidade pelo fato do produto); art. 36, parágrafo único, e art. 37 (publicidade); art. 52 (concessão de crédito); arts. 66 a 69 (penalidades).

> Legislação relacionada: Código Civil, art. 429 (oferta ao público equivalente à proposta).

Art. 31. A oferta e apresentação de produtos ou serviços devem assegurar informações corretas, claras, precisas, ostensivas e em língua portuguesa sobre suas características, qualidades, quantidade, composição, preço, garantia, prazos de validade e origem, entre outros dados, bem como sobre os riscos que apresentam à saúde e segurança dos consumidores.

> Artigos conexos: art. 6º, III (direito à informação); arts. 8º e 9º (proteção à saúde e segurança); art. 12, *caput* (responsabilidade pelo produto); art. 36, parágrafo único (publicidade, manutenção dos dados pelos fornecedores); art. 37 (publicidade enganosa e abusiva); art. 52 (outorga de crédito ao consumidor); arts. 66 a 69 (penalidades).

> Legislação relacionada: Portaria nº 81/02 do Ministério da Justiça (Estabelece regra para a informação aos consumidores sobre mudança de quantidade de produto comercializado na embalagem, determinando que o não cumprimento sujeitará o fornecedor às sanções da Lei nº 8.078/90 e do Decreto nº 2.181/97); Portarias nºs 14/98 e 03/99, do Ministério da Justiça (aditamento ao elenco de cláusulas abusivas no art. 51 do CDC).

Parágrafo único. As informações de que trata este artigo, nos produtos refrigerados oferecidos ao consumidor, serão gravadas de forma indelével.

> *Parágrafo único acrescentado pela Lei nº 11.989, de 27 de julho de 2009.*

Art. 32. Os fabricantes e importadores deverão assegurar a oferta de componentes e peças de reposição enquanto não cessar a fabricação ou importação do produto.

Parágrafo único. Cessadas a produção ou importação, a oferta deverá ser mantida por período razoável de tempo, na forma da lei.

> Artigo conexo: art. 70 (reparação de produtos, peças e componentes).

Art. 33. Em caso de oferta ou venda por telefone ou reembolso postal, deve constar o nome do fabricante e endereço na embalagem, publicidade e em todos os impressos utilizados na transação comercial.

Parágrafo único. É proibida a publicidade de bens e serviços por telefone, quando a chamada for onerosa ao consumidor que a origina.

> *Parágrafo único acrescentado pela Lei nº 11.800, de 29 de outubro de 2008.*

> Artigo conexo: art. 49, *caput* (desistência do contrato).

Legislação relacionada: Decreto nº 7.962/13 (Regulamenta a Lei nº 8.078, de 11 de setembro de 1990, para dispor sobre a contratação no comércio eletrônico).

Art. 34. O fornecedor do produto ou serviço é solidariamente responsável pelos atos de seus prepostos ou representantes autônomos.

> Legislação relacionada: Lei nº 4.886/65 (Regula as Atividades dos Representantes Comerciais Autônomos).

Art. 35. Se o fornecedor de produtos ou serviços recusar cumprimento à oferta, apresentação ou publicidade, o consumidor poderá, alternativamente e à sua livre escolha:

I - exigir o cumprimento forçado da obrigação, nos termos da oferta, apresentação ou publicidade;

II - aceitar outro produto ou prestação de serviço equivalente;

III - rescindir o contrato, com direito à restituição de quantia eventualmente antecipada, monetariamente atualizada, e perdas e danos.

> Artigo conexo: art. 84 (defesa do consumidor em juízo, obrigações de fazer).

Seção III
Da publicidade

Art. 36. A publicidade deve ser veiculada de tal forma que o consumidor, fácil e imediatamente, a identifique como tal.

Parágrafo único. O fornecedor, na publicidade de seus produtos ou serviços, manterá, em seu poder, para informação dos legítimos interessados, os dados fáticos, técnicos e científicos que dão sustentação à mensagem.

> Artigo conexo: art. 69 (penalidade).

> Legislação relacionada: Código Brasileiro de Autorregulamentação Publicitária - Conselho Nacional de Autorregulamentação Publicitária (CONAR).

Art. 37. É proibida toda publicidade enganosa ou abusiva.

§ 1º É enganosa qualquer modalidade de informação ou comunicação de caráter publicitário, inteira ou parcialmente falsa, ou por qualquer outro modo, mesmo por omissão, capaz de induzir em erro o consumidor a respeito da natureza, características, qualidade, quantidade, propriedades, origem, preço e quaisquer outros dados sobre produtos e serviços.

§ 2º É abusiva, dentre outras, a publicidade discriminatória de qualquer natureza, a que incite à violência, explore o medo ou a superstição, se aproveite da deficiência de julgamento e experiência da criança, desrespeita valores ambientais, ou que seja capaz de induzir o consumidor a se comportar de forma prejudicial ou perigosa à sua saúde ou segurança.

§ 3º Para os efeitos deste Código, a publicidade é enganosa por omissão quando deixar de informar sobre dado essencial do produto ou serviço.

> Artigos conexos: arts. 39, IV (práticas abusivas); 60, *caput* (contrapropaganda); arts. 66 e 67 (infrações penais).

> Legislação relacionada: Lei nº 9.294/96 (Dispõe sobre as restrições ao uso e à propaganda de produtos fumígeros, bebidas alcoólicas, medicamentos, terapias e defensivos agrícolas) e Portarias nºs 14/98 e 03/99, do Ministério da Justiça (aditamento ao elenco de cláusulas abusivas no art. 51 do CDC).

§ 4º (Vetado).[11]

> O texto vetado dispunha:

"§ 4º Quando o fornecedor de produtos ou serviços se utilizar de publicidade enganosa ou abusiva, o consumidor poderá pleitear indenização por danos sofridos, bem como a abstenção da prática do ato, sob pena de execução específica, para o caso de inadimplemento, sem prejuízo da sanção pecuniária cabível e de contrapropaganda, que pode ser imposta administrativa ou judicialmente."

Art. 38. O ônus da prova da veracidade e correção da informação ou comunicação publicitária cabe a quem as patrocina.

> Artigos conexos: art. 6º, VIII (direitos básicos do consumidor, inversão do ônus da prova); art. 51, VI (cláusulas abusivas, inversão do ônus da prova).

> Legislação relacionada: Código de Processo Civil de 2015, art. 373 (ônus da prova).

Seção IV
Das práticas abusivas

Art. 39. É vedado ao fornecedor de produtos ou serviços, dentre outras práticas abusivas:

> *Art. 39,* caput, *com redação dada pela Lei nº 8.884, de 11-6-1994.*

I – condicionar o fornecimento de produto ou de serviço ao fornecimento de outro produto ou serviço, bem como, sem justa causa, a limites quantitativos;

II – recusar atendimento às demandas dos consumidores, na exata medida de suas disponibilidades de estoque, e, ainda, de conformidade com os usos e costumes;

III – enviar ou entregar ao consumidor, sem solicitação prévia, qualquer produto, ou fornecer qualquer serviço;

IV – prevalecer-se da fraqueza ou ignorância do consumidor, tendo em vista sua idade, saúde, conhecimento ou condição social, para impingir-lhe seus produtos ou serviços;

V – exigir do consumidor vantagem manifestamente excessiva;

VI – executar serviços sem a prévia elaboração de orçamento e autorização expressa do consumidor, ressalvadas as decorrentes de práticas anteriores entre as partes;

VII – repassar informação depreciativa referente a ato praticado pelo consumidor no exercício de seus direitos;

VIII – colocar, no mercado de consumo, qualquer produto ou serviço em desacordo com as normas expedidas pelos órgãos oficiais competentes ou, se normas específicas não existirem, pela Associação Brasileira de Normas Técnicas ou outra entidade credenciada pelo Conselho Nacional de Metrologia, Normalização e Qualidade Industrial – CONMETRO;

---

[11] Mensagem de Veto nº 664/90, *do § 4º do art. 37*: A imposição de contrapropaganda, sem que se estabeleçam parâmetros legais precisos, pode dar ensejo a sérios abusos, que poderão redundar até mesmo na paralisação da atividade empresarial, como se vê, aliás, do disposto no § 3º do art. 60. Por outro lado, é inadmissível, na ordem federativa, atribuir a Ministro de Estado competência para apreciar em grau de recurso a legitimidade de atos de autoridade estadual ou municipal, tal como previsto no § 2º do art. 60.

IX – recusar a venda de bens ou a prestação de serviços, diretamente a quem se disponha a adquiri-los mediante pronto pagamento, ressalvados os casos de intermediação regulados em leis especiais;

> *Inciso IX com redação dada pela Lei nº 8.884, de 11-6-1994.*

X – elevar sem justa causa o preço de produtos ou serviços;

> *Inciso X com redação dada pela Lei nº 8.884, de 11-6-1994.*

XI – (Inciso acrescentado pela MP nº 1.890-67, de 22-10-1999, e transformado em inciso XIII, quando da conversão na Lei nº 9.870, de 23-11-1999);

XII – deixar de estipular prazo para o cumprimento de sua obrigação ou deixar a fixação de seu termo inicial a seu exclusivo critério;

> *Inciso XII com redação dada pela Lei nº 9.008, de 21-3-1995.*

XIII – aplicar fórmula ou índice de reajuste diverso do legal ou contratualmente estabelecido.

> *Inciso XIII acrescentado pela Lei nº 9.870, de 23-11-1999.*

XIV – permitir o ingresso em estabelecimentos comerciais ou de serviços de um número maior de consumidores que o fixado pela autoridade administrativa como máximo.

> *Inciso XIV acrescido pela Lei 13.425/2017, em vigor após decorridos 180 (cento e oitenta) dias de sua publicação oficial (DOU 31.03.2017).*

Parágrafo único. Os serviços prestados e os produtos remetidos, ou entregues ao consumidor, na hipótese prevista no inciso III, equiparam-se às amostras grátis, inexistindo obrigação de pagamento.

> Artigos conexos: art. 37 (publicidade enganosa e abusiva); art. 40 (orçamento prévio); art. 51, IV e IX (cláusulas abusivas); art. 76, IV (circunstâncias agravantes).

> Legislação relacionada: Código Civil, art. 122 (condição), art. 739 (o transportador não pode recusar passageiro), art. 746 (recusa do transportador, risco à saúde das pessoas); art. 12 do Decreto nº 2.181/97 (Dispõe sobre a Organização do Sistema Nacional de Defesa do Consumidor – SNDC, Estabelece as Normas Gerais de Aplicação das Sanções Administrativas Previstas na Lei nº 8.078/90).

Art. 40. O fornecedor de serviço será obrigado a entregar ao consumidor orçamento prévio discriminando o valor da mão de obra, dos materiais e equipamentos a serem empregados, as condições de pagamento, bem como as datas de início e término dos serviços.

§ 1º Salvo estipulação em contrário, o valor orçado terá validade pelo prazo de 10 (dez) dias, contado de seu recebimento pelo consumidor.

§ 2º Uma vez aprovado pelo consumidor, o orçamento obriga os contraentes e somente pode ser alterado mediante livre negociação das partes.

§ 3º O consumidor não responde por quaisquer ônus ou acréscimos decorrentes da contratação de serviços de terceiros, não previstos no orçamento prévio.

> Artigo conexo: art. 39, VI (prática abusiva).

Art. 41. No caso de fornecimento de produtos ou de serviços sujeitos ao regime de controle ou de tabelamento de preços, os fornecedores deverão respeitar os limites oficiais sob pena de, não o fazendo, responderem pela restituição da quantia recebida em excesso, monetariamente atualizada, podendo o consumidor exigir, à sua escolha, o desfazimento do negócio, sem prejuízo de outras sanções cabíveis.

> Legislação relacionada: Lei nº 1.521/51 (Determina os crimes contra a economia popular).

Seção V
Da cobrança de dívidas

Art. 42. Na cobrança de débitos, o consumidor inadimplente não será exposto a ridículo, nem será submetido a qualquer tipo de constrangimento ou ameaça.

Parágrafo único. O consumidor cobrado em quantia indevida tem direito à repetição do indébito, por valor igual ao dobro do que pagou em excesso, acrescido de correção monetária e juros legais, salvo hipótese de engano justificável.

> Artigo conexo: art. 71 (penalidade).

> Legislação relacionada: Código Civil, art. 939 (credor que demanda devedor antes de vencida a dívida), art. 940 (demanda por dívida já paga).

Art. 42-A. Em todos os documentos de cobrança de débitos apresentados ao consumidor, deverão constar o nome, o endereço e o número de inscrição no Cadastro de Pessoas Físicas – CPF ou no Cadastro Nacional de Pessoa Jurídica – CNPJ do fornecedor do produto ou serviço correspondente.

> *Art. 42-A acrescentado pela Lei nº 12.039, de 1º de outubro de 2009.*

Seção VI
Dos bancos de dados e cadastros de consumidores

Art. 43. O consumidor, sem prejuízo do disposto no art. 86, terá acesso às informações existentes em cadastros, fichas, registros e dados pessoais e de consumo arquivados sobre ele, bem como sobre as suas respectivas fontes.

§ 1º Os cadastros e dados de consumidores devem ser objetivos, claros, verdadeiros e em linguagem de fácil compreensão, não podendo conter informações negativas referentes a período superior a cinco anos.

§ 2º A abertura de cadastro, ficha, registro e dados pessoais e de consumo deverá ser comunicada por escrito ao consumidor, quando não solicitada por ele.

§ 3º O consumidor, sempre que encontrar inexatidão nos seus dados e cadastros, poderá exigir sua imediata correção, devendo o arquivista, no prazo de cinco dias úteis, comunicar a alteração aos eventuais destinatários das informações incorretas.

§ 4º Os bancos de dados e cadastros relativos a consumidores, os serviços de proteção ao crédito e congêneres são considerados entidades de caráter público.

§ 5º Consumada a prescrição relativa à cobrança de débitos do consumidor, não serão fornecidas, pelos respectivos Sistemas de Proteção ao Crédito, quaisquer informações que possam impedir ou dificultar novo acesso ao crédito junto aos fornecedores.

> Artigos conexos: art. 39, VII (práticas abusivas); arts. 72 e 73 (penalidades).

> Legislação relacionada: Circular nº 2.065/91, do Banco Central do Brasil (Altera prazos previstos para comando de exclusão de nomes de Correntistas do Cadastro de Emitentes de cheques sem fundos.

§ 6º Todas as informações de que trata o *caput* deste artigo devem ser disponibilizadas em formatos acessíveis, inclusive para a pessoa com deficiência, mediante solicitação do consumidor.

> § 6º acrescido pela Lei 13.146/2015 – Estatuto da Pessoa com Deficiência, em vigor 180 (cento e oitenta) dias após a sua publicação (DOU 07.07.2015)

Art. 44. Os órgãos públicos de defesa do consumidor manterão cadastros atualizados de reclamações fundamentadas contra fornecedores de produtos e serviços, devendo divulgá-los pública e anualmente. A divulgação indicará se a reclamação foi atendida ou não pelo fornecedor.

§ 1º É facultado o acesso às informações lá constantes para orientação e consulta por qualquer interessado.

§ 2º Aplicam-se a este artigo, no que couber, as mesmas regras enunciadas no artigo anterior e as do parágrafo único do art. 22 deste Código.

> Legislação relacionada: art. 3º, XIII, art. 4º, V, e art. 57, do Decreto nº 2.181/97 (Dispõe sobre a Organização do Sistema Nacional de Defesa do Consumidor – SNDC, Estabelece as Normas Gerais de Aplicação das Sanções Administrativas Previstas na Lei nº 8.078/90).

Art. 45. (Vetado).[12]

> O texto vetado dispunha:

"Art. 45. As infrações ao disposto neste Capítulo, além de perdas e danos, indenização por danos morais, perda dos juros e outras sanções cabíveis, ficam sujeitas à multa de natureza civil, proporcional à gravidade da infração e à condição econômica do infrator, cominada pelo juiz na ação proposta por qualquer dos legitimados à defesa do consumidor em juízo."

CAPÍTULO VI
Da proteção contratual

Seção I
Disposições gerais

Art. 46. Os contratos que regulam as relações de consumo não obrigarão os consumidores, se não lhes for dada a oportunidade de tomar conhecimento prévio de seu conteúdo, ou se os respectivos instrumentos forem redigidos de modo a dificultar a compreensão de seu sentido e alcance.

Art. 47. As cláusulas contratuais serão interpretadas de maneira mais favorável ao consumidor.

> Legislação relacionada: Código Civil, art. 112 (declarações de vontade, sentido literal da linguagem), art. 113 (negócio jurídico, interpretação conforme boa-fé); Lei nº 9.656/98 (Planos e seguros privados de assistência à saúde).

Art. 48. As declarações de vontade constantes de escritos particulares, recibos e pré-contratos relativos às relações de consumos, vinculam o fornecedor, ensejando inclusive execução específica, nos termos do art. 84 e parágrafos.

> Artigo conexo: art. 35 (vinculação da oferta).

---

[12] Mensagem de Veto nº 664/90, *do art. 45*: O art. 12 e outras normas já dispõem de modo cabal sobre a reparação do dano sofrido pelo consumidor. Os dispositivos ora vetados criam a figura de "multa civil", sempre de valor expressivo, sem que sejam definidas a sua destinação e finalidade.

Art. 49. O consumidor pode desistir do contrato, no prazo de 7 (sete) dias a contar de sua assinatura ou do ato de recebimento do produto ou serviço, sempre que a contratação de fornecimento de produtos e serviços ocorrer fora do estabelecimento comercial, especialmente por telefone ou a domicílio.

Parágrafo único. Se o consumidor exercitar o direito de arrependimento previsto neste artigo, os valores eventualmente pagos, a qualquer título, durante o prazo de reflexão, serão devolvidos, de imediato, monetariamente atualizados.

> Artigo conexo: art. 33 (oferta ou venda por telefone).

> Legislação relacionada: Código Civil, art. 428 (obrigatoriedade da proposta); Decreto nº 7.962/13 (Regulamenta a Lei nº 8.078, de 11 de setembro de 1990, para dispor sobre a contratação no comércio eletrônico).

Art. 50. A garantia contratual é complementar à legal e será conferida mediante termo escrito.

Parágrafo único. O termo de garantia ou equivalente deve ser padronizado e esclarecer, de maneira adequada, em que consiste a mesma garantia, bem como a forma, o prazo e o lugar em que pode ser exercitada e os ônus a cargo do consumidor, devendo ser-lhe entregue, devidamente preenchido pelo fornecedor, no ato do fornecimento, acompanhado de manual de instrução, de instalação e uso de produto em linguagem didática, com ilustrações.

> Artigos conexos: art. 24 (garantia de adequação de produto); art. 74 (penalidade).

> Legislação relacionada: art. 13, XIX, do Decreto nº 2.181/97 (Dispõe sobre a Organização do Sistema Nacional de Defesa do Consumidor SNDC, Estabelece as Normas Gerais de Aplicação das Sanções Administrativas Previstas na Lei nº 8.078/90).

Seção II
Das cláusulas abusivas

Art. 51. São nulas de pleno direito, entre outras, as cláusulas contratuais relativas ao fornecimento de produtos e serviços que:

> Artigos conexos: arts. 24 e 25.

> Legislação relacionada: Código Civil, art. 421 (função social do contrato), arts. 478 e 479 (resolução por onerosidade excessiva), art. 798 (seguro de vida, beneficiário); Sobre cláusulas nulas de pleno direito: Portaria nº 4, de 13-3-1998, Portaria nº 3, de 19-3-1999, Portaria nº 3, de 15-3-2001, Medida Provisória nº 2.172-32/2001, e Portaria nº 5, de 27-8-2002.

I – impossibilitem, exonerem ou atenuem a responsabilidade do fornecedor por vícios de qualquer natureza dos produtos e serviços ou impliquem renúncia ou disposição de direitos. Nas relações de consumo entre o fornecedor e o consumidor-pessoa jurídica, a indenização poderá ser limitada, em situações justificáveis;

> Artigos conexos: art. 19 (vício de quantidade); arts. 20 a 23 (vício de qualidade).

> Legislação relacionada: Código Civil, art. 448 (responsabilidade pela evicção).

II – subtraiam ao consumidor a opção de reembolso da quantia já paga, nos casos previstos neste Código;

> Artigos conexos: art. 18, § 1º, II (vício do produto, restituição da quantia paga); art. 19, *caput* (vício de quantidade, abatimento proporcional do preço); art. 20, II (vício de qualidade, restituição da quantia paga); art. 41 (tabelamento de preços; restituição do valor cobrado a maior); art. 49, parágrafo único (direito de arrependimento).

III – transfiram responsabilidades a terceiros;

> Artigos conexos: art. 18, *caput* (responsabilidade por vício do produto); art. 25, §§ 1º e 2º (estipulação contratual, obrigação de indenizar).

IV – estabeleçam obrigações consideradas iníquas, abusivas, que coloquem o consumidor em desvantagem exagerada, ou sejam incompatíveis com a boa-fé ou a equidade;

> Artigo conexo: art. 39 (práticas abusivas).

> Legislação relacionada: Código Civil, art. 422 (boa-fé nos contratos).

> Súmulas 302, 381, 543 e 609 do STJ.

V – (Vetado).[13]

> O texto vetado dispunha:

"V – Segundo as circunstâncias e, em particular, segundo a aparência global do contrato, venham, após sua conclusão, a surpreender o consumidor."

VI – estabeleçam inversão do ônus da prova em prejuízo do consumidor;

> Artigos conexos: art. 6º, VIII (direitos básicos do consumidor, inversão do ônus da prova); art. 38 (publicidade, ônus da prova).

VII – determinem a utilização compulsória de arbitragem;

> Legislação relacionada: Código Civil, arts. 851 a 853 (compromisso). Lei nº 9.307/96 (Arbitragem).

VIII – imponham representante para concluir ou realizar outro negócio jurídico pelo consumidor;

> Legislação relacionada: Código Civil, art. 115 (poderes de representação); arts. 485 e 489 (fixação do preço ao arbítrio de terceiro); art. 491 (venda a crédito); arts. 683 e 684 (mandato, cláusula de irrevogabilidade).

IX – deixem ao fornecedor a opção de concluir ou não o contrato, embora obrigando o consumidor;

> Artigo conexo: art. 39, IX (prazo para cumprimento da obrigação).

> Legislação relacionada: Código Civil, art. 122 (condição).

X – permitam ao fornecedor, direta ou indiretamente, variação do preço de maneira unilateral;

XI – autorizem o fornecedor a cancelar o contrato unilateralmente, sem que igual direito seja conferido ao consumidor;

> Artigos conexos: arts. 485 e 489 (fixação do preço ao arbítrio de terceiro); art. 491 (venda a crédito, entrega da coisa); arts. 683 e 684 (mandato, cláusula de irrevogabilidade).

XII – obriguem o consumidor a ressarcir os custos de cobrança de sua obrigação, sem que igual direito lhe seja conferido contra o fornecedor;

> Legislação relacionada: Código de Processo Civil de 2015, arts. 82, § 2º e 85, § 17.

XIII – autorizem o fornecedor a modificar unilateralmente o conteúdo ou a qualidade do contrato, após sua celebração;

[13] Mensagem de Veto nº 664/90, *do inciso V do art. 51*: Reproduz, no essencial, o que já está explicitado no inciso IV. É, portanto, desnecessário.

XIV – infrinjam ou possibilitem a violação de normas ambientais;

XV – estejam em desacordo com o sistema de proteção ao consumidor;

XVI – possibilitem a renúncia do direito de indenização por benfeitorias necessárias.

> Legislação relacionada: Código Civil, art. 424 (nulidade de cláusula que estabelece renúncia de direito).

§ 1º Presume-se exagerada, entre outros casos, a vantagem que:

I – ofende os princípios fundamentais do sistema jurídico a que pertence;

II – restringe direitos ou obrigações fundamentais inerentes à natureza do contrato, de tal modo a ameaçar seu objeto ou o equilíbrio contratual;

III – se mostra excessivamente onerosa para o consumidor, considerando-se a natureza e conteúdo do contrato, o interesse das partes e outras circunstâncias peculiares ao caso.

> Legislação relacionada: Código Civil, art. 104 (validade do negócio jurídico).

§ 2º A nulidade de uma cláusula contratual abusiva não invalida o contrato, exceto quando de sua ausência, apesar dos esforços de integração, decorrer ônus excessivo a qualquer das partes.

> Legislação relacionada: Código Civil, art. 180 (negócio jurídico, ocultação dolosa da idade); art. 184 (invalidade parcial do negócio jurídico); arts. 478 a 480 (resolução por onerosidade excessiva).

§ 3º (Vetado).[14]

> O texto vetado dispunha:
> *"§ 3º O Ministério Público, mediante inquérito civil, pode efetuar o controle administrativo abstrato e preventivo das cláusulas contratuais gerais, cuja decisão terá caráter geral."*

§ 4º É facultado a qualquer consumidor ou entidade que o represente requerer ao Ministério Público que ajuíze a competente ação para ser declarada a nulidade de cláusula contratual que contrarie o disposto neste Código ou de qualquer forma não assegure o justo equilíbrio entre direitos e obrigações das partes.

Art. 52. No fornecimento de produtos ou serviços que envolva outorga de crédito ou concessão de financiamento ao consumidor, o fornecedor deverá, entre outros requisitos, informá-lo prévia e adequadamente sobre:

I – preço do produto ou serviço em moeda corrente nacional;

II – montante dos juros de mora e da taxa efetiva anual de juros;

---

[14] Mensagem de Veto nº 664/90, *do § 3º do art. 51*: Tais dispositivos transgridem o art. 128, § 5º, da Constituição Federal, que reserva à lei complementar a regulação inicial das atribuições e da organização do Ministério Público. O controle amplo e geral da legitimidade de atos jurídicos somente pode ser confiado ao Poder Judiciário (CF, art. 5º, XXXV). Portanto, a outorga de competência ao Ministério Público para proceder ao controle abstrato de cláusulas contratuais desfigura o perfil que o Constituinte imprimiu a essa instituição (CF, arts. 127 e 129). O controle abstrato de cláusulas contratuais está adequadamente disciplinado no art. 51, § 4º, do Projeto. Vetado o § 3º do art. 51, impõe-se, também, vetar o § 5º do art. 54.

Por outro lado, somente pode haver litisconsórcio (art. 82, § 2o) se a todos e a cada um tocar qualidade que lhe autorize a condução autônoma do processo. O art. 128 da Constituição não admite o litisconsórcio constante do projeto.

III – acréscimos legalmente previstos;

IV – número e periodicidade das prestações;

V – soma total a pagar, com e sem financiamento.

§ 1º As multas de mora decorrentes do inadimplemento de obrigações no seu termo não poderão ser superiores a dois por cento do valor da prestação.

> *§ 1º com redação dada pela Lei nº 9.298, de 1º-8-1996.*

§ 2º É assegurada ao consumidor a liquidação antecipada do débito, total ou parcialmente, mediante redução proporcional dos juros e demais acréscimos.

§ 3º (Vetado).[15]

> O texto vetado dispunha:
>
> *"§ 3º O fornecedor ficará sujeito a multa civil e perda dos juros, além de outras sanções cabíveis, se descumprir o disposto neste artigo."*

> Artigos conexos: art. 51 (cláusulas abusivas); arts. 56 e 57 (sanções administrativas).

> Legislação relacionada: Código Civil, art. 315 (dívidas em dinheiro, moeda corrente nacional); art. 318 (nulidade de convenção de pagamento em ouro); arts. 395 e 397 (mora do devedor); art. 412 (valor limite da cláusula penal); Portaria nº 14/98, do Departamento de Proteção e Defesa do Consumidor (Dispõe sobre os pagamentos a prazo, através de prestações ou do sistema rotativo (cartão de crédito próprio, diretamente ou através de instituições financeiras e sobre a obrigatoriedade de informações corretas, claras, precisas e ostensivas ao consumidor sobre o preço a vista); art. 22, XIX, do Decreto nº 2.181/97 (Dispõe sobre a Organização do Sistema Nacional de Defesa do Consumidor – SNDC, Estabelece as Normas Gerais de Aplicação das Sanções Administrativas Previstas na Lei nº 8.078/90).

Art. 53. Nos contratos de compra e venda de móveis ou imóveis mediante pagamento em prestações, bem como nas alienações fiduciárias em garantia, consideram-se nulas de pleno direito as cláusulas que estabeleçam a perda total das prestações pagas em benefício do credor que, em razão do inadimplemento, pleitear a resolução do contrato e a retomada do produto alienado.

§ 1º (Vetado).[16]

> O texto vetado dispunha:
>
> *"§ 1º Na hipótese prevista neste artigo, o devedor inadimplente terá direito à compensação ou à restituição das parcelas quitadas à data da resolução contratual, monetariamente atualizadas, descontada a vantagem econômica auferida com a fruição."*

§ 2º Nos contratos do sistema de consórcio de produtos duráveis, a compensação ou a restituição das parcelas quitadas, na forma deste artigo, terá descontada, além da vantagem econômica auferida com a fruição, os prejuízos que o desistente ou inadimplente causar ao grupo.

§ 3º Os contratos de que trata o *caput* deste artigo serão expressos em moeda corrente nacional.

> Artigos conexos: art. 51, XVI (cláusulas nulas, indenização por benfeitorias); art. 52, § 1º (multa moratória).

---

[15] Mensagem de Veto nº 664/90, *do § 3º do art. 52*: O art. 12 e outras normas já dispõem de modo cabal sobre a reparação do dano sofrido pelo consumidor. Os dispositivos ora vetados criam a figura de "multa civil", sempre de valor expressivo, sem que sejam definidas a sua destinação e finalidade.

[16] Mensagem de Veto nº 664/90, *do § 1º do art. 53*: Torna-se necessário dar disciplina mais adequada à resolução dos contratos de compra e venda, por inadimplência do comprador. A venda de bens mediante pagamento em prestações acarreta diversos custos para o vendedor, que não foram contemplados na formulação do dispositivo. A restituição das prestações monetariamente corrigidas, sem levar em conta esses aspectos, implica tratamento iníquo, de consequências imprevisíveis e danosas para os diversos setores da economia.

Seção III
Dos contratos de adesão

Art. 54. Contrato de adesão é aquele cujas cláusulas tenham sido aprovadas pela autoridade competente ou estabelecidas unilateralmente pelo fornecedor de produtos ou serviços, sem que o consumidor possa discutir ou modificar substancialmente seu conteúdo.

§ 1º A inserção de cláusula no formulário não desfigura a natureza de adesão do contrato.

§ 2º Nos contratos de adesão admite-se cláusula resolutória, desde que alternativa, cabendo a escolha ao consumidor, ressalvando-se o disposto no § 2º do artigo anterior.

§ 3º Os contratos de adesão escritos serão redigidos em termos claros e com caracteres ostensivos e legíveis, cujo tamanho da fonte não será inferior ao corpo doze, de modo a facilitar sua compreensão pelo consumidor.

> *§ 3º com redação dada pela Lei nº 11.785, de 22 de setembro de 2008.*

> O texto original dispunha.

"§ 3º Os contratos de adesão escritos serão redigidos em termos claros e com caracteres ostensivos e legíveis, de modo a facilitar sua compreensão pelo consumidor."

§ 4º As cláusulas que implicarem limitação de direito do consumidor deverão ser redigidas com destaque, permitindo sua imediata e fácil compreensão.

§ 5º (Vetado).[17]

> O texto vetado dispunha:

"§ 5º Cópia do formulário-padrão será remetida ao Ministério Público, que, mediante inquérito civil, poderá efetuar o controle preventivo das cláusulas gerais dos contratos de adesão."

> Legislação relacionada: Código Civil, art. 423 (contrato de adesão); Lei nº 9.307/96 (Arbitragem).

CAPÍTULO VII
Das sanções administrativas

Art. 55. A União, os Estados e o Distrito Federal, em caráter concorrente e nas suas respectivas áreas de atuação administrativa, baixarão normas relativas à produção, industrialização, distribuição e consumo de produtos e serviços.

§ 1º A União, os Estados, o Distrito Federal e os Municípios fiscalizarão e controlarão a produção, industrialização, distribuição, a publicidade de produtos e serviços e o

---

17 Mensagem de Veto nº 664/90, *§ 5º do art. 54*: Tais dispositivos transgridem o art. 128, § 5º, da Constituição Federal, que reserva à lei complementar a regulação inicial das atribuições e da organização do Ministério Público. O controle amplo e geral da legitimidade de atos jurídicos somente pode ser confiado ao Poder Judiciário (CF, art. 5º, XXXV). Portanto, a outorga de competência ao Ministério Público para proceder ao controle abstrato de cláusulas contratuais desfigura o perfil que o Constituinte imprimiu a essa instituição (CF, arts. 127 e 129). O controle abstrato de cláusulas contratuais está adequadamente disciplinado no art. 51, § 4º, do Projeto. Vetado o § 3º do art. 51, impõe-se, também, vetar o § 5º do art. 54.

Por outro lado, somente pode haver litisconsórcio (art. 82, § 2o) se a todos e a cada um tocar qualidade que lhe autorize a condução autônoma do processo. O art. 128 da Constituição não admite o litisconsórcio constante do projeto.

mercado de consumo, no interesse da preservação da vida, da saúde, da segurança, da informação e do bem do consumidor, baixando as normas que se fizerem necessárias.

§ 2º (Vetado).[18]

> O texto vetado dispunha:

"§ 2º As normas referidas no parágrafo anterior deverão ser uniformizadas, revistas e atualizadas, a cada dois anos."

§ 3º Os órgãos federais, estaduais, do Distrito Federal e municipais com atribuições para fiscalizar e controlar o mercado de consumo manterão comissões permanentes para elaboração, revisão e atualização das normas referidas no § 1º, sendo obrigatória a participação dos consumidores e fornecedores.

§ 4º Os órgãos oficiais poderão expedir notificações aos fornecedores para que, sob pena de desobediência, prestem informações sobre questões de interesse do consumidor, resguardado o segredo industrial.

> Legislação relacionada: Lei nº 8.656/93 (Obriga o Poder Executivo a regulamentar o procedimento deste Capítulo); Portaria nº 789/01 do Ministério da Justiça (Regula a comunicação, no âmbito do Departamento de Proteção e Defesa do Consumidor – DPDC, relativa à periculosidade de produtos e serviços já introduzidos no mercado de consumo, e o não cumprimento às determinações desta portaria sujeitará às sanções previstas neste Capítulo); art. 33, § 1º, do Decreto nº 2.181/97 (Dispõe sobre a Organização do Sistema Nacional de Defesa do Consumidor – SNDC, Estabelece as Normas Gerais de Aplicação das Sanções Administrativas Previstas na Lei nº 8.078/90); Decreto s/nº, de 28/95 (Cria a Comissão Nacional Permanente de Defesa do Consumidor, tendo em vista o disposto nos §§ 1º e 3º deste artigo).

Art. 56. As infrações das normas de defesa do consumidor ficam sujeitas, conforme o caso, às seguintes sanções administrativas, sem prejuízo das de natureza civil, penal e das definidas em normas específicas:

I – multa;

II – apreensão do produto;

III – inutilização do produto;

IV – cassação do registro do produto junto ao órgão competente;

V – proibição de fabricação do produto;

VI – suspensão de fornecimento de produtos ou serviço;

VII – suspensão temporária de atividade;

VIII – revogação de concessão ou permissão de uso;

IX – cassação de licença do estabelecimento ou de atividade;

X – interdição, total ou parcial, de estabelecimento, de obra ou de atividade;

XI – intervenção administrativa;

XII – imposição de contrapropaganda.

Parágrafo único. As sanções previstas neste artigo serão aplicadas pela autoridade administrativa, no âmbito de sua atribuição, podendo ser aplicadas cumulativamente, inclusive por medida cautelar antecedente ou incidente de procedimento administrativo.

> Artigos conexos: art. 57 (pena de multa, gravidade da infração); art. 59 (pena de cassação de alvará); art. 60 (contrapropaganda).

---

[18] Mensagem de Veto nº 664/90, *do § 2º do art. 55*: A União não dispõe, na ordem federal, de competência para impor aos Estados e Municípios obrigação genérica de legislar (CF, arts. 18, 25 e 29).

> Legislação relacionada: Lei nº 9.832/99 (Proíbe o uso industrial de embalagens metálicas soldadas com liga de chumbo e estanho para acondicionamento de gêneros alimentícios, exceto para produtos secos ou desidratados); art. 29 do Decreto nº 2.181/97 (Dispõe sobre a Organização do Sistema Nacional de Defesa do Consumidor – SNDC, Estabelece as Normas Gerais de Aplicação das Sanções Administrativas Previstas na Lei nº 8.078/90); art. 4 e 6 da Lei nº 10.742/03 (Define normas de regulação para o setor farmacêutico, cria a Câmara de Regulação do Mercado de Medicamentos – CMED e altera a Lei nº 6.360/76, e dá outras providências).

Art. 57. A pena de multa, graduada de acordo com a gravidade da infração, a vantagem auferida e a condição econômica do fornecedor, será aplicada mediante procedimento administrativo, revertendo para o Fundo de que trata a Lei nº 7.347, de 24 de julho de 1985, os valores cabíveis à União, ou para os Fundos estaduais ou municipais de proteção ao consumidor nos demais casos.

> *Art. 57,* caput, *com redação dada pela Lei nº 8.656, de 21-5-1993.*

Parágrafo único. A multa será em montante não inferior a duzentas e não superior a três milhões de vezes o valor da Unidade Fiscal de Referência – UFIR, ou índice equivalente que venha a substituí-lo.

> *Parágrafo único acrescentado pela Lei nº 8.703, de 6-9-1993.*

> Legislação relacionada: art. 13 da Lei nº 7.347/85; art. 3º, parágrafo único, da Lei nº 8.907/94 (Determina que o Modelo de Fardamento Escolar Adotado nas Escolas Públicas e Privadas não possa ser alterado antes de Transcorridos Cinco Anos); Decreto nº 1.306/94 (Regulamenta o Fundo de Defesa de Direitos Difusos); arts. 28 e 29 do Decreto nº 2.181/97 (Dispõe sobre a Organização do Sistema Nacional de Defesa do Consumidor – SNDC, Estabelece as Normas Gerais de Aplicação das Sanções Administrativas Previstas na Lei nº 8.078/90).

Art. 58. As penas de apreensão, de inutilização de produtos, de proibição de fabricação de produtos, de suspensão do fornecimento de produto ou serviço, de cassação do registro do produto e revogação da concessão ou permissão de uso serão aplicadas pela administração, mediante procedimento administrativo, assegurada ampla defesa, quando forem constatados vícios de quantidade ou de qualidade por inadequação ou insegurança do produto ou serviço.

> Artigos conexos: art. 18, § 6º (produtos impróprios para consumo); art. 19 (responsabilidade por vício de quantidade).

Art. 59. As penas de cassação de alvará de licença, de interdição e de suspensão temporária da atividade, bem como a de intervenção administrativa serão aplicadas mediante procedimento administrativo, assegurada ampla defesa, quando o fornecedor reincidir na prática das infrações de maior gravidade previstas neste Código e na legislação de consumo.

§ 1º A pena de cassação da concessão será aplicada à concessionária de serviço público, quando violar obrigação legal ou contratual.

§ 2º A pena de intervenção administrativa será aplicada sempre que as circunstâncias de fato desaconselharem a cassação de licença, a interdição ou suspensão da atividade.

§ 3º Pendendo ação judicial na qual se discuta a imposição de penalidade administrativa, não haverá reincidência até o trânsito em julgado da sentença.

> Artigos conexos: art. 6º, X (direito a prestação adequada e eficaz do serviço público); art. 22 (responsabilidade, serviço público).

Art. 60. A imposição de contrapropaganda será cominada quando o fornecedor incorrer na prática de publicidade enganosa ou abusiva, nos termos do art. 36 e seus parágrafos, sempre às expensas do infrator.

§ 1º A contrapropaganda será divulgada pelo responsável da mesma forma, frequência e dimensão e, preferencialmente, no mesmo veículo, local, espaço e horário, de forma capaz de desfazer o malefício da publicidade enganosa ou abusiva.

§ 2º (Vetado).[19]

> O texto vetado dispunha:

"§ 2º A contrapropaganda será aplicada pelos órgãos públicos competentes da proteção ao consumidor, mediante procedimento administrativo, assegurada ampla defesa, cabendo recurso para o Ministro de Estado da respectiva área de atuação administrativa, quando a mensagem publicitária for de âmbito nacional."

§ 3º (Vetado).[20]

> O texto vetado dispunha:

"§ 3º Enquanto não promover a contrapropaganda, o fornecedor, além de multa diária e outras sanções, ficará impedido de efetuar, por qualquer meio, publicidade de seus produtos e serviços."

> Artigo conexo: art. 67 (penalidade, publicidade enganosa ou abusiva).

> Legislação relacionada: art. 47 do Decreto nº 2.181/97 (Dispõe sobre a Organização do Sistema Nacional de Defesa do Consumidor - SNDC, Estabelece as Normas Gerais de Aplicação das Sanções Administrativas Previstas na Lei nº 8.078/90).

TÍTULO II
DAS INFRAÇÕES PENAIS

Art. 61. Constituem crimes contra as relações de consumo previstas neste Código, sem prejuízo do disposto no Código Penal e leis especiais, as condutas tipificadas nos artigos seguintes.

> Legislação relacionada: art. 9º da Lei nº 9.294/96, regulamentada pelo Decreto nº 2.018/96 (Dispõe sobre as restrições ao uso e à propaganda de produtos fumígenos, bebidas alcoólicas, medicamentos, terapias e defensivos agrícolas, nos termos do § 4º do art. 220 da Constituição Federal); Lei nº 9.832/99 (Proíbe o uso industrial de embalagens metálicas soldadas com liga de chumbo e estanho para acondicionamento de gêneros alimentícios, exceto para produtos secos ou desidratados); Lei nº 8.137/90 (Define os crimes contra a ordem tributária, econômica e contra as relações de consumo, e dá outras providências).

Art. 62. (Vetado).[21]

> O texto vetado dispunha:

"Art. 62. Colocar no mercado, fornecer ou expor para fornecimento produtos ou serviços impróprios:

Pena - Detenção de seis meses a dois anos e multa.

§ 1º Se o crime é culposo:

Pena - Detenção de três meses a um ano ou multa.

§ 2º As penas deste artigo são aplicáveis sem prejuízo das correspondentes à lesão corporal e à morte."

---

[19] Mensagem de Veto nº 664/90, *do § 2º do art. 60*: A imposição de contrapropaganda, sem que se estabeleçam parâmetros legais precisos, pode dar ensejo a sérios abusos, que poderão redundar até mesmo na paralisação da atividade empresarial, como se vê, aliás, do disposto no § 3º do art. 60. Por outro lado, é inadmissível, na ordem federativa, atribuir a Ministro de Estado competência para apreciar em grau de recurso a legitimidade de atos de autoridade estadual ou municipal, tal como previsto no § 2º do art. 60.

[20] Idem.

[21] Mensagem de Veto nº 664/90, *do art. 62*: Em se tratando de norma penal, é necessário que a descrição da conduta vedada seja precisa e determinada. Assim, o dispositivo afronta a garantia estabelecida no art. 5º, XXXIX, da Constituição.

Art. 63. Omitir dizeres ou sinais ostensivos sobre a nocividade ou periculosidade de produtos, nas embalagens, nos invólucros, recipientes ou publicidade:

Pena – Detenção de 6 (seis) meses a 2 (dois) anos e multa.

§ 1º Incorrerá nas mesmas penas quem deixar de alertar, mediante recomendações escritas ostensivas, sobre a periculosidade do serviço a ser prestado.

§ 2º Se o crime é culposo:

Pena – Detenção de 1 (um) a 6 (seis) meses ou multa.

> Artigos conexos: art. 9º (informação sobre produtos e serviços potencialmente nocivos); art. 12 (responsabilidade pelo fato do produto).

Art. 64. Deixar de comunicar à autoridade competente e aos consumidores a nocividade ou periculosidade de produtos cujo conhecimento seja posterior à sua colocação no mercado:

Pena – Detenção de 6 (seis) meses a 2 (dois) anos e multa.

Parágrafo único. Incorrerá nas mesmas penas quem deixar de retirar do mercado, imediatamente quando determinado pela autoridade competente, os produtos nocivos ou perigosos, na forma deste artigo.

> Artigo conexo: art. 10, § 1º (produto com alto grau de nocividade).

> Legislação relacionada: art. 1º, VII-B, da Lei nº 8.072/98 (Lei de Crimes Hediondos); Lei nº 6.360/76 (Dispõe sobre a vigilância Sanitária a que ficam sujeitos os Medicamentos, as Drogas, os Insumos Farmacêuticos e Correlatos, Cosméticos, Saneantes e outros Produtos, e dá outras providências); Lei nº 6.437/77, alterada pela Lei nº 9.695/98 (Configura infrações à legislação sanitária federal e estabelece as sanções respectivas); Portaria nº 2.814/98 do Ministério da Saúde (Estabelece procedimentos a serem observados pelas empresas produtoras, importadoras, distribuidoras e do comércio farmacêutico, objetivando a comprovação, em caráter de urgência, da identidade e qualidade de medicamento, objeto de denúncia sobre possível falsificação, adulteração e fraude); Lei nº 9.782/99 regulamentada pelo Decreto nº 3.029/99 (Define o Sistema Nacional de Vigilância Sanitária, cria a Agência Nacional de Vigilância Sanitária, e dá outras providências).

Art. 65. Executar serviço de alto grau de periculosidade, contrariando determinação de autoridade competente:

Pena – Detenção de 6 (seis) meses a 2 (dois) anos e multa.

§ 1º As penas deste artigo são aplicáveis sem prejuízo das correspondentes à lesão corporal e à morte.

> *§ 1º renumerado pela Lei 13.425/2017, em vigor após decorridos 180 (cento e oitenta) dias de sua publicação oficial (DOU 31.03.2017).*

§ 2º A prática do disposto no inciso XIV do art. 39 desta Lei também caracteriza o crime previsto no caput deste artigo.

> *§ 2º acrescido pela Lei 13.425/2017, em vigor após decorridos 180 (cento e oitenta) dias de sua publicação oficial (DOU 31.03.2017).*

Art. 66. Fazer afirmação falsa ou enganosa, ou omitir informação relevante sobre a natureza, característica, qualidade, quantidade, segurança, desempenho, durabilidade, preço ou garantia de produtos ou serviços:

Pena – Detenção de 3 (três) meses a 1 (um) ano e multa.

§ 1º Incorrerá nas mesmas penas quem patrocinar a oferta.

§ 2º Se o crime é culposo:

Pena – Detenção de 1 (um) a 6 (seis) meses ou multa.

> Artigos conexos: art. 30 (oferta); art. 37, § 7º (publicidade enganosa por omissão); art. 52, *caput*; art. 63 (infrações penais, omissão de dizeres).

Art. 67. Fazer ou promover publicidade que sabe ou deveria saber ser enganosa ou abusiva:

Pena – Detenção de 3 (três) meses a 1 (um) ano e multa.

Parágrafo único. (Vetado).[22]

> O texto vetado dispunha:

"Parágrafo único. Incorrerá nas mesmas penas quem fizer ou promover publicidade de modo que dificulte sua identificação imediata."

> Artigos conexos: art. 37 (propaganda enganosa ou abusiva); art. 60 (contrapropaganda).

Art. 68. Fazer ou promover publicidade que sabe ou deveria saber ser capaz de induzir o consumidor a se comportar de forma prejudicial ou perigosa a sua saúde ou segurança:

Pena – Detenção de 6 (seis) meses a 2 (dois) anos e multa.

Parágrafo único. (Vetado).[23]

> O texto vetado dispunha:

"Parágrafo único. Incorrerá nas mesmas penas quem fizer ou promover publicidade sabendo-se incapaz de atender à demanda."

> Artigo conexo: art. 37, § 2º (propaganda abusiva).

Art. 69. Deixar de organizar dados fáticos, técnicos e científicos que dão base à publicidade:

Pena – Detenção de 1 (um) a 6 (seis) meses ou multa.

> Artigo conexo: art. 36, parágrafo único (publicidade, manutenção, pelo fornecedor, dos dados fáticos e científicos).

Art. 70. Empregar, na reparação de produtos, peças ou componentes de reposição usados, sem autorização do consumidor:

Pena – Detenção de 3 (três) meses a 1 (um) ano e multa.

> Artigos conexos: art. 21 (reparação de produto); art. 32 (oferta de componentes e peças de reposição).

Art. 71. Utilizar, na cobrança de dívidas, de ameaça, coação, constrangimento físico ou moral, afirmações falsas, incorretas ou enganosas ou de qualquer outro procedimento que exponha o consumidor, injustificadamente, a ridículo ou interfira com seu trabalho, descanso ou lazer:

Pena – Detenção de 3 (três) meses a 1 (um) ano e multa.

> Artigo conexo: art. 42 (cobrança de débitos).

---

[22] Mensagem de Veto nº 664/90, *do parágrafo único do art. 67*: "A norma em causa, enunciada como acréscimo a dispositivo que criminaliza a publicidade abusiva ou enganosa, não descreve, de forma clara e precisa, a conduta que pretende vedar. Assim, o dispositivo viola a garantia constitucional consagrada no inciso XXXIX do art. 5º da Constituição."

[23] Mensagem de Veto nº 664/90, *do parágrafo único do art. 68*: "A publicidade abusiva já está criminalizada no art. 67 do Projeto. Trata-se, portanto, de norma redundante."

Art. 72. Impedir ou dificultar o acesso do consumidor às informações que sobre ele constem em cadastros, banco de dados, fichas e registros:

Pena – Detenção de 6 (seis) meses a 1 (um) ano ou multa.

> Artigo conexo: art. 43, *caput* (banco de dados e cadastro de consumidores).

Art. 73. Deixar de corrigir imediatamente informação sobre consumidor constante de cadastro, banco de dados, fichas ou registros que sabe ou deveria saber ser inexata:

Pena – Detenção de 1 (um) a 6 (seis) meses ou multa.

> Artigo conexo: art. 43, § 3º (banco de dados, inexatidão).

Art. 74. Deixar de entregar ao consumidor o termo de garantia adequadamente preenchido e com especificação clara de seu conteúdo:

Pena – Detenção de 1 (um) a 6 (seis) meses ou multa.

> Artigo conexo: art. 50 (garantia contratual).

Art. 75. Quem, de qualquer forma, concorrer para os crimes referidos neste código incide nas penas a esses cominadas na medida de sua culpabilidade, bem como o diretor, administrador ou gerente da pessoa jurídica que promover, permitir ou por qualquer modo aprovar o fornecimento, oferta, exposição à venda ou manutenção em depósito de produtos ou a oferta e prestação de serviços nas condições por ele proibidas.

Art. 76. São circunstâncias agravantes dos crimes tipificados neste Código:

I – serem cometidos em época de grave crise econômica ou por ocasião de calamidade;

II – ocasionarem grave dano individual ou coletivo;

III – dissimular-se a natureza ilícita do procedimento;

IV – quando cometidos:

a) por servidor público, ou por pessoa cuja condição econômico-social seja manifestamente superior à da vítima;

b) em detrimento de operário ou rurícola; de menor de 18 (dezoito) ou maior de 60 (sessenta) anos ou de pessoas portadoras de deficiência mental, interditadas ou não;

V – serem praticados em operações que envolvam alimentos, medicamentos ou quaisquer outros produtos ou serviços essenciais.

Art. 77. A pena pecuniária prevista nesta Secção será fixada em dias-multa, correspondente ao mínimo e ao máximo de dias de duração da pena privativa da liberdade cominada ao crime. Na individualização desta multa, o juiz observará o disposto no art. 60, § 1º, do Código Penal.

> O texto do Código Penal dispõe:
>
> *"Art. 60. Na fixação da pena de multa o juiz deve atender, principalmente, à situação econômica do réu.*
>
> *§ 1º A multa pode ser aumentada até o triplo, se o juiz considerar que, em virtude da situação econômica do réu, é ineficaz, embora aplicada no máximo."*

Art. 78. Além das penas privativas de liberdade e de multa, podem ser impostas, cumulativa ou alternadamente, observado o disposto nos arts. 44 a 47, do Código Penal:

I – a interdição temporária de direitos;

II – a publicação em órgãos de comunicação de grande circulação ou audiência, às expensas do condenado, de notícia sobre os fatos e a condenação;

III – a prestação de serviços à comunidade.

> Legislação relacionada: arts. 43 a 48 e 55 do Código Penal.

Art. 79. O valor da fiança, nas infrações de que trata este Código, será fixado pelo juiz, ou pela autoridade que presidir o inquérito, entre 100 (cem) e 200.000 (duzentas mil) vezes o valor do Bônus do Tesouro Nacional – BTN, ou índice equivalente que venha substituí-lo.

Parágrafo único. Se assim recomendar a situação econômica do indiciado ou réu, a fiança poderá ser:

a) reduzida até a metade de seu valor mínimo;

b) aumentada pelo juiz até 20 (vinte) vezes.

Art. 80. No processo penal atinente aos crimes previstos neste Código, bem como a outros crimes e contravenções que envolvam relações de consumo, poderão intervir, como assistentes do Ministério Público, os legitimados indicados no art. 82, incisos III e IV, aos quais também é facultado propor ação penal subsidiária, se a denúncia não for oferecida no prazo legal.

> Legislação relacionada: arts. 44 a 47 (espécies de penas), do Código Penal.

TÍTULO III
DA DEFESA DO CONSUMIDOR EM JUÍZO

CAPÍTULO I
Disposições gerais

Art. 81. A defesa dos interesses e direitos dos consumidores e das vítimas poderá ser exercida em juízo individualmente, ou a título coletivo.

> Súmula 601 do STJ.

Parágrafo único. A defesa coletiva será exercida quando se tratar de:

I – interesses ou direitos difusos, assim entendidos, para efeitos deste Código, os transindividuais, de natureza indivisível, de que sejam titulares pessoas indeterminadas e ligadas por circunstâncias de fato;

II – interesses ou direitos coletivos, assim entendidos, para efeitos deste Código, os transindividuais de natureza indivisível de que seja titular grupo, categoria ou classe de pessoas ligadas entre si ou com a parte contrária por uma relação jurídica base;

III – interesses ou direitos individuais homogêneos, assim entendidos os decorrentes de origem comum.

> Artigos conexos: art. 91 (ação civil coletiva); art. 93 (competência); art. 98 (execução coletiva).

> Legislação relacionada: Decreto nº 2.978/99 (Regulamenta a arrecadação da Taxa Processual e da Taxa de Serviços do Conselho Administrativo de Defesa Econômica – CADE); Lei nº 12.529/11 (Estrutura o Sistema Brasileiro de Defesa da Concorrência; dispõe sobre a prevenção e repressão às infrações contra a ordem econômica).

Art. 82. Para os fins do art. 81, parágrafo único, são legitimados concorrentemente:

> *Art. 82,* caput, *com redação dada pela Lei nº 9.008, de 21-3-1995.*

> Súmula 601 do STJ.

I – o Ministério Público;

II – a União, os Estados, os Municípios e o Distrito Federal;

III – as entidades e órgãos da administração pública, direta ou indireta, ainda que sem personalidade jurídica, especificamente destinados à defesa dos interesses e direitos protegidos por este Código;

IV – as associações legalmente constituídas há pelo menos um ano e que incluam entre seus fins institucionais a defesa dos interesses e direitos protegidos por este Código, dispensada a autorização assemblear.

§ 1º O requisito da pré-constituição pode ser dispensado pelo juiz, nas ações previstas no art. 91 e seguintes, quando haja manifesto interesse social evidenciado pela dimensão ou característica do dano, ou pela relevância do bem jurídico a ser protegido.

> Legislação relacionada: Lei nº 9.008/95 (Cria, na Estrutura Organizacional do Ministério da Justiça, o Conselho Federal de que trata o art. 13 da Lei nº 7.347/85, altera dispositivos da Lei nº 8.078/90, e dá outras providências); art. 47 da Lei nº 12.529/11 (Estrutura o Sistema Brasileiro de Defesa da Concorrência; dispõe sobre a prevenção e repressão às infrações contra a ordem econômica); arts. 8º, II, 56, § 3º do Decreto nº 2.181/97 (Dispõe sobre a Organização do Sistema Nacional de Defesa do Consumidor – SNDC, Estabelece as Normas Gerais de Aplicação das Sanções Administrativas Previstas na Lei nº 8.078/90); art. 7º da Lei nº 9.870/99 (Dispõe sobre o valor das anuidades escolares e dá outras providências); Lei Complementar nº 80/94 (Organiza a Defensoria Pública da União, do Distrito Federal e Territórios).

§ 2º (Vetado).[24]

> O texto vetado dispunha:
>
> *"§ 2º Admitir-se-á o litisconsórcio facultativo entre os Ministérios Públicos da União, do Distrito Federal e dos Estados, na defesa dos interesses e direitos de que cuida este Código."*

---

[24] Mensagem de Veto nº 664/90, *do § 2º do art. 82:* Tais dispositivos transgridem o art. 128, § 5º, da Constituição Federal, que reserva à lei complementar a regulação inicial das atribuições e da organização do Ministério Público. O controle amplo e geral da legitimidade de atos jurídicos somente pode ser confiado ao Poder Judiciário (CF, art. 5º, XXXV). Portanto, a outorga de competência ao Ministério Público para proceder ao controle abstrato de cláusulas contratuais desfigura o perfil que o Constituinte imprimiu a essa instituição (CF, arts. 127 e 129). O controle abstrato de cláusulas contratuais está adequadamente disciplinado no art. 51, § 4º, do Projeto. Vetado o § 3º do art. 51, impõe-se, também, vetar o § 5º do art. 54.

Por outro lado, somente pode haver litisconsórcio (art. 82, § 2o) se a todos e a cada um tocar qualidade que lhe autorize a condução autônoma do processo. O art. 128 da Constituição não admite o litisconsórcio constante do projeto.

§ 3º (Vetado).[25]

> O texto vetado dispunha:

"§ 3º Os órgãos públicos legitimados poderão tomar dos interessados compromisso de ajustamento de sua conduta às exigências legais, mediante cominações, que terá eficácia de título executivo extrajudicial."

Art. 83. Para a defesa dos direitos e interesses protegidos por este Código são admissíveis todas as espécies de ações capazes de propiciar sua adequada e efetiva tutela.

Parágrafo único. (Vetado).[26]

> O texto vetado dispunha:

"Parágrafo único. Poderá ser ajuizada, pelos legitimados no artigo anterior ou por qualquer outro interessado, ação visando o controle abstrato e preventivo das cláusulas contratuais gerais."

Art. 84. Na ação que tenha por objeto o cumprimento da obrigação de fazer ou não fazer, o juiz concederá a tutela específica da obrigação ou determinará providências que assegurem o resultado prático equivalente ao do adimplemento.

§ 1º A conversão da obrigação em perdas e danos somente será admissível se por elas optar o autor ou se impossível a tutela específica ou a obtenção do resultado prático correspondente.

§ 2º A indenização por perdas e danos se fará sem prejuízo da multa (art. 287 do Código de Processo Civil).

> *O artigo citado se ao Código de Processo Civil de 1973. Sem correspondente no Código de Processo Civil de 2015.*

§ 3º Sendo relevante o fundamento da demanda e havendo justificado receio de ineficácia do provimento final, é lícito ao juiz conceder a tutela liminarmente ou após justificação prévia, citado o réu.

§ 4º O juiz poderá, na hipótese do § 3º ou na sentença, impor multa diária ao réu, independentemente de pedido do autor, se for suficiente ou compatível com a obrigação, fixando prazo razoável para o cumprimento do preceito.

§ 5º Para a tutela específica ou para a obtenção do resultado prático equivalente, poderá o juiz determinar as medidas necessárias, tais como busca e apreensão, remoção de coisas e pessoas, desfazimento de obra, impedimento de atividade nociva, além de requisição de força policial.

> Artigos conexos: art. 35, I (oferta, cumprimento forçado da obrigação); art. 48 (declarações de vontade, vinculação do fornecedor).

> Legislação relacionada: Código Civil, art. 247 (obrigações de fazer, perdas e danos); art. 250 (obrigação de não fazer); Lei nº 9.494/97 (Disciplina a aplicação da tutela antecipada contra a Fazenda Pública).

---

[25] Mensagem de Veto nº 664/90, *do § 3º do art. 82*: É juridicamente imprópria a equiparação de compromisso administrativo a título executivo extrajudicial (CPC/1973, art. 585, II). É que, no caso, o objetivo do compromisso é a cessação ou a prática de determinada conduta, e não a entrega de coisa certa ou pagamento de quantia fixada.

[26] Mensagem de Veto nº 664/90, *do parágrafo único do art. 83*: O controle abstrato de atos jurídicos constitui atividade excepcional do Judiciário (CF, art. 5º, XXXV). A eficácia "erga omnes" de decisão proferida nessa modalidade de controle exige redobrada cautela na instituição de processos dessa índole. A pluralidade de entes legitimados a propor "ação visando ao controle abstrato e preventivo de cláusulas contratuais gerais", com a probabilidade da instauração de inúmeros processos de controle abstrato, constitui séria ameaça à segurança jurídica. Assim, é suficiente a disciplina que o § 4º do art. 51 do Projeto dá à matéria.

Art. 85. (Vetado).[27]

> O texto vetado dispunha:

"Art. 85. Contra atos ilegais ou abusivos de pessoas físicas ou jurídicas que lesem direito líquido e certo, individual, coletivo ou difuso, previsto neste Código, caberá ação mandamental, que se regerá pelas normas da lei do mandado de segurança."

Art. 86. (Vetado).[28]

> O texto vetado dispunha:

"Art. 86. Aplica-se o 'habeas data' à tutela dos direitos e interesses dos consumidores."

Art. 87. Nas ações coletivas de que trata este Código não haverá adiantamento de custas, emolumentos, honorários periciais e quaisquer outras despesas, nem condenação da associação autora, salvo comprovada má-fé, em honorários de advogados, custas e despesas processuais.

Parágrafo único. Em caso de litigância de má-fé, a associação autora e os diretores responsáveis pela propositura da ação serão solidariamente condenados em honorários advocatícios e ao décuplo das custas, sem prejuízo da responsabilidade por perdas e danos.

Art. 88. Na hipótese do art. 13, parágrafo único, deste Código, a ação de regresso poderá ser ajuizada em processo autônomo, facultada a possibilidade de prosseguir-se nos mesmos autos, vedada a denunciação da lide.

> Legislação relacionada: Código de Processo Civil de 2015, arts. 125 a 129 (denunciação da lide).

Art. 89. (Vetado).[29]

> O texto vetado dispunha:

"Art. 89. As normas deste Título aplicam-se, no que for cabível, a outros direitos ou interesses difusos, coletivos e individuais homogêneos, tratados coletivamente."

Art. 90. Aplicam-se às ações previstas neste Título as normas do Código de Processo Civil e da Lei nº 7.347, de 24 de julho de 1985, inclusive no que respeita ao Inquérito Civil, naquilo que não contrariar suas disposições.

> Artigo conexo: art. 83 (defesa do consumidor em juízo).

> Legislação relacionada: Lei nº 9.099/95 (Juizados Especiais Cíveis e Criminais); Lei nº 7.347/85 (Ação Civil Pública); Lei nº 9.494/97 (Disciplina a aplicação da tutela antecipada contra a Fazenda Pública).

---

[27] Mensagem de Veto nº 664/90, *do art. 85*: As ações de mandado de segurança e de *habeas data* destinam-se, por sua natureza, à defesa de direitos subjetivos públicos e têm, portanto, por objetivo precípuo os atos de agentes do Poder Público. Por isso, a sua extensão ou aplicação a outras situações ou relações jurídicas é incompatível com sua índole constitucional. Os artigos vetados, assim, contrariam as disposições dos incisos LXXI e LXXII do art. 5º da Carta Magna.

[28] Mensagem de Veto nº 664/90, *do art. 86*: As ações de mandado de segurança e de *habeas data* destinam-se, por sua natureza, à defesa de direitos subjetivos públicos e têm, portanto, por objetivo precípuo os atos de agentes do Poder Público. Por isso, a sua extensão ou aplicação a outras situações ou relações jurídicas é incompatível com sua índole constitucional. Os artigos vetados, assim, contrariam as disposições dos incisos LXXI e LXXII do art. 5º da Carta Magna.

[29] Mensagem de Veto nº 664/90, *do art. 89*: "A extensão das normas específicas destinadas à proteção dos direitos do consumidor a outras situações excede dos objetivos propostos no Código, alcançando outras relações jurídicas não identificadas precisamente e que reclamam regulação própria e adequada. Nos termos do art. 48 do ADCT, deve o legislador limitar-se a elaborar *Código de Defesa do Consumidor*."

CAPÍTULO II
Das ações coletivas para a defesa de interesses individuais homogêneos

Art. 91. Os legitimados de que trata o art. 82 poderão propor, em nome próprio e no interesse das vítimas ou seus sucessores, ação civil coletiva de responsabilidade pelos danos individualmente sofridos, de acordo com o disposto nos artigos seguintes.

> *Art. 91 com redação dada pela Lei nº 9.008, de 21-3-1995.*

Art. 92. O Ministério Público, se não ajuizar a ação, atuará sempre como fiscal da lei.

Parágrafo único. (Vetado).[30]

> O texto vetado dispunha:
"Parágrafo único. Aplica-se à ação prevista no artigo anterior o art. 5º, §§ 2º a 6º, da Lei nº 7.347, de 24 de julho de 1985."

> Artigos conexos: art. 51, § 4º (Ministério Público, requerimento de nulidade de cláusula contratual); art. 82, I (Legitimados para propor ação civil pública).

Art. 93. Ressalvada a competência da Justiça Federal, é competente para a causa a justiça local:

I – no foro do lugar onde ocorreu ou deva ocorrer o dano, quando de âmbito local;

II – no foro da Capital do Estado ou no do Distrito Federal, para os danos de âmbito nacional ou regional, aplicando-se as regras do Código de Processo Civil nos casos de competência concorrente.

> Legislação relacionada: Código de Processo Civil de 2015, arts. 46, § 4º e 53, IV, *a*.

Art. 94. Proposta a ação, será publicado edital no órgão oficial, a fim de que os interessados possam intervir no processo como litisconsortes, sem prejuízo de ampla divulgação pelos meios de comunicação social por parte dos órgãos de defesa do consumidor.

> Legislação relacionada: Código de Processo Civil de 2015, art. 257, III.

Art. 95. Em caso de procedência do pedido, a condenação será genérica, fixando a responsabilidade do réu pelos danos causados.

Art. 96. (Vetado).[31]

> O texto vetado dispunha:
"Art. 96. Transitada em julgado a sentença condenatória, será publicado edital, observado o disposto no art. 93."

---

[30] Mensagem de Veto nº 664/90, *do parágrafo único do art. 92*: "Esse dispositivo considera a nova redação que o art. 113 do Projeto dá ao art. 5º da Lei nº 7.347, de 24 de julho de 1985, acrescentando-lhe novos §§ 5º e 6º, que seriam decorrência dos dispositivos constantes dos §§ 2º e 3º do art. 82. Esses dispositivos foram vetados, pelas razões expendidas. Assim também vetam-se, no aludido art. 113, as vedações dos §§ 5º e 6º."

[31] Mensagem de Veto nº 664/90, *do art. 96*: "O art. 93 não guarda pertinência com a matéria regulada nessa norma."

Art. 97. A liquidação e a execução de sentença poderão ser promovidas pela vítima e seus sucessores, assim como pelos legitimados de que trata o art. 82.

Parágrafo único. (Vetado).[32]

> O texto vetado dispunha:

"Parágrafo único. A liquidação de sentença, que será por artigos, poderá ser promovida no foro do domicílio do liquidante, cabendo-lhe provar, tão-só, o nexo de causalidade, o dano e seu montante."

Art. 98. A execução poderá ser coletiva, sendo promovida pelos legitimados de que trata o art. 82, abrangendo as vítimas cujas indenizações já tiverem sido fixadas em sentença de liquidação, sem prejuízo do ajuizamento de outras execuções.

> *Art. 98,* caput, *com redação dada pela Lei nº 9.008, de 21-3-1995.*

§ 1º A execução coletiva far-se-á com base em certidão das sentenças de liquidação, da qual deverá constar a ocorrência ou não do trânsito em julgado.

§ 2º É competente para a execução o juízo:

I – da liquidação da sentença ou da ação condenatória, no caso de execução individual;

II – da ação condenatória, quando coletiva a execução.

Art. 99. Em caso de concurso de créditos decorrentes de condenação prevista na Lei nº 7.347, de 24 de julho de 1985, e de indenizações pelos prejuízos individuais resultantes do mesmo evento danoso, estas terão preferência no pagamento.

Parágrafo único. Para efeito do disposto neste artigo, a destinação da importância recolhida ao Fundo criado pela Lei nº 7.347, de 24 de julho de 1985, ficará sustada enquanto pendentes de decisão de segundo grau as ações de indenização pelos danos individuais, salvo na hipótese de o patrimônio do devedor ser manifestamente suficiente para responder pela integralidade das dívidas.

Art. 100. Decorrido o prazo de 1 (um) ano sem habilitação de interessados em número compatível com a gravidade do dano, poderão os legitimados do art. 82 promover a liquidação e execução da indenização devida.

Parágrafo único. O produto da indenização devida reverterá para o Fundo criado pela Lei nº 7.347, de 24 de julho de 1985.

> Legislação relacionada: art. 13 da Lei nº 7.347/85 (Lei de Ação Civil Pública).

---

[32] Mensagem de Veto nº 664/90, *do parágrafo único do art. 97*: "Esse dispositivo dissocia, de forma arbitrária, o foro dos processos de conhecimento e de execução, rompendo o princípio da vinculação quanto à competência entre esses processos, adotado pelo Código de Processo Civil (art. 575; Sem correspondente no CPC/2015) e defendido pela melhor doutrina. Ao despojar uma das partes da certeza quanto ao foro de execução, tal preceito lesa o princípio de ampla defesa assegurado pela Constituição (art. 5º, LV)."

CAPÍTULO III
Das ações de responsabilidade do fornecedor de produtos e serviços

Art. 101. Na ação de responsabilidade civil do fornecedor de produtos e serviços, sem prejuízo do disposto nos Capítulos I e II deste Título, serão observadas as seguintes normas:

I – a ação pode ser proposta no domicílio do autor;

II – o réu que houver contratado seguro de responsabilidade poderá chamar ao processo o segurador, vedada a integração do contraditório pelo Instituto de Resseguros do Brasil. Nesta hipótese, a sentença que julgar procedente o pedido condenará o réu nos termos do art. 80 do Código de Processo Civil. Se o réu houver sido declarado falido, o síndico será intimado a informar a existência de seguro de responsabilidade facultando-se, em caso afirmativo, o ajuizamento de ação de indenização diretamente contra o segurador, vedada a denunciação da lide ao Instituto de Resseguros do Brasil e dispensado o litisconsórcio obrigatório com este.

> O texto equivalente do Código de Processo Civil de 2015, dispõe:

"*Art. 132. A sentença de procedência valerá como título executivo em favor do réu que satisfizer a dívida, a fim de que possa exigi-la, por inteiro, do devedor principal, ou, de cada um dos codevedores, a sua quota, na proporção que lhes tocar.*"

> Artigos conexos: art. 27 (prescrição); arts. 81 a 100 (defeso consumidor em juízo).

> Legislação relacionada: Código de Processo Civil de 2015, arts. 125, II; 132; e 53, IV, *a*.

Art. 102. Os legitimados a agir na forma deste Código poderão propor ação visando compelir o Poder Público competente a proibir, em todo o território nacional, a produção, divulgação, distribuição ou venda, ou a determinar alteração na composição, estrutura, fórmula ou acondicionamento de produto, cujo uso ou consumo regular se revele nocivo ou perigoso à saúde pública e à incolumidade pessoal.

> Artigo conexo: art. 82 (legitimidade para propor ação civil pública).

§ 1º (Vetado).[33]

> O texto vetado dispunha:

> "*§ 1º Os fornecedores poderão ingressar no feito como assistentes.*"

§ 2º (Vetado).[34]

> O texto vetado dispunha:

> "*§ 2º O retardamento pela autoridade competente, por mais de sessenta dias, do cumprimento de decisão judicial em ação de que trata este artigo configura crime de responsabilidade, nos termos da Lei.*"

---

[33] Mensagem de Veto nº 664/90, *do § 1º do art. 102*: "A redação do dispositivo parece equivocada. Os fornecedores, no caso de ação contra o Poder Público, para proibir a comercialização de produtos por eles fornecidos, são, na sistemática processual vigente, litisconsortes, e não meros assistentes (CPC/1973, arts. 46 e 47)."

[34] Mensagem de Veto nº 664/90, *§ 2º do art. 102*: "A norma somente seria admissível se o dispositivo se referisse ao cumprimento de decisão judicial final, transitada em julgado."

CAPÍTULO IV
Da coisa julgada

Art. 103. Nas ações coletivas de que trata este Código, a sentença fará coisa julgada:

I – *erga omnes*, exceto se o pedido for julgado improcedente por insuficiência de provas, hipótese em que qualquer legitimado poderá intentar outra ação, com idêntico fundamento, valendo-se de nova prova, na hipótese do inciso I do parágrafo único do art. 81;

II – *ultra partes*, mas limitadamente ao grupo, categoria ou classe, salvo improcedência por insuficiência de provas, nos termos do inciso anterior, quando se tratar da hipótese prevista no inciso II do parágrafo único do art. 81;

III – *erga omnes*, apenas no caso de procedência do pedido, para beneficiar todas as vítimas e seus sucessores, na hipótese do inciso III do parágrafo único do art. 81.

§ 1º Os efeitos da coisa julgada previstos nos incisos I e II não prejudicarão interesses e direitos individuais dos integrantes da coletividade, do grupo, categoria ou classe.

§ 2º Na hipótese prevista no inciso III, em caso de improcedência do pedido, os interessados que não tiverem intervindo no processo como litisconsortes poderão propor ação de indenização a título individual.

§ 3º Os efeitos da coisa julgada de que cuida o art. 16, combinado com o art. 13 da Lei nº 7.347, de 24 de julho de 1985, não prejudicarão as ações de indenização por danos pessoalmente sofridos, propostas individualmente ou na forma prevista neste Código, mas, se procedente o pedido, beneficiarão as vítimas e seus sucessores, que poderão proceder à liquidação e à execução, nos termos dos arts. 96 a 99.

§ 4º Aplica-se o disposto no parágrafo anterior à sentença penal condenatória.

> Legislação relacionada: Código de Processo Civil de 2015, art. 506; arts. 13 e 16 da Lei nº 7.347/85 (Ação Civil Pública).

Art. 104. As ações coletivas, previstas nos incisos I e II do parágrafo único do art. 81, não induzem litispendência para as ações individuais, mas os efeitos da coisa julgada *erga omnes* ou *ultra partes* a que aludem os incisos II e III do artigo anterior não beneficiarão os autores das ações individuais, se não for requerida sua suspensão no prazo de 30 (trinta) dias, a contar da ciência nos autos do ajuizamento da ação coletiva.

> Artigo conexo: remissão correta seria II e III, do parágrafo único, do art. 81.

> Legislação relacionada: Código de Processo Civil de 2015, art. 337, §§ 1º a 4º.

TÍTULO IV
DO SISTEMA NACIONAL DE DEFESA DO CONSUMIDOR

Art. 105. Integram o Sistema Nacional de Defesa do Consumidor – SNDC, os órgãos federais, estaduais, do Distrito Federal e municipais e as entidades privadas de defesa do consumidor.

Art. 106. O Departamento Nacional de Defesa do Consumidor, da Secretaria Nacional de Direito Econômico - MJ, ou órgão federal que venha substituí-lo, é organismo de coordenação da política do Sistema Nacional de Defesa do Consumidor, cabendo-lhe:

I – planejar, elaborar, propor, coordenar e executar a política nacional de proteção ao consumidor;

II – receber, analisar, avaliar e encaminhar consultas, denúncias ou sugestões apresentadas por entidades representativas ou pessoas jurídicas de direito público ou privado;

III – prestar aos consumidores orientação permanente sobre seus direitos e garantias;

IV – informar, conscientizar e motivar o consumidor através dos diferentes meios de comunicação;

V – solicitar à polícia judiciária a instauração de inquérito policial para a apreciação de delito contra os consumidores, nos termos da legislação vigente;

VI – representar ao Ministério Público competente para fins de adoção de medidas processuais no âmbito de suas atribuições;

VII – levar ao conhecimento dos órgãos competentes as infrações de ordem administrativa que violarem os interesses difusos, coletivos, ou individuais dos consumidores;

VIII – solicitar o concurso de órgãos e entidades da União, Estados, do Distrito Federal e Municípios, bem como auxiliar a fiscalização de preços, abastecimento, quantidade e segurança de bens e serviços;

IX – incentivar, inclusive com recursos financeiros e outros programas especiais, a formação de entidades de defesa do consumidor pela população e pelos órgãos públicos estaduais e municipais;

X – (Vetado).[35]

> O texto vetado dispunha:

"X – requisitar bens em quantidade suficiente para fins de estudo e pesquisas, com posterior comprovação e divulgação de seus resultados;"

XI – (Vetado).[36]

> O texto vetado dispunha:

"XI – encaminhar anteprojetos de lei, por intermédio do Ministério da Justiça, ao Congresso Nacional, bem como ser ouvido com relação a projetos de lei que versem sobre preços, qualidade, quantidade e segurança de bens e serviços;"

XII – (Vetado).[37]

> O texto vetado dispunha:

"XII – celebrar convênios com entidades nacionais e internacionais;"

---

[35] Mensagem de Veto nº 664/90, *do inciso X do art. 106*: "Esse preceito contraria o disposto nos incisos XXII e XXV do art. 5º da Constituição."

[36] Mensagem de Veto nº 664/90, *do inciso XI do art. 106*: "Trata-se de disposição que contraria o art. 61 da Constituição."

[37] Mensagem de Veto nº 664/90, *do inciso XII do art. 106*: "A celebração de tratados, convenções e atos internacionais é de competência privativa do Presidente da República (Constituição Federal, art. 84, VII)."

XIII – desenvolver outras atividades compatíveis com suas finalidades.

Parágrafo único. Para a consecução de seus objetivos, o Departamento Nacional de Defesa do Consumidor poderá solicitar o concurso de órgãos e entidades de notória especialização técnico-científica.

TÍTULO V
DA CONVENÇÃO COLETIVA DE CONSUMO

Art. 107. As entidades civis de consumidores e as associações de fornecedores ou sindicatos de categoria econômica podem regular, por convenção escrita, relações de consumo que tenham por objeto estabelecer condições relativas ao preço, à quantidade, à qualidade, à garantia e características de produtos e serviços, bem como à reclamação e composição do conflito de consumo.

§ 1º A convenção tornar-se-á obrigatória a partir do registro do instrumento no cartório de títulos e documentos.

§ 2º A convenção somente obrigará os filiados às entidades signatárias.

§ 3º Não se exime de cumprir a convenção o fornecedor que se desligar da entidade em data posterior ao registro do instrumento.

> Artigos conexos: art. 50 (termo de garantia); art. 71 (termo de garantia, ausência de entrega).

Art. 108. (Vetado).[38]

> O texto vetado dispunha:

"Art. 108. Podem as partes signatárias da convenção fixar sanções em caso de seu descumprimento, inclusive para fins de imposição de penalidade administrativa pela autoridade competente."

TÍTULO VI
DISPOSIÇÕES FINAIS

Art. 109. (Vetado).[39]

> O texto vetado dispunha:

"Art. 109. O preâmbulo da Lei nº 7.347, de 24 de julho de 1985, passa a ter a seguinte redação: Disciplina a ação civil pública de responsabilidade por danos causados ao meio ambiente, ao consumidor, a bens e direitos de valor artístico, estético, histórico, turístico e paisagístico, assim como a qualquer outro interesse difuso ou coletivo, e dá outras providências."

Art. 110. Acrescente-se o seguinte inciso IV ao art. 1º, da Lei nº 7.347, de 24 de julho de 1985:

> "IV – a qualquer outro interesse difuso ou coletivo."

---

[38] Mensagem de Veto nº 664/90, *do art. 108*: "A atividade administrativa deve estar subordinada estritamente à Lei (CF, art. 37). A imposição de penalidade administrativa por descumprimento de convenções celebradas entre entidades privadas afronta o princípio da legalidade e o postulado da segurança jurídica, elementos essenciais ao Estado de Direito."

[39] Mensagem de Veto nº 664/90, *do art. 109*: "Não cabe à lei alterar a ementa de outra lei, até porque as ementas não têm qualquer conteúdo normativo."

Art. 111. O inciso II do art. 5º, da Lei nº 7.347, de 24 de julho de 1985, passa a ter a seguinte redação:

"II – inclua, entre suas finalidades institucionais, a proteção ao meio ambiente, ao consumidor, ao patrimônio artístico, estético, histórico, turístico e paisagístico, ou a qualquer outro interesse difuso ou coletivo."

Legislação relacionada: Prejudicada esta redação, alteração posterior determinada pela Lei nº 8.884/94; "II – inclua entre suas finalidades institucionais a proteção ao meio ambiente ao consumidor, à ordem econômica, à livre concorrência, ou ao patrimônio artístico, estético, histórico, turístico e paisagístico;"

Art. 112. O § 3º do art. 5º, da Lei nº 7.347, de 24 de julho de 1985, passa a ter a seguinte redação:

"§ 3º Em caso de desistência infundada ou abandono da ação por associação legitimada, o Ministério Público ou outro legitimado assumirá a titularidade ativa."

Art. 113. Acrescente-se os seguintes §§ 4º, 5º e 6º ao art. 5º da Lei nº 7.347, de 24 de julho de 1985:

"§ 4º O requisito da pré-constituição poderá ser dispensado pelo juiz, quando haja manifesto interesse social evidenciado pela dimensão ou característica do dano, ou pela relevância do bem jurídico a ser protegido.

§ 5º Admitir-se-á o litisconsórcio facultativo entre os Ministérios Públicos da União, do Distrito Federal e dos Estados na defesa dos interesses e direitos de que cuida esta lei.

§ 6º Os órgãos públicos legitimados poderão tomar dos interessados compromisso de ajustamento de sua conduta às exigências legais, mediante combinações, que terá eficácia de título executivo extrajudicial."

Art. 114. O art. 15 da Lei nº 7.347, de 24 de julho de 1985, passa a ter a seguinte redação:

"Art. 15. Decorridos sessenta dias do trânsito em julgado da sentença condenatória, sem que a associação autora lhe promova a execução, deverá fazê-lo o Ministério Público, facultada igual iniciativa aos demais legitimados."

Art. 115. Suprima-se o *caput* do art. 17 da Lei nº 7.347, de 24 de julho de 1985, passando o parágrafo único a constituir o *caput*, com a seguinte redação:

"Art. 17. Em caso de litigância de má-fé, a associação autora e os diretores responsáveis pela propositura da ação serão solidariamente condenados em honorários e ao décuplo das custas, sem prejuízo da responsabilidade por perdas e danos."[40]

Art. 116. Dê-se a seguinte redação ao art. 18, da Lei nº 7.347, de 24 de julho de 1985:

"Art. 18. Nas ações de que trata esta lei, não haverá adiantamento de custas, emolumentos, honorários periciais e quaisquer outras despesas, nem condenação da associação autora, salvo comprovada má-fé, em honorários de advogado, custas e despesas processuais."

Art. 117. Acrescente-se à Lei nº 7.347, de 24 de julho de 1985, o seguinte dispositivo, renumerando-se os seguintes:

"Art. 21. Aplicam-se à defesa dos direitos e interesses difusos, coletivos e individuais, no que for cabível, os dispositivos do Título III da Lei que instituiu o Código de Defesa do Consumidor."

Art. 118. Este Código entrará em vigor dentro de 180 (cento e oitenta) dias a contar de sua publicação.

Art. 119. Revogam-se as disposições em contrário.

Brasília, em 11 de setembro de 1990; 169º da Independência e 102º da República.

FERNANDO COLLOR

[40] Art. 115 retificado no *DOU* de 10-1-2007.

LEGISLAÇÃO RELACIONADA

CONSTITUIÇÃO DA REPÚBLICA FEDERATIVA DO BRASIL, DE 5 DE OUTUBRO DE 1988

> Artigos: 5º, XXXII; 170, V; 220, II, § 4º e 48 das Disposições Transitórias.

TÍTULO II
DOS DIREITOS E GARANTIAS FUNDAMENTAIS

CAPÍTULO I
Dos direitos e deveres individuais e coletivos

Art. 5º Todos são iguais perante a lei, sem distinção de qualquer natureza, garantindo-se aos brasileiros e aos estrangeiros residentes no País a inviolabilidade do direito à vida, à liberdade, à igualdade, à segurança e à propriedade, nos termos seguintes:

(...)

XXXII – O Estado promoverá, na forma da lei, a defesa do consumidor;

(...)

TÍTULO VII
DA ORDEM ECONÔMICA E FINANCEIRA

CAPÍTULO I
Dos princípios gerais da atividade econômica

Art. 170. A ordem econômica, fundada na valorização do trabalho humano e na livre iniciativa, tem por fim assegurar a todos existência digna, conforme os ditames da justiça social, observados os seguintes princípios:

(...)

V – defesa do consumidor;

(...)

TÍTULO VIII
DA ORDEM SOCIAL

(...)

CAPÍTULO V
Da Comunicação Social

Art. 220. A manifestação de pensamento, a criação, a expressão e a informação, sob qualquer forma, processo ou veículo não sofrerão qualquer restrição, observado o disposto nesta Constituição.

> Arts. 36, 37, 43 e 44 do CDC.

> Lei 4.117/1962 (Código Brasileiro de Telecomunicações).

(...)

§ 3° Compete à lei federal:

(...)

II – estabelecer os meios legais que garantam à pessoa e à família a possibilidade de se defenderem de programas ou programações de rádio e televisão que contrariem o disposto no artigo 221, bem como da propaganda de produtos, práticas e serviços que possam ser nocivos à saúde e ao meio ambiente.

> Arts. 9° e 10 do CDC.

§ 4° A propaganda comercial de tabaco, bebidas alcoólicas, agrotóxicos, medicamentos e terapias estará sujeita a restrições legais, nos termosc do inciso II do parágrafo anterior, e conterá, sempre que necessário, advertência sobre os malefícios decorrentes de seu uso.

> Lei 9.294/1996 (Restrições ao uso e à propaganda de produtos fumígenos, bebidas alcoólicas, medicamentos, terapias e defensivos agrícolas referidos neste parágrafo).

(...)

TÍTULO IX
DAS DISPOSIÇÕES CONSTITUCIONAIS GERAIS

(...)

Brasília, 5 de outubro de 1988.

ULYSSES GUIMARÃES

ATO DAS DISPOSIÇÕES CONSTITUCIONAIS TRANSITÓRIAS

(...)

Art. 48. O Congresso Nacional, dentro de cento e vinte dias da promulgação da Constituição, elaborará código de defesa do consumidor.

(...)

Brasília, 5 de outubro de 1988.

ULYSSES GUIMARÃES

CÓDIGO PENAL – DECRETO-LEI 2.848, DE 7 DE DEZEMBRO DE 1940

Artigos: 44 a 47, 60, 360 e 361.

PARTE GERAL

TÍTULO V
DAS PENAS

CAPÍTULO I
Das espécies de penas

(...)

Seção II
Das penas restritivas de direitos

(...)

Art. 44. As penas restritivas de direitos são autônomas e substituem as privativas de liberdade, quando:

I – aplicada pena privativa de liberdade não superior a 4 (quatro) anos e o crime não for cometido com violência ou grave ameaça à pessoa ou, qualquer que seja a pena aplicada, se o crime for culposo;

> *Inciso I com redação dada pela Lei nº 9.714, de 25-11-1998.*
> Súmula 588 do STJ.

II – o réu não for reincidente em crime doloso;

> *Inciso II com redação dada pela Lei nº 9.714, de 25-11-1998.*

III – a culpabilidade, os antecedentes, a conduta social e a personalidade do condenado, bem como os motivos e as circunstâncias indicarem que essa substituição seja suficiente.

> *Inciso III com redação dada pela Lei nº 9.714, de 25-11-1998.*

§ 1º (VETADO).

§ 2º Na condenação igual ou inferior a 1 (um) ano, a substituição pode ser feita por multa ou por uma pena restritiva de direitos; se superior a 1 (um) ano, a pena privativa de liberdade pode ser substituída por uma pena restritiva de direitos e multa ou por duas restritivas de direitos.

> *§ 2º acrescentado pela Lei nº 9.714, de 25-11-1998.*

§ 3º Se o condenado for reincidente, o juiz poderá aplicar a substituição, desde que, em face de condenação anterior, a medida seja socialmente recomendável e a reincidência não se tenha operado em virtude da prática do mesmo crime.

> *§ 3º acrescentado pela Lei nº 9.714, de 25-11-1998.*

§ 4º A pena restritiva de direitos converte-se em privativa de liberdade quando ocorrer o descumprimento injustificado da restrição imposta. No cálculo da pena privativa de liberdade a executar será deduzido o tempo cumprido da pena restritiva de direitos, respeitado o saldo mínimo de 30 (trinta) dias de detenção ou reclusão.

> *§ 4º acrescentado pela Lei nº 9.714, de 25-11-1998.*

§ 5º Sobrevindo condenação a pena privativa de liberdade, por outro crime, o juiz da execução penal decidirá sobre a conversão, podendo deixar de aplicá-la se for possível ao condenado cumprir a pena substitutiva anterior.

> *§ 5º acrescentado pela Lei nº 9.714, de 25-11-1998.*

CONVERSÃO DAS PENAS RESTRITIVAS DE DIREITOS

Art. 45. Na aplicação da substituição prevista no artigo anterior, proceder-se-á na forma deste e dos arts. 46, 47 e 48.

> Art. 45, caput, *com redação dada pela Lei nº 9.714, de 25-11-1998.*

§ 1º A prestação pecuniária consiste no pagamento em dinheiro à vitima, a seus dependentes ou a entidade pública ou privada com destinação social, de importância fixada pelo juiz não inferior a 1 (um) salário mínimo nem superior a 360 (trezentos e sessenta) salários mínimos. O valor pago será deduzido do montante de eventual condenação em ação de reparação civil, se coincidentes os beneficiários.

> *§ 1º acrescentado pela Lei nº 9.714, de 25-11-1998.*

§ 2º No caso do parágrafo anterior, se houver aceitação do beneficiário, a prestação pecuniária pode consistir em prestação de outra natureza.

> *§ 2º acrescentado pela Lei nº 9.714, de 25-11-1998.*

§ 3º A perda de bens e valores pertencentes aos condenados dar-se-á, ressalvada a legislação especial, em favor do Fundo Penitenciário Nacional, e seu valor terá como teto – o que for maior – o montante do prejuízo causado ou do provento obtido pelo agente ou por terceiro, em consequência da prática do crime.

> *§ 3º acrescentado pela Lei nº 9.714, de 25-11-1998.*

§ 4º (VETADO).

PRESTAÇÃO DE SERVIÇOS À COMUNIDADE OU A ENTIDADES PÚBLICAS

Art. 46. A prestação de serviços à comunidade ou a entidades públicas é aplicável às condenações superiores a 6 (seis) meses de privação da liberdade.

> Art. 46, caput, *com redação dada pela Lei nº 9.714, de 25-11-1998.*

§ 1º A prestação de serviços à comunidade ou a entidades públicas consiste na atribuição de tarefas gratuitas ao condenado.

> *§ 1º acrescentado pela Lei nº 9.714, de 25-11-1998.*

§ 2º A prestação de serviço à comunidade dar-se-á em entidades assistenciais, hospitais, escolas, orfanatos e outros estabelecimentos congêneres, em programas comunitários ou estatais.

> *§ 2º acrescentado pela Lei nº 9.714, de 25-11-1998.*

§ 3º As tarefas a que se refere o § 1º serão atribuídas conforme as aptidões do condenado, devendo ser cumpridas à razão de 1 (uma) hora de tarefa por dia de condenação, fixada de modo a não prejudicar a jornada normal de trabalho.

> *§ 3º acrescentado pela Lei nº 9.714, de 25-11-1998.*

§ 4º Se a pena substituída for superior a 1 (um) ano, é facultado ao condenado cumprir a pena substitutiva em menor tempo (art. 55), nunca inferior à metade da pena privativa de liberdade fixada.

> *§ 4º acrescentado pela Lei nº 9.714, de 25-11-1998.*

INTERDIÇÃO TEMPORÁRIA DE DIREITOS

Art. 47. As penas de interdição temporária de direitos são:

> Art. 47 *e incisos com redação dada pela Lei nº 7.209, de 11-7-1984.*

I – proibição do exercício de cargo, função ou atividade pública, bem como de mandato eletivo;

II – proibição do exercício de profissão, atividade ou ofício que dependam de habilitação especial, de licença ou autorização do poder público;

III – suspensão de autorização ou de habilitação para dirigir veículo,

IV – proibição de frequentar determinados lugares.

> *Inciso IV acrescentado pela Lei nº 9.714, de 25-11-1998.*

V – proibição de inscrever-se em concurso, avaliação ou exame públicos.

> *Inciso V acrescentado pela Lei nº 12.550, de 15-12-2011.*

(...)

CAPÍTULO III
Da aplicação da pena

Art. 60. Na fixação da pena e de multa o juiz deve atender, principalmente, à situação econômica do réu.

> Art. 60 *com redação dada pela Lei nº 7.209, de 11-7-1984.*

§ 1º A multa pode ser aumentada até o triplo, se o juiz considerar que, em virtude da situação econômica do réu, é ineficaz, embora aplicada no máximo.

> *§ 1º com redação dada pela Lei nº 7.209, de 11-7-1984.*

(...)

DISPOSIÇÕES FINAIS

Art. 360. Ressalvada a legislação especial sobre os crimes contra a existência, a segurança e a integridade do Estado e contra a guarda e o emprego da economia popular, os crimes de imprensa e os de falência, os de responsabilidade do Presidente da República e dos Governadores ou Interventores, e os crimes militares, revogam-se as disposições em contrário.

Art. 361. Este código entrará em vigor no dia 1° de janeiro de 1942.

Rio de Janeiro, 7 de dezembro de 1940.

GETÚLIO VARGAS

CÓDIGO DE PROCESSO CIVIL – LEI 13.105, DE 16 DE MARÇO DE 2015

Artigos. 22, 63 e 139.

LIVRO II
DA FUNÇÃO JURISDICIONAL

(...)

TÍTULO II
DOS LIMITES DA JURISDIÇÃO NACIONAL E DA COOPERAÇÃO INTERNACIONAL

CAPÍTULO I
Dos Limites da Jurisdição Nacional

(...)

Art. 22. Compete, ainda, à autoridade judiciária brasileira processar e julgar as ações:

(...)

II – decorrentes de relações de consumo, quando o consumidor tiver domicílio ou residência no Brasil;

(...)

TÍTULO III
DA COMPETÊNCIA INTERNA

CAPÍTULO I
Da Competência

(...)

Seção II
Da Modificação da Competência

Art. 63. As partes podem modificar a competência em razão do valor e do território, elegendo foro onde será proposta ação oriunda de direitos e obrigações.

(...)

§ 3º Antes da citação, a cláusula de eleição de foro, se abusiva, pode ser reputada ineficaz de ofício pelo juiz, que determinará a remessa dos autos ao juízo do foro de domicílio do réu.

(...)

TÍTULO IV
DO JUIZ E DOS AUXILIARES DA JUSTIÇA

CAPÍTULO I
Dos Poderes, dos Deveres e da Responsabilidade do Juiz

Art. 139. O juiz dirigirá o processo conforme as disposições deste Código, incumbindo-lhe:

(...)

X – quando se deparar com diversas demandas individuais repetitivas, oficiar o Ministério Público, a Defensoria Pública e, na medida do possível, outros legitimados a que se referem o art. 5° da Lei 7.347, de 24 de julho de 1985, e o art. 82 da Lei 8.078, de 11 de setembro de 1990, para, se for o caso, promover a propositura da ação coletiva respectiva.

(...)

Brasília, 16 de março de 2015; 194° da Independência e 127° da República.

DILMA ROUSSEFF

DECRETO 22.626, DE 7 DE ABRIL DE 1933[1]

Dispõe sobre os juros nos contratos e dá outras providências.

Art. 1º É vedado, e será punido nos termos desta lei, estipular em quaisquer contratos taxas de juros superiores ao dobro da taxa legal (Código Civil, art. 1.062).

§ 1º (Revogado pelo Decreto-Lei nº 182, de 5-1-1938).

> O texto revogado dispunha:

> *"§ 1º Essas taxas não excederão de 10% ao ano se os contratos forem garantidos com hipotecas urbanas, nem de 8% ao ano se as garantias forem de hipotecas rurais ou de penhores agrícolas."*

§ 2º (Revogado pelo Decreto-Lei nº 182, de 5-1-1938).

> O texto revogado dispunha:

"§ 2º Não excederão igualmente de 6% ao ano os juros das obrigações expressa e declaradamente contraídas para financiamento de trabalhos expressa e declaradamente contraídas para financiamento de trabalhos agrícolas, ou para compra de maquinismos e de utensílios destinados a agricultura, qualquer que seja a modalidade da dívida, desde que tenham garantia real."

§ 3º A taxa de juros deve ser estipulada em escritura pública ou escrito particular, e não o sendo, entender-se-á que as partes acordaram nos juros de 6% ao ano, a contar da data da propositura da respectiva ação ou do protesto cambial. (Retificado)

Art. 2º É vedado, a pretexto de comissão; receber taxas maiores do que as permitidas por esta lei.

Art. 3º As taxas de juros estabelecidas nesta lei entrarão em vigor com a sua publicação e a partir desta data serão aplicáveis aos contratos existentes ou já ajuizados.

Art. 4º É proibido contar juros dos juros: esta proibição não compreende a acumulação de juros vencidos aos saldos líquidos em conta corrente de ano a ano.

Art. 5º Admite-se que pela mora dos juros contratados estes sejam elevados de 1% e não mais.

Art. 6º Tratando-se de operações a prazo superior a (6) seis meses, quando os juros ajustados forem pagos por antecipação, o cálculo deve ser feito de modo que a importância desses juros não exceda a que produziria a importância líquida da operação no prazo convencionado, as taxas máximas que esta lei permite.

Art. 7º O devedor poderá sempre liquidar ou amortizar a dívida quando hipotecária ou pignoratícia antes do vencimento, sem sofrer imposição de multa, gravame ou encargo de qualquer natureza por motivo dessa antecipação.

§ 1º O credor poderá exigir que a amortização não seja inferior a 25% do valor inicial da dívida.

---

[1] *DOU* de 8-4-1933. Retificado no *DOU* de 17-4-1933. Revogado pelo Decreto de 25 de abril de 1991, e revigorado pelo Decreto de 29 de novembro de 1991.

§ 2º Em caso de amortização os juros só serão devidos sobre o saldo devedor.

Art. 8º As multas ou cláusulas penais, quando convencionadas, reputam-se estabelecidas para atender a despesas judiciais e honorários de advogados, e não for intentada ação judicial para cobrança da respectiva obrigação.

Parágrafo único. Quando se tratar de empréstimo até Cr$ 100.000,00 (cem mil cruzeiros) e com garantia hipotecária, as multas ou cláusulas penais convencionadas reputam-se estabelecidas para atender, apenas, a honorários de advogados, sendo as despesas judiciais pagas de acordo com a conta feita nos autos da ação judicial para cobrança da respectiva obrigação.

> Parágrafo único *acrescentado pela Lei nº 3.942, de 21 de agosto de 1961.*

Art. 9º Não é válida a cláusula penal superior a importância de 10% do valor da dívida.

Art. 10. As dívidas a que se refere o art. 1º, § 1º, *in fine*, e 2º, se existentes ao tempo da publicação desta lei, quando efetivamente cobertas, poderão ser pagas em (10) dez prestações anuais iguais e continuadas, se assim entender o devedor.[2]

Parágrafo único. A falta de pagamento de uma prestação, decorrido um ano da publicação desta lei, determina o vencimento da dívida e dá ao credor o direito de excussão.

Art. 11. O contrato celebrado com infração desta lei é nulo de pleno direito, ficando assegurado ao devedor a repetição do que houver pago a mais.

Art. 12. Os corretores e intermediários, que aceitarem negócios contrários ao texto da presente lei, incorrerão em multa de cinco a vinte contos de réis, aplicada pelo ministro da fazenda e, em caso de reincidência, serão demitidos, sem prejuízo de outras penalidades aplicáveis.

Art. 13. É considerado delito de usura, toda a simulação ou prática tendente a ocultar a verdadeira taxa do juro ou a fraudar os dispositivos desta lei, para o fim de sujeitar o devedor a maiores prestações ou encargos, além dos estabelecidos no respectivo título ou instrumento.

Penas – prisão por (6) seis meses a (1) um ano e multas de cinco contos a cinquenta contos de reis.

No caso de reincidência, tais penas serão elevadas ao dobro.

Parágrafo único. Serão responsáveis como co-autores o agente e o intermediário, e, em se tratando de pessoa jurídica, os que tiverem qualidade para representá-la.

Art. 14. A tentativa deste crime é punível nos termos da lei penal vigente.

Art. 15. São consideradas circunstâncias agravantes o fato de, para conseguir aceitação de exigências contrárias a esta lei, valer-se o credor da inexperiência ou das paixões do menor, ou da deficiência ou doença mental de alguém, ainda que não esteja interdito, ou de circunstâncias aflitivas em que se encontre o devedor.

---

[2] Art. 10 retificado no *DOU* de 17-4-1933.

Art. 16. Continuam em vigor os arts. 24, parágrafo único, nº 4 e 27 do Decreto nº 5.746, de 9 de dezembro de 1929, e art. 44, nº 1, do Decreto nº 2.044, de 17 de dezembro de 1908, e as disposições do Código Comercial, no que não contravierem com esta lei.[3]

Art. 17. O governo federal baixará uma lei especial, dispondo sobre as casas de empréstimos sobre penhores e congêneres.

Art. 18. O teor desta lei será transmitido por telegrama a todos os interventores federais, para que a façam publicar incontinenti.

Art. 19. Revogam-se as disposições em contrário.

Rio de Janeiro, 7 de abril de 1933, 112º da Independência e 45º da República.

GETÚLIO VARGAS

LEI 1.521, DE 26 DE DEZEMBRO DE 1951[4]

Altera dispositivos da legislação vigente sobre crimes contra a economia popular.

O Presidente da República.

Faço saber que o Congresso Nacional decreta e eu sanciono a seguinte Lei:

Art. 1º Serão punidos, na forma desta Lei, os crimes e as contravenções contra a economia popular. Esta Lei regulará o seu julgamento.

Art. 2º São crimes desta natureza:

I – recusar individualmente em estabelecimento comercial a prestação de serviços essenciais à subsistência; sonegar mercadoria ou recusar vendê-la a quem esteja em condições de comprar a pronto pagamento;

II – favorecer ou preferir comprador ou freguês em detrimento de outro, ressalvados os sistemas de entrega ao consumo por intermédio de distribuidores ou revendedores;

III – expor à venda ou vender mercadoria ou produto alimentício, cujo fabrico haja desatendido a determinações oficiais, quanto ao peso e composição;

IV – negar ou deixar o fornecedor de serviços essenciais de entregar ao freguês a nota relativa à prestação de serviço, desde que a importância exceda de quinze cruzeiros, e com a indicação do preço, do nome e endereço do estabelecimento, do nome da firma ou responsável, da data e local da transação e do nome e residência do freguês;

[3] Art. 16 retificado no *DOU* de 17-4-1933.

[4] *DOU* de 27-12-1951.

V – misturar gêneros e mercadorias de espécies diferentes, expô-los à venda ou vendê-las como puros; misturar gêneros e mercadorias de qualidade desiguais para expô-los à venda ou vendê-los por preço marcado para os de mais alto custo;

VI – transgredir tabelas oficiais de gêneros e mercadorias, ou de serviços essenciais, bem como expor à venda ou oferecer ao público ou vender tais gêneros, mercadorias ou serviços, por preço superior ao tabelado, assim como não manter afixadas, em lugar visível e de fácil leitura, as tabelas de preços aprovadas pelos órgãos competentes;

VII – negar ou deixar o vendedor de fornecer nota ou caderno de venda de gêneros de primeira necessidade, seja a vista ou a prazo, e cuja importância exceda de dez cruzeiros ou de especificar na nota ou caderno – que serão isentos de selo – preço da mercadoria vendida, o nome e o endereço do estabelecimento, a firma ou responsável, a data e local da transação e o nome e residência do freguês;

VIII – celebrar ajuste para impor determinado preço de revenda ou exigir do comprador que não compre de outro vendedor;

IX – obter ou tentar obter ganhos em detrimento do povo ou de número indeterminado de pessoas mediante especulações de pessoas mediante especulações ou processos fraudulentos ("bola de neve", "cadeias", "pichardismo" e quaisquer outros equivalentes);

X – violar contrato de venda e prestações, fraudando sorteios ou deixando de entregar a coisa vendida, sem devolução das prestações pagas, ou descontar destas, nas vendas com reserva de domínio, quando o contrato for rescindido por culpa do comprador, quantia maior do que a correspondente à depreciação do objeto;

XI – fraudar pesos ou medidas padronizadas em lei ou regulamentos; possuí-los ou detê-los, a efeito de comércio, sabendo estarem fraudados.

Pena – detenção de seis meses a dois anos e multa de dois mil a cinqüenta mil cruzeiros.

Parágrafo único. Na configuração dos crimes previstos nesta Lei, bem como na de qualquer outra, de defesa de economia popular, sua guarda e seu emprego, considerar-se-ão como de primeira necessidade ou necessários ao consumo do povo, os gêneros, artigos, mercadorias e qualquer outra espécie de coisas ou bens indispensáveis à substância do indivíduo em condições higiênicas e ao exercício normal, de suas atividades. Estão compreendidos nesta definição os artigos destinados à alimentação, ao vestuário e a iluminação, os terapêuticos ou sanitários, o combustível, a habitação e os materiais de construção.

Art. 3º São também crimes dessa natureza:

I – destruir ou inutilizar, intencionalmente e sem autorização legal, com o fim de determinar alta de preços, em próprio ou de terceiro, matérias-primas ou produtos necessários ao consumo do povo;

II – abandonar ou fazer abandonar lavoura ou plantações, suspender ou fazer suspender a atividade de fábricas, usinas ou quaisquer estabelecimentos de produção ou meios de transporte, mediante indenização paga pela desistência da competição;

III – promover ou participar de consórcio, convênio, ajuste, aliança ou fusão de capitais, com o fim de impedir ou dificultar, para o efeito de aumento arbitrário de lucros, a concorrência em matéria de produção, transporte ou comércio;

IV – reter ou açambarcar matérias-primas, meios de produção ou produtos necessários ao consumo do povo, com o fim de dominar o mercado em qualquer ponto do País e provocar a alta dos preços;

V – vender mercadorias abaixo do preço de custo com o fim de impedir a concorrência;

VI – provocar a alta ou baixa de preços de mercadorias, títulos públicos, valores ou salários por meio de notícias falsas, operações fictícias ou qualquer outro artifício;

VII – dar indicações ou fazer afirmações falsas em prospectos ou anúncios, para o fim de substituição, compra ou venda de títulos, ações ou quotas;

VIII – exercer funções de direção, administração ou gerência de mais de uma empresa ou sociedade do mesmo ramo de indústria ou comércio com o fim de impedir ou dificultar a concorrência;

IX – gerir fraudulenta ou temerariamente Bancos ou estabelecimentos bancários, ou de capitalização; sociedades de seguros, pecúlios ou pensões vitalícias; sociedades para empréstimos ou financiamentos de construções e de vendas de imóveis a prestações, com ou sem sorteio ou preferência por meio de pontos ou quotas; caixas econômicas; caixas Raiffeisen; caixa mútuas, de beneficência, socorros ou empréstimos; caixas de pecúlio, pensão e aposentadoria; caixa construtora; cooperativas; sociedades de economia coletiva, levando-as à falência ou à insolvência, ou não cumprindo qualquer das cláusulas contratuais com prejuízo dos interessados;

X – fraudar de qualquer modo escriturações, lançamentos, registros, relatórios, pareceres e outras informações devidas a sócios de sociedades civis ou comerciais, em que o capital seja fracionado em ações ou quotas de valor nominativo igual ou inferior a Cr$ 1.000,00 com o fim de sonegar lucros, dividendos, percentagens, rateios ou bonificações, ou desfalcar ou desviar fundos de reserva ou reservas técnicas.

Pena – detenção de dois anos a dez anos e multa de vinte mil a cem mil cruzeiros.

Art. 4º Constitui crime da mesma natureza a usura pecuniária ou real, assim se considerando:

a) cobrar juros, comissões ou descontos percentuais, sobre dívidas em dinheiro, superior à taxa permitida por lei; cobrar ágio superior à taxa oficial de câmbio sobre quantia permutada por moeda estrangeira; ou ainda, emprestar sob penhor que seja privativo de instituição oficial de crédito;

b) obter ou estipular, em qualquer contrato, abusando da premente necessidade, inexperiência ou leviandade de outra parte, lucro patrimonial que exceda o quinto do valor corrente da prestação feita ou prometida.

Pena – detenção de seis meses a dois anos e multa de cinco mil a vinte mil cruzeiros.

§ 1º Nas mesmas penas incorrerão os procuradores, mandatários ou mediadores que intervierem na operação usurária, bem como os cessionários de crédito usurário que ciente de sua natureza ilícita, o fizerem valer em sucessiva transmissão ou execução judicial.

§ 2º São circunstâncias agravantes do crime de usura:

I – ser cometido em época de grave crise econômica;

II – ocasionar grave dano individual;

III – dissimular-se a natureza usuária ao contrato;

IV – quando cometido:

a) por militar, funcionário público, ministro de culto religioso, por pessoa cuja condição econômico-social seja manifestamente superior à da vítima;

b) em detrimento de operário ou de agricultor; de menor de 18 anos ou de deficiente mental, interditado ou não.

§ 3º (Revogado pela Medida Provisória nº 2.172-32/01, *DOU* de 24-8-2001).

> O texto revogado dispunha:
>
> *"§ 3º A estipulação de juros ou lucros usurários será nula, devendo o Juiz ajustá-los à medida legal, ou, caso já tenha sido cumprida, ordenar a restituição da quantia paga em excesso, com os juros legais a contar da data do pagamento indevido."*

Art. 5º Nos crimes definidos nesta lei, haverá suspensão da pena e livramento condicional em todos os casos permitidos pela legislação comum. Será a fiança concedida nos têrmos da legislação em vigor, devendo ser arbitrada dentro dos limites de Cr$ 5.000,00 (cinco mil cruzeiros) a Cr$ 50.000,00 (cinquenta mil cruzeiros), nas hipóteses do artigo 2º, e dentro dos limites de Cr$ 10.000,00 (dez mil cruzeiros) a Cr$ 100.000,00 (cem mil cruzeiros) nos demais casos, reduzida à metade dentro dêsses limites, quando o infrator fôr empregado do estabelecimento comercial ou industrial, ou não ocupe cargo ou pôsto de direção dos negócios.

> *Redação do art. 5º dada pela Lei nº 3.290, de 23-10-1957.*

Art. 6º Verificado qualquer crime contra a economia popular ou contra a saúde pública (Capítulo III do Título VIII do Código Penal) e atendendo à gravidade do fato, sua repercussão e efeitos, o juiz na sentença declarará a interdição de direito, determinada no artigo 69, IV, do Código Penal, de seis meses a um ano assim como mediante representação da autoridade policial, poderá decretar, dentro de quarenta e oito horas, a suspensão provisória, pelo prazo de quinze dias, do exercício da profissão ou atividade do infrator.

Art. 7º Os Juízes recorrerão de ofício sempre que absolverem os acusados em processo por crime contra a economia popular ou contra a saúde pública, ou quando determinarem o arquivamento dos autos do respectivo inquérito policial.

(...)

Art. 34. Revogam-se as disposições em contrário.

Rio de Janeiro, 26 de dezembro de 1951; 130º da Independência e 63º da República.

GETÚLIO VARGAS

LEI 7.347, DE 24 DE JULHO DE 1985[5]

Disciplina a ação civil pública de responsabilidade por danos causados ao meio ambiente, ao consumidor, a bens e direitos de valor artístico, estético, histórico, turístico e paisagístico (VETADO) e dá outras providências.

O PRESIDENTE DA REPÚBLICA.

Faço saber que o Congresso Nacional decreta e eu sanciono a seguinte Lei:

Art. 1º Regem-se pelas disposições desta Lei, sem prejuízo da ação popular, as ações de responsabilidade por danos morais e patrimoniais causados:

> *Redação do art. 1º dada pela Lei nº 12.529, de 30 de novembro de 2011.*

I - ao meio ambiente;

II - ao consumidor;

(...)

IV – a qualquer outro interesse difuso ou coletivo.

> *Inciso IV acrescentado pela Lei nº 8.078 de 11 de setembro de 1990.*

V – por infração da ordem econômica;

> *Inciso V com redação dada pela Lei nº 12.529, de 30 de novembro de 2011.*

(...)

Art. 16. A sentença civil fará coisa julgada *erga omnes*, nos limites da competência territorial do órgão prolator, exceto se o pedido for julgado improcedente por insuficiência de provas, hipótese em que qualquer legitimado poderá intentar outra ação com idêntico fundamento, valendo-se de nova prova.

> *Redação do art. 16 dada pela Lei nº 9.494, de 10 de setembro de 1997.*

(...)

Art. 21. Aplicam-se à defesa dos direitos e interesses difusos, coletivos e individuais, no que for cabível, os dispositivos do Título III da lei que instituiu o Código de Defesa do Consumidor.

> *Art. 21 acrescentado pela Lei nº 8.078, de 11 de setembro de 1990.*

Art. 22. Esta lei entra em vigor na data de sua publicação.

> *Renumerado pela Lei nº 8.078, de 11 de setembro de 1990.*

Art. 23. Revogam-se as disposições em contrário.

> *Renumerado pela Lei nº 8.078, 11 de setembro de 1990.*

Brasília, em 24 de julho de 1985; 164º da Independência e 97º da República.

JOSÉ SARNEY

---

[5] *DOU* de 25-7-1985.

LEI 4.591, DE 16 DE DEZEMBRO DE 1964[1]

Dispõe sobre o condomínio em edificações e as incorporações imobiliárias.

> *Retificada no* DOU *de 01.02.1965.*
> *Arts. 1.314 a 1.358 do CC.*

O Presidente da República,

Faço saber que o Congresso Nacional decreta e eu sanciono a seguinte Lei:

(...)

TÍTULO II DAS INCORPORAÇÕES

CAPÍTULO I Disposições Gerais

Art. 28. As incorporações imobiliárias, em todo o território nacional, reger-se-ão pela presente Lei.

Parágrafo único. Para efeito desta Lei, considera-se incorporação imobiliária a atividade exercida com o intuito de promover e realizar a construção, para alienação total ou parcial, de edificações, ou conjunto de edificações compostas de unidades autônomas (*Vetado*).

> O art. 9º da Lei 4.864/1965 dispõe:
> *"As disposições dos arts. 28 e seguintes, da Lei 4.591, de 16 de dezembro de 1964, não se aplicam às incorporações iniciadas antes de 10 de março de 1965".*

Art. 29. Considera-se incorporador a pessoa física ou jurídica, comerciante ou não, que, embora não efetuando a construção, compromisse ou efetive a venda de frações ideais de terreno objetivando a vinculação de tais frações a unidades autônomas (*vetado*), em edificações a serem construídas ou em construção sob regime condominial, ou que meramente aceita propostas para efetivação de tais transações, coordenando e levando a termo a incorporação e responsabilizando-se, conforme o caso, pela entrega, a certo prazo, preço e determinadas condições, das obras concluídas.

Parágrafo único. Presume-se a vinculação entre a alienação das frações do terreno e o negócio de construção, se, ao ser contratada a venda, ou promessa de venda ou de cessão das frações de terreno, já houver sido aprovado e estiver em vigor, ou pender de aprovação de autoridade administrativa, o respectivo projeto de construção, respondendo o alienante como incorporador.

Art. 30. Estende-se a condição de incorporador aos proprietários e titulares de direitos aquisitivos que contratem a construção de edifícios que se destinem a constituição em condomínio, sempre que iniciarem as alienações antes da conclusão das obras.

> *Arts. 31-A a 31-F desta Lei.*

Arts. 30-A a 30-G. *Revogados pela Lei 10.931/2004.*

Art. 31. A iniciativa e a responsabilidade das incorporações imobiliárias caberão ao incorporador, que somente poderá ser:

a) o proprietário do terreno, o promitente comprador, o cessionário deste ou promitente cessionário com título que satisfaça os requisitos da alínea *a* do artigo 32;

[1] *DOU* de 21-12-1964.

b) o construtor (Decretos 23.569, de 11.12.1933, e 3.995, de 31.12.1941, e Decreto-Lei 8.620, de 10.01.1946) ou corretor de imóveis (Lei 4.116, de 27.08.1962);

> *Lei 6.530/1978 (Regulamentação da profissão de corretor de imóveis).*

c) o ente da Federação imitido na posse a partir de decisão proferida em processo judicial de desapropriação em curso ou o cessionário deste, conforme comprovado mediante registro no registro de imóveis competente.

> *Alínea c com redação pela Lei 12.424/2011.*

§ 1º No caso da alínea *b*, o incorporador será investido, pelo proprietário do terreno, o promitente comprador e cessionário deste ou o promitente cessionário, de mandato outorgado por instrumento público, onde se faça menção expressa desta Lei e se transcreva o disposto no § 4º do artigo 35, para concluir todos os negócios tendentes à alienação das frações ideais do terreno, mas se obrigará pessoalmente pelos atos que praticar na qualidade de incorporador.

> *Arts. 32,* m, *e 35, §§ 3º e 4º, desta Lei.*

§ 2º Nenhuma incorporação poderá ser proposta à venda sem a indicação expressa do incorporador, devendo também seu nome permanecer indicado ostensivamente no local da construção.

§ 3º Toda e qualquer incorporação, independentemente da forma por que seja constituída, terá um ou mais incorporadores solidariamente responsáveis, ainda que em fase subordinada a período de carência, referido no artigo 34.

> *Arts. 275 a 285 do CC.*

(...)

CAPÍTULO II
Das Obrigações e Direitos do Incorporador

Art. 32. O incorporador somente poderá negociar sobre unidades autônomas após ter arquivado, no cartório competente de registro de imóveis, os seguintes documentos:

> *Art. 68 desta Lei.*
> *Art. 167, I-17, da Lei 6.015/1973 (Registros Públicos).*

a) título de propriedade de terreno, ou de promessa, irrevogável e irretratável, de compra e venda ou de cessão de direitos ou de permuta, do qual conste cláusula de imissão na posse do imóvel, não haja estipulações impeditivas de sua alienação em frações ideais e inclua consentimento para demolição e construção, devidamente registrado;

b) certidões negativas de impostos federais, estaduais e municipais, de protesto de títulos, de ações cíveis e criminais e de ônus reais relativamente ao imóvel, aos alienantes do terreno e ao incorporador;

c) histórico dos títulos de propriedade do imóvel, abrangendo os últimos 20 anos, acompanhado de certidão dos respectivos registros;

d) projeto de construção devidamente aprovado pelas autoridades competentes;

e) cálculo das áreas das edificações, discriminando, além da global, a das partes comuns, e indicando, para cada tipo de unidade, a respectiva metragem de área construída;

f) certidão negativa de débito para com a Previdência Social, quando o titular de direitos sobre o terreno for responsável pela arrecadação das respectivas contribuições;

> *Dec.-lei 821/1969 (Casos de dispensa de apresentação de certificado de quitação).*

g) memorial descritivo das especificações da obra projetada, segundo modelo a que se refere o inciso IV, do art. 53, desta Lei;

h) avaliação do custo global da obra, atualizada à data do arquivamento, calculada de acordo com a norma do inciso III do artigo 53 com base nos custos unitários referidos no artigo 54, discriminando-se, também, o custo de construção de cada unidade, devidamente autenticada pelo profissional responsável pela obra;

> *Art. 14, par.* ún., da Lei 4.864/1965 (Estímulo à indústria de construção civil).

i) discriminação das frações ideais de terreno, com as unidades autônomas que a elas corresponderão;

j) minuta da futura convenção de condomínio que regerá a edificação ou o conjunto de edificações;

> *Art. 35 desta Lei.*

l) declaração em que se defina a parcela do preço de que trata o inciso II, do art. 39;

m) certidão do instrumento público de mandato, referido no § 1º do artigo 31;

n) declaração expressa em que se fixe, se houver, o prazo de carência (art. 34);

o) atestado de idoneidade financeira, fornecido por estabelecimento de crédito que opere no País há mais de cinco anos;

p) declaração, acompanhada de plantas elucidativas, sobre o número de veículos que a garagem comporta e os locais destinados à guarda dos mesmos.

> *Alínea* p *acrescida pela Lei 4.864/1965.*

§ 1º A documentação referida neste artigo, após o exame do oficial de registro de imóveis, será arquivada em cartório, fazendo-se o competente registro.

§ 2º Os contratos de compra e venda, promessa de venda, cessão ou promessa de cessão de unidades autônomas são irretratáveis e, uma vez registrados, conferem direito real oponível a terceiros, atribuindo direito a adjudicação compulsória perante o incorporador ou a quem o suceder, inclusive na hipótese de insolvência posterior ao término da obra.

> *§ 2º com redação pela Lei 10.931/2004.*

> *Art. 167, I-18, II-6, da Lei 6.015/1973 (Registros Públicos).*

§ 3º O número do registro referido no § 1º, bem como a indicação do cartório competente, constará, obrigatoriamente, dos anúncios, impressos, publicações, propostas, contratos, preliminares ou definitivos, referentes à incorporação, salvo dos anúncios "classificados".

> *Art. 64 desta Lei.*

> *Art. 20 da Lei 6.530/1978 (Corretor de imóveis).*

§ 4º O registro de imóveis dará certidão ou fornecerá, a quem o solicitar, cópia fotostática, heliográfica, termofax, microfilmagem ou outra equivalente, dos documentos especificados neste artigo, ou autenticará cópia apresentada pela parte interessada.

§ 5º A existência de ônus fiscais ou reais, salvo os impeditivos de alienação, não impedem o registro, que será feito com as devidas ressalvas, mencionando-se, em todos os documentos, extraídos do registro, a existência e a extensão dos ônus.

§ 6º Os oficiais de registro de imóveis terão quinze dias para apresentar, por escrito, todas as exigências que julgarem necessárias ao arquivamento, e, satisfeitas as referidas exigências, terão o prazo de quinze dias para fornecer certidão, relacionando a documentação apresentada e devolver, autenticadas, as segundas vias da mencionada documentação, com exceção dos documentos públicos. Em casos de divergência, o oficial levantará a dúvida segundo as normas processuais aplicáveis.

> *Art. 198 e ss. da Lei 6.015/1973 (Registros Públicos).*

§ 7º O oficial do registro de imóveis responde, civil e criminalmente, se efetuar o arquivamento de documentação contraveniente à lei ou der certidão (*vetado*) sem o arquivamento de todos os documentos exigidos.

§ 8º O oficial do registro de imóveis que não observar o prazo previsto no § 6º ficará sujeito a penalidade imposta pela autoridade judiciária competente em montante igual ao dos emolumentos devidos pelo registro de que trata este artigo, aplicável por quinzena ou fração de quinzena de superação de cada um daqueles prazos.

> *§ 8º acrescido pela Lei 4.864/1965.*

§ 9º O oficial do registro de imóveis não responde pela exatidão dos documentos que lhe forem apresentados para arquivamento em obediência ao disposto nas alíneas *e*, *g*, *h*, *l*, e *p* deste artigo, desde que assinados pelo profissional responsável pela obra.

§ 10. As plantas do projeto aprovado (alínea *d* deste artigo) poderão ser apresentadas em cópia autenticada pelo profissional responsável pela obra, acompanhada de cópia de licença de construção.

§ 11. Até 30 de junho de 1966, se, dentro de quinze dias da entrega ao cartório do registro de imóveis da documentação completa prevista neste artigo, feita por carta enviada pelo ofício de títulos e documentos, não tiver o cartório de imóveis entregue a certidão de arquivamento e registro, nem formulado, por escrito, as exigências previstas no § 6º, considerar-se-á de pleno direito completado o registro provisório.

§ 12. O registro provisório previsto no parágrafo anterior autoriza o incorporador a negociar as unidades da incorporação, indicando na sua publicação o número do registro de títulos e documentos referente à remessa dos documentos ao cartório de imóveis, sem prejuízo, todavia, da sua responsabilidade perante o adquirente da unidade e da obrigação de satisfazer as exigências posteriormente formuladas pelo cartório, bem como de completar o registro definitivo.

§ 13. Na incorporação sobre imóvel objeto de imissão na posse registrada conforme item 36 do inciso I do art. 167 da Lei nº 6.015, de 31 de dezembro de 1973, fica dispensada a apresentação, relativamente ao ente público, dos documentos mencionados nas alíneas *a*, *b*, *c*, *f* e *o* deste artigo, devendo o incorporador celebrar contrato de cessão de posse com os adquirentes das unidades autônomas, aplicando-se a regra prevista nos §§ 4º, 5º e 6º do art. 26 da Lei nº 6.766, de 19 de dezembro de 1979.

> *§ 13 com redação pela Lei 12.424/2011.*

Art. 33. O registro da incorporação será válido pelo prazo de cento e oitenta dias, findo o qual, se ela ainda não se houver concretizado, o incorporador só poderá negociar unidades depois de atualizar a documentação a que se refere o artigo anterior, revalidado o registro por igual prazo.

> *Art. 12 da Lei 4.864/1965 (Estímulo à indústria de construção civil).*

Art. 34. O incorporador poderá fixar, para efetivação da incorporação, prazo de carência, dentro do qual lhe é lícito desistir do empreendimento.

> *Arts. 31, § 3º, 32, n, e 45 desta lei.*

§ 1º A fixação do prazo de carência será feita pela declaração a que se refere a alínea *n* do artigo 32, onde se fixem as condições que autorizarão o incorporador a desistir do empreendimento.

§ 2º Em caso algum poderá o prazo de carência ultrapassar o termo final do prazo da validade do registro ou, se for o caso, de sua revalidação.

§ 3º Os documentos preliminares de ajuste, se houver, mencionarão, obrigatoriamente, o prazo de carência, inclusive para efeitos do artigo 45.

§ 4º A desistência da incorporação será denunciada, por escrito, ao registro de imóveis (*Vetado*) e comunicada, por escrito, a cada um dos adquirentes ou candidatos à aquisição, sob pena de responsabilidade civil e criminal do incorporador.

§ 5º Será averbada no registro da incorporação a desistência de que trata o parágrafo anterior, arquivando-se em cartório o respectivo documento.

§ 6º O prazo de carência é improrrogável.

Art. 35. O incorporador terá o prazo máximo de sessenta dias, a contar do termo final do prazo de carência, se houver, para promover a celebração do competente contrato relativo à fração ideal de terreno, e, bem assim, do contrato de construção e da convenção do condomínio, de acordo com discriminação constante da alínea *i* do artigo 32.

> *Art. 13 da Lei 4.864/1965 (Estímulo à indústria de construção civil).*

§ 1º No caso de não haver prazo de carência, o prazo acima se contará da data de qualquer documento de ajuste preliminar.

§ 2º Quando houver prazo de carência, a obrigação somente deixará de existir se o incorporador tiver denunciado, dentro do mesmo prazo e nas condições previamente estabelecidas, por escrito, ao registro de imóveis, a não concretização do empreendimento.

§ 3º Se, dentro do prazo de carência, o incorporador não denunciar a incorporação, embora não se tenham reunido as condições a que se refere o § 1º, o outorgante do mandato, de que trata o § 1º, do artigo 31, poderá fazê-lo nos cinco dias subsequentes ao prazo de carência, e nesse caso ficará solidariamente responsável com o incorporador pela devolução das quantias que os adquirentes ou candidatos à aquisição houverem entregue ao incorporador, resguardado o direito de regresso sobre eles, dispensando-se, então, do cumprimento da obrigação fixada no *caput* deste artigo.

> *Arts. 275 a 285 do CC.*

§ 4º Descumprida pelo incorporador e pelo mandante de que trata o § 1º do artigo 31 a obrigação da outorga dos contratos referidos no *caput* deste artigo, nos prazos ora fixados, a carta proposta ou o documento de ajuste preliminar poderão ser averbados no registro de imóveis, averbação que conferirá direito real oponível a terceiros, com o consequente direito à obtenção compulsória do contrato correspondente.

> *Art. 31, § 1º, desta Lei.*

§ 5º Na hipótese do parágrafo anterior, o incorporador incorrerá também na multa de cinquenta por cento sobre a quantia que efetivamente tiver recebido, cobrável por via executiva, em favor do adquirente ou candidato à aquisição.

> *Art. 585, VII, do CPC.*

§ 6º Ressalvado o disposto no artigo 43, do contrato de construção deverá constar expressamente a menção dos responsáveis pelo pagamento da construção de cada uma das unidades. O incorporador responde, em igualdade de condições, com os demais contratantes, pelo pagamento da construção das unidades que não tenham tido a responsabilidade pela sua construção assumida por terceiros e até que o tenham.

Art. 35-A. Os contratos de compra e venda, promessa de venda, cessão ou promessa de cessão de unidades autônomas integrantes de incorporação imobiliária serão iniciados por quadro-resumo, que deverá conter:

> *Artigo e incisos acrescidos pela Lei 13.786/2018.*

I – o preço total a ser pago pelo imóvel;

II – o valor da parcela do preço a ser tratada como entrada, a sua forma de pagamento, com destaque para o valor pago à vista, e os seus percentuais sobre o valor total do contrato;

III – o valor referente à corretagem, suas condições de pagamento e a identificação precisa de seu beneficiário;

IV – a forma de pagamento do preço, com indicação clara dos valores e vencimentos das parcelas;

V – os índices de correção monetária aplicáveis ao contrato e, quando houver pluralidade de índices, o período de aplicação de cada um;

VI – as consequências do desfazimento do contrato, seja por meio de distrato, seja por meio de resolução contratual motivada por inadimplemento de obrigação do adquirente ou do incorporador, com destaque negritado para as penalidades aplicáveis e para os prazos para devolução de valores ao adquirente;

VII – as taxas de juros eventualmente aplicadas, se mensais ou anuais, se nominais ou efetivas, o seu período de incidência e o sistema de amortização;

VIII – as informações acerca da possibilidade do exercício, por parte do adquirente do imóvel, do direito de arrependimento previsto no art. 49 da Lei 8.078, de 11 de setembro de 1990 (Código de Defesa do Consumidor), em todos os contratos firmados em estandes de vendas e fora da sede do incorporador ou do estabelecimento comercial;

IX – o prazo para quitação das obrigações pelo adquirente após a obtenção do auto de conclusão da obra pelo incorporador;

X – as informações acerca dos ônus que recaiam sobre o imóvel, em especial quando o vinculem como garantia real do financiamento destinado à construção do investimento;

XI – o número do registro do memorial de incorporação, a matrícula do imóvel e a identificação do cartório de registro de imóveis competente;

XII – o termo final para obtenção do auto de conclusão da obra (habite-se) e os efeitos contratuais da intempestividade prevista no art. 43-A desta Lei.

§ 1º Identificada a ausência de quaisquer das informações previstas no *caput* deste artigo, será concedido prazo de 30 (trinta) dias para aditamento do contrato e saneamento da omissão, findo o qual, essa omissão, se não sanada, caracterizará justa causa para rescisão contratual por parte do adquirente.

§ 2º A efetivação das consequências do desfazimento do contrato, referidas no inciso VI do *caput* deste artigo, dependerá de anuência prévia e específica do adquirente a seu respeito, mediante assinatura junto a essas cláusulas, que deverão ser redigidas conforme o disposto no § 4º do art. 54 da Lei 8.078, de 11 de setembro de 1990 (Código de Defesa do Consumidor).

Art. 36. No caso de denúncia de incorporação, nos termos do artigo 34, se o incorporador, até trinta dias a contar da denúncia, não restituir aos adquirentes as importâncias pagas, estes poderão cobrá-la por via executiva, reajustado o seu valor a contar da data do recebimento, em função do índice geral de preços mensalmente publicado pelo Conselho Nacional de Economia, que reflita as variações no poder aquisitivo da moeda nacional, e acrescido de juros de seis por cento ao ano, sobre o total corrigido.

Art. 37. Se o imóvel estiver gravado de ônus real ou fiscal ou se contra os alienantes houver qualquer ação que possa comprometê-lo, o fato será obrigatoriamente mencionado em todos os documentos de ajuste, com a indicação de sua natureza e das condições de liberação.

Art. 38. Também constará, obrigatoriamente, dos documentos de ajuste, se for o caso, o fato de encontrar-se ocupado o imóvel, esclarecendo-se a que título se deve esta ocupação e quais as condições de desocupação.

> *Art. 66, II, desta Lei.*

Art. 39. Nas incorporações em que a aquisição do terreno se der com pagamento total ou parcial em unidades a serem construídas, deverão ser discriminadas em todos os documentos de ajuste:

I – a parcela que, se houver, será paga em dinheiro;

II – a quota-parte da área das unidades a serem entregues em pagamento do terreno que corresponderá a cada uma das unidades, a qual deverá ser expressa em metros quadrados.

> *Art. 32, I, desta Lei.*

Parágrafo único. Deverá constar, também, de todos os documentos de ajuste, se o alienante do terreno ficou ou não sujeito a qualquer prestação ou encargo.

Art. 40. No caso de rescisão de contrato de alienação do terreno ou de fração ideal, ficarão rescindidas as cessões ou promessas de cessão de direitos correspondentes à aquisição do terreno.

§ 1º Nesta hipótese, consolidar-se-á, no alienante em cujo favor se opera a resolução, o direito sobre a construção porventura existente.

§ 2º No caso do parágrafo anterior, cada um dos ex-titulares de direito à aquisição de unidades autônomas haverá do mencionado alienante o valor da parcela de construção que haja adicionado à unidade, salvo se a rescisão houver sido causada pelo ex-titular.

§ 3º Na hipótese dos parágrafos anteriores, sob pena de nulidade, não poderá o alienante em cujo favor se operou a resolução voltar a negociar seus direitos sobre a unidade autônoma, sem a prévia indenização aos titulares, de que trata o § 2º.

§ 4º No caso do parágrafo anterior, se os ex-titulares tiverem de recorrer à cobrança judicial do que lhes for devido, somente poderão garantir o seu pagamento à unidade e respectiva fração de terreno objeto do presente artigo.

Art. 41. Quando as unidades imobiliárias forem contratadas pelo incorporador por preço global compreendendo quota de terreno e construção, inclusive com parte do pagamento após a entrega da unidade, discriminar-se-ão, no contrato, o preço da quota de terreno e o da construção.

§ 1º Poder-se-á estipular que, na hipótese de o adquirente atrasar o pagamento de parcela relativa a construção, os efeitos da mora recairão não apenas sobre a aquisição da parte construída, mas, também, sobre a fração ideal de terreno, ainda que esta tenha sido totalmente paga.

§ 2º Poder-se-á também estipular que, na hipótese de o adquirente atrasar o pagamento da parcela relativa à fração ideal de terreno, os efeitos da mora recairão não apenas sobre a aquisição da fração ideal, mas, também, sobre a parte construída, ainda que totalmente paga.

Art. 42. No caso de rescisão do contrato relativo à fração ideal de terreno e partes comuns, a pessoa em cujo favor se tenha operado a resolução sub-rogar-se-á nos direitos e obrigações contratualmente atribuídos ao inadimplente, com relação à construção.

Art. 43. Quando o incorporador contratar a entrega da unidade a prazo e preços certos, determinados ou determináveis, mesmo quando pessoa física, ser-lhe-ão impostas as seguintes normas:

> *Arts. 35, § 6º, 50 e 52 desta Lei.*

I – informar obrigatoriamente aos adquirentes, por escrito, no mínimo de seis em seis meses, o estado da obra;

II – responder civilmente pela execução da incorporação, devendo indenizar os adquirentes ou compromissários, dos prejuízos que a estes advierem do fato de não se concluir a edificação ou de se retardar injustificadamente a conclusão das obras, cabendo-lhe ação regressiva contra o construtor, se for o caso e se a este couber a culpa;

> *Art. 57 desta Lei.*
> *Súmula 194 do STJ.*

III – em caso de falência do incorporador, pessoa física ou jurídica, e não ser possível à maioria prosseguir na construção das edificações, os subscritores ou candidatos à aquisição de unidades serão credores privilegiados pelas quantias que houverem pago ao incorporador, respondendo subsidiariamente os bens pessoais deste;

> *Art. 57 desta Lei.*

IV – é vedado ao incorporador alterar o projeto, especialmente no que se refere à unidade do adquirente e às partes comuns, modificar as especificações, ou desviar-se do plano da construção, salvo autorização unânime dos interessados ou exigência legal;

> *Art. 57 desta Lei.*

V – não poderá modificar as condições de pagamento nem reajustar o preço das unidades, ainda no caso de elevação dos preços dos materiais e da mão de obra, salvo se tiver sido expressamente ajustada a faculdade de reajustamento, procedendo-se, então, nas condições estipuladas;

VI – se o incorporador, sem justa causa devidamente comprovada, paralisar as obras por mais de trinta dias, ou retardar-lhes excessivamente o andamento, poderá o juiz notificá-lo para que no prazo mínimo de trinta dias as reinicie ou torne a dar-lhes o andamento normal. Desatendida a notificação, poderá o incorporador ser destituído pela maioria absoluta dos votos dos adquirentes, sem prejuízo da responsabilidade civil ou penal que couber, sujeito à cobrança executiva das importâncias comprovadamente devidas, facultando-se aos interessados prosseguir na obra (*vetado*);

> *Art. 57 desta Lei*

> *Art. 585, VII, do CPC.*

VII – em caso de insolvência do incorporador que tiver optado pelo regime da afetação e não sendo possível à maioria prosseguir na construção, a assembleia geral poderá, pelo voto de 2/3 (dois terços) dos adquirentes, deliberar pela venda do terreno, das acessões e demais bens e direitos integrantes do patrimônio de afetação, mediante leilão ou outra forma que estabelecer, distribuindo entre si, na proporção dos recursos que comprovadamente tiverem aportado, o resultado líquido da venda, depois de pagas as dívidas do patrimônio de afetação e deduzido e entregue ao proprietário do terreno a quantia que lhe couber, nos termos do art. 40; não se obtendo, na venda, a reposição dos aportes efetivados pelos adquirentes, reajustada na forma da lei e de acordo com os critérios do contrato celebrado com o incorporador, os adquirentes serão credores privilegiados pelos valores da diferença não reembolsada, respondendo subsidiariamente os bens pessoais do incorporador.

> *Inciso VII com redação pela Lei 10.931/2004.*

Art. 43-A. A entrega do imóvel em até 180 (cento e oitenta) dias corridos da data estipulada contratualmente como data prevista para conclusão do empreendimento, desde que expressamente pactuado, de forma clara e destacada, não dará causa à resolução do contrato por parte do adquirente nem ensejará o pagamento de qualquer penalidade pelo incorporador.

> *Artigo e parágrafos acrescidos pela Lei 13.786/2018.*

§ 1º Se a entrega do imóvel ultrapassar o prazo estabelecido no *caput* deste artigo, desde que o adquirente não tenha dado causa ao atraso, poderá ser promovida por este a resolução do contrato, sem prejuízo da devolução da integralidade de todos os valores pagos e da multa estabelecida, em até 60 (sessenta) dias corridos contados da resolução, corrigidos nos termos do § 8º do art. 67-A desta Lei.

§ 2º Na hipótese de a entrega do imóvel estender-se por prazo superior àquele previsto no *caput* deste artigo, e não se tratar de resolução do contrato, será devida ao adquirente adimplente, por ocasião da entrega da unidade, indenização de 1% (um por cento) do valor efetivamente pago à incorporadora, para cada mês de atraso, *pro rata die*, corrigido monetariamente conforme índice estipulado em contrato.

§ 3º A multa prevista no § 2º deste artigo, referente a mora no cumprimento da obrigação, em hipótese alguma poderá ser cumulada com a multa estabelecida no § 1º deste artigo, que trata da inexecução total da obrigação.

Art. 44. Após a concessão do "habite-se" pela autoridade administrativa, o incorporador deverá requerer (*vetado*) a averbação da construção das edificações, para efeito de individualização e discriminação das unidades, respondendo perante os adquirentes pelas perdas e danos que resultem da demora no cumprimento dessa obrigação.

> *Arts. 402 a 404 do CC.*

§ 1º Se o incorporador não requerer a averbação (*vetado*) o construtor requerê-la-á (*vetado*) sob pena de ficar solidariamente responsável com o incorporador perante os adquirentes.

> *Arts. 275 a 285 do CC.*

§ 2º Na omissão do incorporador e do construtor, a averbação poderá ser requerida por qualquer dos adquirentes de unidade.

Art. 45. É lícito ao incorporador recolher o imposto do selo devido, mediante apresentação dos contratos preliminares, até dez dias a contar do vencimento do prazo de carência a que se refere o artigo 34, extinta a obrigação se, dentro deste prazo, for denunciada a incorporação.

Art. 46. Quando o pagamento do imposto sobre lucro imobiliário e respectivos acréscimos e adicionais for de responsabilidade do vendedor do terreno, será lícito ao adquirente reter o pagamento das últimas prestações anteriores à data limite em que é lícito pagar, sem reajuste, o referido imposto e os adicionais, caso o vendedor não apresente a quitação até dez dias antes do vencimento das prestações cujo pagamento torne inferior ao débito fiscal a parte do preço a ser ainda paga até a referida data limite.

Parágrafo único. No caso de retenção pelo adquirente, este ficará responsável, para todos os efeitos, perante o Fisco, pelo recolhimento do tributo, adicionais e acréscimos, inclusive pelos reajustamentos que vier a sofrer o débito fiscal (*vetado*).

Art. 47. Quando se fixar no contrato que a obrigação do pagamento do imposto sobre lucro imobiliário, acréscimos e adicionais devidos pelo alienante é transferida ao adquirente, dever-se-á explicitar o montante que tal obrigação atingiria, se sua satisfação se desse na data da escritura.

§ 1º Neste caso, o adquirente será tido, para todos os efeitos, como responsável perante o Fisco.

§ 2º Havendo parcela restituível, a restituição será feita ao adquirente, e, se for o caso, em nome deste serão emitidas as obrigações do Tesouro Nacional a que se refere o artigo 4º da Lei nº 4.357, de 16 de julho de 1964.

§ 3º Para efeitos fiscais, não importará em aumento do preço de aquisição a circunstância de obrigar-se o adquirente ao pagamento do imposto sobre lucro imobiliário, seus acréscimos e adicionais.

(...)

CAPÍTULO IV
Das Infrações

Art. 63. É lícito estipular no contrato, sem prejuízo de outras sanções, que a falta de pagamento, por parte do adquirente ou contratante, de três prestações do preço da construção, quer estabelecidas inicialmente, quer alteradas ou criadas posteriormente, quando for o caso, depois de prévia notificação com o prazo de dez dias para purgação da mora, implique na rescisão do contrato, conforme nele se fixar, ou que, na falta de pagamento pelo débito respondem os direitos à respectiva fração ideal de terreno e à parte construída adicionada, na forma abaixo estabelecida, se outra forma não fixar o contrato.

> *Art. 1º da Lei 4.864/1965 (Estímulo à indústria de construção civil).*

§ 1º Se o débito não for liquidado no prazo de dez dias, após solicitação da Comissão de Representantes, esta ficará, desde logo, de pleno direito, autorizada a efetuar, no prazo que fixar, em público, leilão anunciado pela forma que o contrato previr, a venda, promessa de venda ou de cessão, ou a cessão da quota de terreno e correspondente parte construída e direitos, bem como a sub-rogação do contrato de construção.

> *Art. 1º, VII, da Lei 4.864/1965 (Estímulo à indústria de construção civil).*

§ 2º Se o maior lanço obtido for inferior ao desembolso efetuado pelo inadimplente, para a quota do terreno e a construção, despesas acarretadas e as percentagens expressas no parágrafo seguinte, será realizada nova praça no prazo estipulado no contrato. Nesta segunda praça, será aceito o maior lanço apurado, ainda que inferior àquele total (*vetado*).

§ 3º No prazo de vinte e quatro horas após a realização do leilão final, o condomínio, por decisão unânime de assembleia-geral em condições de igualdade com terceiros, terá preferência na aquisição dos bens, caso em que serão adjudicados ao condomínio.

§ 4º Do preço que for apurado no leilão, serão deduzidas as quantias em débito, todas as despesas ocorridas, inclusive honorários de advogado e anúncios, e mais cinco por cento a título de comissão e dez por cento de multa compensatória, que reverterão em benefício do condomínio de todos os contratantes com exceção do faltoso, ao qual será entregue o saldo, se houver.

§ 5º Para os fins das medidas estipuladas neste artigo, a Comissão de Representantes ficará investida de mandato irrevogável, isento do imposto do selo, na vigência do contrato geral de construção da obra, com poderes necessários para, em nome do condômino inadimplente, efetuar as citadas transações, podendo para este fim fixar preços, ajustar condições, sub-rogar o arrematante nos direitos e obrigações decorrentes do contrato de construção e da quota de terreno e construção; outorgar as competentes escrituras e contratos, receber preços, dar quitações; imitir o arrematante na posse do imóvel; transmitir domínio, direito e ação; responder pela evicção; receber citação, propor e variar de ações; e também dos poderes *ad juditia*, a serem substabelecidos a advogado legalmente habilitado.

§ 6º A morte, falência ou concordata do condômino ou sua dissolução, se se tratar de sociedade, não revogará o mandato de que trata o parágrafo anterior, o qual poderá ser exercido pela Comissão de Representantes até a conclusão dos pagamentos devidos, ainda que a unidade pertença a menor de idade.

§ 7º Os eventuais débitos, fiscais ou para com a Previdência Social, não impedirão a alienação por leilão público. Neste caso, ao condômino somente será entregue o saldo, se houver, desde que prove estar quite com o Fisco e a Previdência Social, devendo a Comissão de Representantes, em caso contrário, consignar judicialmente a importância equivalente aos débitos existentes, dando ciência do fato à entidade credora.

> *Arts. 890 a 900 do CPC.*

§ 8º Independentemente das disposições deste artigo e seus parágrafos, e como penalidades preliminares, poderá o contrato de construção estabelecer a incidência de multas e juros de mora em caso de atraso no depósito de contribuições sem prejuízo do disposto no parágrafo seguinte.

> *Art. 1º, VII, da Lei 4.864/1965 (Estímulo à indústria de construção civil).*

§ 9º O contrato poderá dispor que o valor das prestações, pagas com atraso, seja corrigível em função da variação do índice geral de preços mensalmente publicado pelo Conselho Nacional de Economia, que reflita as oscilações do poder aquisitivo da moeda nacional.

§ 10. O membro da Comissão de Representantes que incorrer na falta prevista neste artigo estará sujeito à perda automática do mandato e deverá ser substituído segundo dispuser o contrato.

Art. 64. Os órgãos de informação e publicidade que divulgarem publicidade sem os requisitos exigidos pelo § 3º do artigo 32 e pelos artigos 56 e 62, desta Lei, sujeitar-se-ão à multa em importância correspondente ao dobro do preço pago pelo anunciante, a qual reverterá em favor da respectiva Municipalidade.

Art. 65. É crime contra a economia popular promover incorporação, fazendo, em proposta, contratos, prospectos ou comunicação ao público ou aos interessados, afirmação falsa sobre a constituição do condomínio, alienação das frações ideais do terreno ou sobre a construção das edificações.

Pena – reclusão de um a quatro anos e multa de cinco a cinquenta vezes o maior salário mínimo legal vigente no País.

> *Arts. 1º a 11 e 28 a 31 desta Lei.*
>
> *Art. 2º da Lei 7.209/1984 (Pena de multa).*

§ 1º Incorrem na mesma pena:

I – o incorporador, o corretor e o construtor, individuais, bem como os diretores ou gerentes de empresa coletiva, incorporadora, corretora ou construtora que, em proposta, contrato, publicidade, prospecto, relatório, parecer, balanço ou comunicação ao público ou aos condôminos, candidatos ou subscritores de unidades, fizerem afirmação falsa sobre a constituição do condomínio, alienação das frações ideais ou sobre a construção das edificações;

II – o incorporador, o corretor e o construtor individuais, bem como os diretores ou gerentes de empresa coletiva, incorporadora, corretora ou construtora que usar, ainda que a título de empréstimo, em proveito próprio ou de terceiro, bens ou haveres destinados a incorporação contratada por administração, sem prévia autorização dos interessados.

§ 2º O julgamento destes crimes será de competência de juízo singular, aplicando-se os artigos 5º, 6º e 7º da Lei 1.521, de 26 de dezembro de 1951.

§ 3º Em qualquer fase do procedimento criminal objeto deste artigo, a prisão do indiciado dependerá sempre de mandado do juízo referido no § 2º.

> *§ 3º acrescido pela Lei 4.864/1965.*

Art. 66. São contravenções relativas à economia popular, puníveis na forma do artigo 10 da Lei 1.521, de 26 de dezembro de 1951:

I – negociar o incorporador frações ideais de terreno, sem previamente satisfazer às exigências constantes desta Lei;

> *Arts. 32 a 34 desta Lei.*

II – omitir o incorporador, em qualquer documento de ajuste, as indicações a que se referem os artigos 37 e 38, desta Lei;

III – deixar o incorporador, sem justa causa, no prazo do artigo 35 e ressalvada a hipótese de seus §§ 2º e 3º, de promover a celebração do contrato relativo à fração ideal de terreno, do contrato de construção ou da Convenção do Condomínio;

> *Arts. 9º a 11 desta Lei.*

IV – *Vetado*;

V – omitir o incorporador, no contrato, a indicação a que se refere o § 5º do artigo 55 desta Lei;

VI – paralisar o incorporador a obra, por mais de trinta dias, ou retardar-lhe excessivamente o andamento sem justa causa.

Pena – multa de cinco a vinte vezes o maior salário mínimo legal vigente no País.

Parágrafo único. No caso de contratos relativos a incorporações, de que não participe o incorporador, responderão solidariamente pelas faltas capituladas neste artigo o construtor, o corretor, o proprietário ou titular de direitos aquisitivos do terreno, desde que figurem no contrato, com direito regressivo sobre o incorporador, se as faltas cometidas lhe forem imputáveis.

CAPÍTULO V
Das Disposições Finais e Transitórias

Art. 67. Os contratos poderão consignar exclusivamente as cláusulas, termos ou condições variáveis ou específicas.

§ 1º As cláusulas comuns a todos os adquirentes não precisarão figurar expressamente nos respectivos contratos.

§ 2º Os contratos, no entanto, consignarão obrigatoriamente que as partes contratantes adotem e se comprometam a cumprir as cláusulas, termos e condições contratuais a que se refere o parágrafo anterior, sempre transcritas, *verbo ad verbum*, no respectivo cartório ou ofício, mencionando, inclusive, o número do livro e das folhas do competente registro.

§ 3º Aos adquirentes, ao receberem os respectivos instrumentos, será obrigatoriamente entregue cópia, impressa ou mimeografada, autenticada, do contrato padrão contendo as cláusulas, termos e condições referidas no § 1º deste artigo.

§ 4º Os cartórios de registro de imóveis, para os devidos efeitos, receberão dos incorporadores, autenticadamente, o instrumento a que se refere o parágrafo anterior.

Art. 67-A. Em caso de desfazimento do contrato celebrado exclusivamente com o incorporador, mediante distrato ou resolução por inadimplemento absoluto de obrigação do adquirente, este fará jus à restituição das quantias que houver pago diretamente ao incorporador, atualizadas com base no índice contratualmente estabelecido para a correção monetária das parcelas do preço do imóvel, delas deduzidas, cumulativamente:

> *Artigo e parágrafos acrescidos pela Lei 13.786/2018.*

I – a integralidade da comissão de corretagem;

II – a pena convencional, que não poderá exceder a 25% (vinte e cinco por cento) da quantia paga.

§ 1º Para exigir a pena convencional, não é necessário que o incorporador alegue prejuízo.

§ 2º Em função do período em que teve disponibilizada a unidade imobiliária, responde ainda o adquirente, em caso de resolução ou de distrato, sem prejuízo do disposto no *caput* e no § 1º deste artigo, pelos seguintes valores:

I – quantias correspondentes aos impostos reais incidentes sobre o imóvel;

II – cotas de condomínio e contribuições devidas a associações de moradores;

III – valor correspondente à fruição do imóvel, equivalente à 0,5% (cinco décimos por cento) sobre o valor atualizado do contrato, *pro rata die*;

IV – demais encargos incidentes sobre o imóvel e despesas previstas no contrato.

§ 3º Os débitos do adquirente correspondentes às deduções de que trata o § 2º deste artigo poderão ser pagos mediante compensação com a quantia a ser restituída.

§ 4º Os descontos e as retenções de que trata este artigo, após o desfazimento do contrato, estão limitados aos valores efetivamente pagos pelo adquirente, salvo em relação às quantias relativas à fruição do imóvel.

§ 5º Quando a incorporação estiver submetida ao regime do patrimônio de afetação, de que tratam os arts. 31-A a 31-F desta Lei, o incorporador restituirá os valores pagos pelo adquirente, deduzidos os valores descritos neste artigo e atualizados com base no índice contratualmente estabelecido para a correção monetária das parcelas do preço do imóvel, no prazo máximo de 30 (trinta) dias após o habite-se ou documento equivalente expedido pelo órgão público municipal competente, admitindo-se, nessa hipótese, que a pena referida no inciso II do *caput* deste artigo seja estabelecida até o limite de 50% (cinquenta por cento) da quantia paga.

§ 6º Caso a incorporação não esteja submetida ao regime do patrimônio de afetação de que trata a Lei 10.931, de 2 de agosto de 2004, e após as deduções a que se referem os parágrafos anteriores, se houver remanescente a ser ressarcido ao adquirente, o pagamento será realizado em parcela única, após o prazo de 180 (cento e oitenta) dias, contado da data do desfazimento do contrato.

§ 7º Caso ocorra a revenda da unidade antes de transcorrido o prazo a que se referem os §§ 5º ou 6º deste artigo, o valor remanescente devido ao adquirente será pago em até 30 (trinta) dias da revenda.

§ 8º O valor remanescente a ser pago ao adquirente nos termos do § 7º deste artigo deve ser atualizado com base no índice contratualmente estabelecido para a correção monetária das parcelas do preço do imóvel.

§ 9º Não incidirá a cláusula penal contratualmente prevista na hipótese de o adquirente que der causa ao desfazimento do contrato encontrar comprador substituto que o sub-rogue nos direitos e obrigações originalmente assumidos, desde que haja a devida anuência do incorporador e a aprovação dos cadastros e da capacidade financeira e econômica do comprador substituto.

§ 10. Os contratos firmados em estandes de vendas e fora da sede do incorporador permitem ao adquirente o exercício do direito de arrependimento, durante o prazo improrrogável de 7 (sete) dias, com a devolução de todos os valores eventualmente antecipados, inclusive a comissão de corretagem.

§ 11. Caberá ao adquirente demonstrar o exercício tempestivo do direito de arrependimento por meio de carta registrada, com aviso de recebimento, considerada a data da postagem como data inicial da contagem do prazo a que se refere o § 10 deste artigo.

§ 12. Transcorrido o prazo de 7 (sete) dias a que se refere o § 10 deste artigo sem que tenha sido exercido o direito de arrependimento, será observada a irretratabilidade do contrato de incorporação imobiliária, conforme disposto no § 2º do art. 32 da Lei 4.591, de 16 de dezembro de 1964.

§ 13. Poderão as partes, em comum acordo, por meio de instrumento específico de distrato, definir condições diferenciadas das previstas nesta Lei.

§ 14. Nas hipóteses de leilão de imóvel objeto de contrato de compra e venda com pagamento parcelado, com ou sem garantia real, de promessa de compra e venda ou de cessão e de compra e venda com pacto adjeto de alienação fiduciária em garantia, realizado o leilão no contexto de execução judicial ou de procedimento extrajudicial de execução ou de resolução, a restituição far-se-á de acordo com os critérios estabelecidos na respectiva lei especial ou com as normas aplicáveis à execução em geral.

Art. 68. Os proprietários ou titulares de direito aquisitivo sobre as terras rurais ou os terrenos onde pretendam construir ou mandar construir habitações isoladas para aliená-las antes de concluídas, mediante pagamento do preço a prazo, deverão, previamente, satisfazer às exigências constantes no artigo 32, ficando sujeitos ao regime instituído nesta Lei para os incorporadores, no que lhes for aplicável.

Art. 69. O Poder Executivo baixará, no prazo de noventa dias, regulamento sobre o registro no registro de imóveis (*vetado*).

Art. 70. A presente Lei entrará em vigor na data de sua publicação, revogados o Decreto nº 5.481, de 25 de junho de 1928, e quaisquer disposições em contrário.

Brasília, 16 de dezembro de 1964; 143º da Independência e 76º da República.

H. CASTELLO BRANCO

LEI 6.766, DE 19 DE DEZEMBRO DE 1979[2]

Dispõe sobre o parcelamento do solo urbano e dá outras providências.

> *Dec.-Lei 58/1937 (Loteamento e a venda de terrenos para pagamento em prestações).*

> *Dec.-Lei 271/1967 (Loteamento urbano, responsabilidade do loteador, concessão de uso do espaço aéreo).*

O Presidente da República,

Faço saber que o Congresso Nacional decreta e eu sanciono a seguinte Lei:

Art. 1º O parcelamento do solo para fins urbanos será regido por esta Lei.

Parágrafo único. Os Estados, o Distrito Federal e os Municípios poderão estabelecer normas complementares relativas ao parcelamento do solo municipal para adequar o previsto nesta Lei às peculiaridades regionais e locais.

> *Dec.-Lei 271/1967 (Loteamento urbano, responsabilidade do loteador, concessão de uso do espaço aéreo).*

(...)

CAPÍTULO VII
Dos Contratos

Art. 25. São irretratáveis os compromissos de compra e venda, cessões e promessas de cessão, os que atribuam direito a adjudicação compulsória e, estando registrados, confiram direito real oponível a terceiros.

> *Arts. 29 e 30 desta Lei.*

> *Arts. 16 e 22 do Dec.-Lei 58/1937 (Loteamento e a venda de terrenos para pagamento em prestações).*

> *Súmula 239 do STJ.*

Art. 26. Os compromissos de compra e venda, as cessões ou promessas de cessão poderão ser feitos por escritura pública ou por instrumento particular, de acordo com

2 *DOU* de 20-12-1979.

o modelo depositado na forma do inciso VI do artigo 18 e conterão, pelo menos, as seguintes indicações:

> *Arts. 221, II, 223 e 225, § 1º, da Lei 6.015/1973 (Registros Públicos).*

I – nome, registro civil, cadastro fiscal no Ministério da Fazenda, nacionalidade, estado civil e residência dos contratantes;

II – denominação e situação do loteamento, número e data da inscrição;

Arts. 167, I-19, e 168 da Lei 6.015/1973 (Registros Públicos).

III – descrição do lote ou dos lotes que forem objeto de compromissos, confrontações, área e outras características;

IV – preço, prazo, forma e local de pagamento bem como a importância do sinal;

V – taxa de juros incidentes sobre o débito em aberto e sobre as prestações vencidas e não pagas, bem como a cláusula penal, nunca excedente a dez por cento do débito e só exigível nos casos de intervenção judicial ou de mora superior a três meses;

> *Art. 32, § 1º, desta Lei.*

VI – indicação sobre a quem incumbe o pagamento dos impostos e taxas incidentes sobre o lote compromissado;

VII – declaração das restrições urbanísticas convencionais do loteamento, supletivas da legislação pertinente.

§ 1º O contrato deverá ser firmado em três vias ou extraído em três traslados, sendo um para cada parte e o terceiro para arquivo no registro imobiliário, após o registro e anotações devidas.

> *Art. 194 da Lei 6.015/1973 (Registros Públicos).*

§ 2º Quando o contrato houver sido firmado por procurador de qualquer das partes, será obrigatório o arquivamento da procuração no registro imobiliário.

> *Art. 11, § 3º, do Dec.-Lei 58/1937 (Loteamento e a venda de terrenos para pagamento em prestações).*

§ 3º Admite-se, nos parcelamentos populares, a cessão da posse em que estiverem provisoriamente imitidas a União, Estados, Distrito Federal, Municípios e suas entidades delegadas, o que poderá ocorrer por instrumento particular, ao qual se atribui, para todos os fins de direito, caráter de escritura pública, não se aplicando a disposição do inciso II do art. 134 do Código Civil.

> *§ 3º acrescido pela Lei 9.785/1999.*

§ 4º A cessão da posse referida no § 3º, cumpridas as obrigações do cessionário, constitui crédito contra o expropriante, de aceitação obrigatória em garantia de contratos de financiamentos habitacionais.

> *§ 4º acrescido pela Lei 9.785/1999.*

§ 5º Com o registro da sentença que, em processo de desapropriação, fixar o valor da indenização, a posse referida no § 3º converter-se-á em propriedade e a sua cessão, em compromisso de compra e venda ou venda e compra, conforme haja obrigações a cumprir ou estejam elas cumpridas, circunstância que, demonstradas ao Registro de Imóveis, serão averbadas na matrícula relativa ao lote.

> *§ 5º acrescido pela Lei 9.785/1999.*

§ 6º Os compromissos de compra e venda, as cessões e as promessas de cessão valerão como título para o registro da propriedade do lote adquirido, quando acompanhados da respectiva prova de quitação.

> *§ 6º acrescido pela Lei 9.785/1999.*

Art. 26-A. Os contratos de compra e venda, cessão ou promessa de cessão de loteamento devem ser iniciados por quadro-resumo, que deverá conter, além das indicações constantes do art. 26 desta Lei:

> *Artigo e parágrafos acrescidos pela Lei 13.786/2018.*

I – o preço total a ser pago pelo imóvel;

II – o valor referente à corretagem, suas condições de pagamento e a identificação precisa de seu beneficiário;

III – a forma de pagamento do preço, com indicação clara dos valores e vencimentos das parcelas;

IV – os índices de correção monetária aplicáveis ao contrato e, quando houver pluralidade de índices, o período de aplicação de cada um;

V – as consequências do desfazimento do contrato, seja mediante distrato, seja por meio de resolução contratual motivada por inadimplemento de obrigação do adquirente ou do loteador, com destaque negritado para as penalidades aplicáveis e para os prazos para devolução de valores ao adquirente;

VI – as taxas de juros eventualmente aplicadas, se mensais ou anuais, se nominais ou efetivas, o seu período de incidência e o sistema de amortização;

VII – as informações acerca da possibilidade do exercício, por parte do adquirente do imóvel, do direito de arrependimento previsto no art. 49 da Lei 8.078, de 11 de setembro de 1990 (Código de Defesa do Consumidor), em todos os contratos firmados em estandes de vendas e fora da sede do loteador ou do estabelecimento comercial;

VIII – o prazo para quitação das obrigações pelo adquirente após a obtenção do termo de vistoria de obras;

IX – informações acerca dos ônus que recaiam sobre o imóvel;

X – o número do registro do loteamento ou do desmembramento, a matrícula do imóvel e a identificação do cartório de registro de imóveis competente;

XI – o termo final para a execução do projeto referido no § 1º do art. 12 desta Lei e a data do protocolo do pedido de emissão do termo de vistoria de obras.

§ 1º Identificada a ausência de quaisquer das informações previstas no *caput* deste artigo, será concedido prazo de 30 (trinta) dias para aditamento do contrato e saneamento da omissão, findo o qual, essa omissão, se não sanada, caracterizará justa causa para rescisão contratual por parte do adquirente.

§ 2º A efetivação das consequências do desfazimento do contrato, mencionadas no inciso V do *caput* deste artigo, dependerá de anuência prévia e específica do adquirente a seu respeito, mediante assinatura junto a essas cláusulas, que deverão ser redigidas conforme o disposto no § 4º do art. 54 da Lei 8.078, de 11 de setembro de 1990 (Código de Defesa do Consumidor).

Art. 27. Se aquele que se obrigou a concluir contrato de promessa de venda ou de cessão não cumprir a obrigação, o credor poderá notificar o devedor para outorga do contrato ou oferecimento de impugnação no prazo de quinze dias, sob pena de proceder-se ao registro do pré-contrato, passando as relações entre as partes a serem regidas pelo contrato padrão.

> *Art. 18, VI, desta Lei.*

§ 1º Para fins deste artigo, terão o mesmo valor de pré-contrato a promessa de cessão, a proposta de compra, a reserva de lote ou qualquer outro instrumento, do qual conste a manifestação da vontade das partes, a indicação do lote, o preço e modo de pagamento, e a promessa de contratar.

§ 2º O registro de que trata este artigo não será procedido se a parte que o requereu não comprovar haver cumprido a sua prestação, nem a oferecer na forma devida, salvo se ainda não exigível.

§ 3º Havendo impugnação daquele que se comprometeu a concluir o contrato, observar-se-á o disposto nos artigos 639 e 640 do Código de Processo Civil.

> *Art. 272 do CPC.*

Art. 28. Qualquer alteração ou cancelamento parcial do loteamento registrado dependerá de acordo entre o loteador e os adquirentes de lotes atingidos pela alteração, bem como da aprovação pela Prefeitura Municipal, ou do Distrito Federal quando for o caso, devendo ser depositada no Registro de Imóveis, em complemento ao projeto original, com a devida averbação.

> *Art. 246,* caput, *da Lei 6.015/1973 (Registros Públicos).*

Art. 29. Aquele que adquirir a propriedade loteada mediante ato *inter vivos*, ou por sucessão *causa mortis*, sucederá o transmitente em todos os seus direitos e obrigações, ficando obrigado a respeitar os compromissos de compra e venda ou as promessas de cessão, em todas as suas cláusulas, sendo nula qualquer disposição em contrário, ressalvado o direito do herdeiro ou legatário de renunciar à herança ou ao legado.

Art. 30. A sentença declaratória de falência ou da insolvência de qualquer das partes não rescindirá os contratos de compromisso de compra e venda ou de promessa de cessão que tenham por objeto a área loteada ou lotes da mesma. Se a falência ou insolvência for do proprietário da área loteada ou do titular de direito sobre ela, incumbirá ao síndico ou ao administrador dar cumprimento aos referidos contratos; se do adquirente do lote, seus direitos serão levados à praça.

> *Arts. 21 a 25 da Lei 11.101/2005 (Recuperação de empresas e falências).*

> *Art. 751 do CPC.*

Art. 31. O contrato particular pode ser transferido por simples trespasse, lançado no verso das vias em poder das partes, ou por instrumento em separado, declarando-se o número do registro do loteamento, o valor da cessão e a qualificação do cessionário para o devido registro.

> *Art. 13 do Dec.-lei 58/1937 (Loteamento e a venda de terrenos para pagamento em prestações).*

§ 1º A cessão independe da anuência do loteador, mas, em relação a este, seus efeitos só se produzem depois de cientificado, por escrito, pelas partes ou quando registrada a cessão.

§ 2º Uma vez registrada a cessão, feita sem anuência do loteador, o oficial do registro dar-lhe-á ciência, por escrito, dentro de dez dias.

> *Art. 13 do Dec.-Lei 58/1937 (Loteamento e a venda de terrenos para pagamento em prestações).*

Art. 32. Vencida e não paga a prestação, o contrato será considerado rescindido trinta dias depois de constituído em mora o devedor.

> *Dec.-Lei 745/1969 (Escrituras de compromisso de compra e venda de imóveis não loteados).*

§ 1º Para os fins deste artigo o devedor adquirente será intimado, a requerimento do credor, pelo oficial do registro de imóveis, a satisfazer as prestações vencidas e as que se vencerem até a data do pagamento, os juros convencionados e as custas de intimação.

> *Art. 49 desta Lei.*

§ 2º Purgada a mora, convalescerá o contrato.

§ 3º Com a certidão de não haver sido feito o pagamento em cartório, o vendedor requererá ao oficial do registro o cancelamento da averbação.

> *Art. 36, III, desta Lei.*

> *Art. 167, I-20, da Lei 6.015/1973 (Registros Públicos).*

Art. 32-A. Em caso de resolução contratual por fato imputado ao adquirente, respeitado o disposto no § 2º deste artigo, deverão ser restituídos os valores pagos por ele, atualizados com base no índice contratualmente estabelecido para a correção monetária das parcelas do preço do imóvel, podendo ser descontados dos valores pagos os seguintes itens:

> *Artigo e parágrafos acrescidos pela Lei 13.786/2018.*

I – os valores correspondentes à eventual fruição do imóvel, até o equivalente a 0,75% (setenta e cinco centésimos por cento) sobre o valor atualizado do contrato, cujo prazo será contado a partir da data da transmissão da posse do imóvel ao adquirente até sua restituição ao loteador;

II – o montante devido por cláusula penal e despesas administrativas, inclusive arras ou sinal, limitado a um desconto de 10% (dez por cento) do valor atualizado do contrato;

III – os encargos moratórios relativos às prestações pagas em atraso pelo adquirente;

IV – os débitos de impostos sobre a propriedade predial e territorial urbana, contribuições condominiais, associativas ou outras de igual natureza que sejam a estas equiparadas e tarifas vinculadas ao lote, bem como tributos, custas e emolumentos incidentes sobre a restituição e/ou rescisão;

V – a comissão de corretagem, desde que integrada ao preço do lote.

§ 1º O pagamento da restituição ocorrerá em até 12 (doze) parcelas mensais, com início após o seguinte prazo de carência:

I – em loteamentos com obras em andamento: no prazo máximo de 180 (cento e oitenta) dias após o prazo previsto em contrato para conclusão das obras;

II – em loteamentos com obras concluídas: no prazo máximo de 12 (doze) meses após a formalização da rescisão contratual.

§ 2º Somente será efetuado registro do contrato de nova venda se for comprovado o início da restituição do valor pago pelo vendedor ao titular do registro cancelado na forma e condições pactuadas no distrato, dispensada essa comprovação nos casos em que o adquirente não for localizado ou não tiver se manifestado, nos termos do art. 32 desta Lei.

§ 3º O procedimento previsto neste artigo não se aplica aos contratos e escrituras de compra e venda de lote sob a modalidade de alienação fiduciária nos termos da Lei nº 9.514, de 20 de novembro de 1997.

Art. 33. Se o credor das prestações se recusar a recebê-las ou furtar-se ao seu recebimento, será constituído em mora mediante notificação do oficial do registro de imóveis para vir receber as importâncias depositadas pelo devedor no próprio Registro de Imóveis. Decorridos quinze dias após o recebimento da intimação, considerar-se-á efetuado o pagamento, a menos que o credor impugne o depósito e, alegando inadimplemento do devedor, requeira a intimação deste para os fins do disposto no artigo 32 desta Lei.

> *Art. 49 desta Lei.*

Art. 34. Em qualquer caso de rescisão por inadimplemento do adquirente, as benfeitorias necessárias ou úteis por ele levadas a efeito no imóvel deverão ser indenizadas, sendo de nenhum efeito qualquer disposição contratual em contrário.

§ 1º Não serão indenizadas as benfeitorias feitas em desconformidade com o contrato ou com a lei.

> *§ 1º com redação pela Lei 13.786/2018.*

§ 2º No prazo de 60 (sessenta) dias, contado da constituição em mora, fica o loteador, na hipótese do *caput* deste artigo, obrigado a alienar o imóvel mediante leilão judicial ou extrajudicial, nos termos da Lei nº 9.514, de 20 de novembro de 1997.

> *§ 2º acrescido pela Lei 13.786/2018.*
> *Art. 38, § 1º, desta Lei.*
> *Arts. 96 e 97 do CC.*

Art. 35. Se ocorrer o cancelamento do registro por inadimplemento do contrato, e tiver sido realizado o pagamento de mais de 1/3 (um terço) do preço ajustado, o oficial do registro de imóveis mencionará esse fato e a quantia paga no ato do cancelamento, e somente será efetuado novo registro relativo ao mesmo lote, mediante apresentação do distrato assinado pelas partes e a comprovação do pagamento da parcela única ou da primeira parcela do montante a ser restituído ao adquirente, na forma do art. 32-A desta Lei, ao titular do registro cancelado, ou mediante depósito em dinheiro à sua disposição no registro de imóveis.

> *Redação do* caput *dada pela Lei 13.786/2018.*

§ 1º Ocorrendo o depósito a que se refere este artigo, o oficial do registro de imóveis intimará o interessado para vir recebê-lo no prazo de dez dias, sob pena de ser devolvido ao depositante.

§ 2º No caso de não ser encontrado o interessado, o oficial do registro de imóveis depositará a quantia em estabelecimento de crédito, segundo a ordem prevista no inciso I do artigo 666 do Código de Processo Civil, em conta com incidência de juros e correção monetária.

> *Art. 38, § 1º, desta Lei.*

§ 3º A obrigação de comprovação prévia de pagamento da parcela única ou da primeira parcela como condição para efetivação de novo registro, prevista no *caput* deste artigo, poderá ser dispensada se as partes convencionarem de modo diverso e de forma expressa no documento de distrato por elas assinado.

> *§ 3º acrescido pela Lei 13.786/2018.*

Art. 36. O registro do compromisso, cessão ou promessa de cessão só poderá ser cancelado:

I – por decisão judicial;

II – a requerimento conjunto das partes contratantes;

III – quando houver rescisão comprovada do contrato.

> *Art. 32, § 3º, desta Lei.*

Art. 36-A. As atividades desenvolvidas pelas associações de proprietários de imóveis, titulares de direitos ou moradores em loteamentos ou empreendimentos assemelhados, desde que não tenham fins lucrativos, bem como pelas entidades civis organizadas em função da solidariedade de interesses coletivos desse público com o objetivo de administração, conservação, manutenção, disciplina de utilização e convivência, visando à valorização dos imóveis que compõem o empreendimento, tendo em vista a sua natureza jurídica, vinculam-se, por critérios de afinidade, similitude e conexão, à atividade de administração de imóveis.

> *Artigo acrescido pela Lei 13.465/2017.*

Parágrafo único. A administração de imóveis na forma do *caput* deste artigo sujeita seus titulares à normatização e à disciplina constantes de seus atos constitutivos, cotizando-se na forma desses atos para suportar a consecução dos seus objetivos.

CAPÍTULO VIII
Disposições Gerais

Art. 37. É vedado vender ou prometer vender parcela de loteamento ou desmembramento não registrado.

> *Arts. 21, § 3º, 39, 46 e 50, par. ún., desta Lei.*

Art. 38. Verificado que o loteamento ou desmembramento não se acha registrado ou regularmente executado ou notificado pela Prefeitura Municipal, ou pelo Distrito Federal quando for o caso, deverá o adquirente do lote suspender o pagamento das prestações restantes e notificar o loteador para suprir a falta.

§ 1º Ocorrendo a suspensão do pagamento das prestações restantes, na forma do *caput* deste artigo, o adquirente efetuará o depósito das prestações devidas junto ao Registro de Imóveis competente, que as depositará em estabelecimento de crédito, segundo a ordem prevista no inciso I do artigo 666 do Código de Processo Civil, em conta com incidência de juros e correção monetária, cuja movimentação dependerá de prévia autorização judicial.

§ 2º A Prefeitura Municipal, ou Distrito Federal quando for o caso, ou o Ministério Público, poderá promover a notificação ao loteador prevista no *caput* deste artigo.

§ 3º Regularizado o loteamento pelo loteador, este promoverá judicialmente a autorização para levantar as prestações depositadas, com os acréscimos de correção monetária e juros, sendo necessária a citação da Prefeitura, ou do Distrito Federal quando for o caso, para integrar o processo judicial aqui previsto, bem como audiência do Ministério Público.

> *Art. 272 do CPC.*

§ 4º Após o reconhecimento judicial de regularidade do loteamento, o loteador notificará os adquirentes dos lotes, por intermédio do Registro de Imóveis competente, para que passem a pagar diretamente as prestações restantes, a contar da data da notificação.

§ 5º No caso de o loteador deixar de atender à notificação até o vencimento do prazo contratual, ou quando o loteamento ou desmembramento for regularizado pela Prefeitura Municipal, ou pelo Distrito Federal quando for o caso, nos termos do artigo 40 desta Lei, o loteador não poderá, a qualquer título, exigir o recebimento das prestações depositadas.

Art. 39. Será nula de pleno direito a cláusula de rescisão de contrato por inadimplemento do adquirente, quando o loteamento não estiver regularmente inscrito.

> *Art. 167, I-19, da Lei 6.015/1973 (Registros Públicos).*

Art. 40. A Prefeitura Municipal, ou o Distrito Federal quando for o caso, se desatendida pelo loteador a notificação, poderá regularizar loteamento ou desmembramento não autorizado ou executado sem observância das determinações do ato administrativo de licença, para evitar lesão aos seus padrões de desenvolvimento urbano e na defesa dos direitos dos adquirentes de lotes.

§ 1º A Prefeitura Municipal, ou o Distrito Federal quando for o caso, que promover a regularização, na forma deste artigo, obterá judicialmente o levantamento das prestações depositadas, com os respectivos acréscimos de correção monetária e juros, nos termos do § 1º do artigo 38 desta Lei, a título de ressarcimento das importâncias despendidas com equipamentos urbanos ou expropriações necessárias para regularizar o loteamento ou desmembramento.

§ 2º As importâncias despendidas pela Prefeitura Municipal, ou pelo Distrito Federal quando for o caso, para regularizar o loteamento ou desmembramento, caso não sejam integralmente ressarcidas conforme o disposto no parágrafo anterior, serão exigidas na parte faltante do loteador, aplicando-se o disposto no artigo 47 desta Lei.

§ 3º No caso de o loteador não cumprir o estabelecido no parágrafo anterior, a Prefeitura Municipal, ou o Distrito Federal quando for o caso, poderá receber as prestações dos adquirentes, até o valor devido.

§ 4º A Prefeitura Municipal, ou o Distrito Federal quando for o caso, para assegurar a regularização do loteamento ou desmembramento, bem como o ressarcimento integral de importâncias despendidas, ou a despender, poderá promover judicialmente os procedimentos cautelares necessários aos fins colimados.

§ 5º A regularização de um parcelamento pela Prefeitura Municipal, ou Distrito Federal, quando for o caso, não poderá contrariar o disposto nos arts. 3º e 4º desta Lei, ressalvado o disposto no § 1º desse último.

> *§ 5º acrescido pela Lei 9.785/1999.*

Art. 41. Regularizado o loteamento ou desmembramento pela Prefeitura Municipal, ou pelo Distrito Federal quando for o caso, o adquirente do lote, comprovando o depósito de todas as prestações do preço avençado, poderá obter o registro de propriedade do lote adquirido, valendo para tanto o compromisso de venda e compra devidamente firmado.

Art. 42. Nas desapropriações não serão considerados como loteados ou loteáveis, para fins de indenização, os terrenos ainda não vendidos ou compromissados, objeto de loteamento ou desmembramento não registrado.

Art. 43. Ocorrendo a execução de loteamento não aprovado, a destinação de áreas públicas exigidas no inciso I do artigo 4º desta Lei não se poderá alterar, sem prejuízo da aplicação das sanções administrativas, civis e criminais previstas.

> *Art. 50, I e II, desta Lei.*

Parágrafo único. Neste caso, o loteador ressarcirá a Prefeitura Municipal ou o Distrito Federal quando for o caso, em pecúnia ou em área equivalente, no dobro da diferença entre o total das áreas públicas exigidas e as efetivamente destinadas.

> *Parágrafo único acrescido pela Lei 9.785/1999.*

Art. 44. O Município, o Distrito Federal e o Estado poderão expropriar áreas urbanas ou de expansão urbana para reloteamento, demolição, reconstrução e incorporação, ressalvada a preferência dos expropriados para a aquisição de novas unidades.

Art. 45. O loteador, ainda que já tenha vendido todos os lotes, ou os vizinhos, são partes legítimas para promover ação destinada a impedir construção em desacordo com restrições legais ou contratuais.

> *Art. 934, I, do CPC.*

Art. 46. O loteador não poderá fundamentar qualquer ação ou defesa na presente Lei sem apresentação dos registros e contratos a que ela se refere.

Art. 47. Se o loteador integrar grupo econômico ou financeiro, qualquer pessoa física ou jurídica desse grupo, beneficiária de qualquer forma do loteamento ou desmembramento irregular, será solidariamente responsável pelos prejuízos por ele causados aos compradores de lotes e ao Poder Público.

> *Art. 40, §§ 2º e 3º, desta Lei.*

> *Arts. 275 a 285 do CC.*

Art. 48. O foro competente para os procedimentos judiciais previstos nesta Lei será sempre o da comarca da situação do lote.

> *Art. 95 do CPC.*

Art. 49. As intimações e notificações previstas nesta Lei deverão ser feitas pessoalmente ao intimado ou notificado, que assinará o comprovante do recebimento, e poderão igualmente ser promovidas por meio dos Cartórios de Registro de Títulos e Documentos da comarca da situação do imóvel ou do domicílio de quem deva recebê-las.

> *Arts. 32, § 1º, e 33 desta Lei.*

§ 1º Se o destinatário se recusar a dar recibo ou se furtar ao recebimento, ou se for desconhecido o seu paradeiro, o funcionário incumbido da diligência informará esta circunstância ao oficial competente que a certificará, sob sua responsabilidade.

§ 2º Certificada a ocorrência dos fatos mencionados no parágrafo anterior, a intimação ou notificação será feita por edital na forma desta Lei, começando o prazo a correr dez dias após a última publicação.

> *Art. 19, § 3º, desta Lei.*

> *Art. 14, § 3º, 2ª parte, do Dec.-lei 3.079/1938 (Regulamentação do Dec. 58/1937).*

CAPÍTULO IX
Disposições Penais

Art. 50. Constitui crime contra a Administração Pública:

I – dar início, de qualquer modo, ou efetuar loteamento ou desmembramento do solo para fins urbanos sem autorização do órgão público competente, ou em desacordo com as disposições desta Lei ou das normas pertinentes do Distrito Federal, Estados e Municípios;

> *Art. 6º desta Lei.*

II – dar início, de qualquer modo, ou efetuar loteamento ou desmembramento do solo para fins urbanos sem observância das determinações constantes do ato administrativo de licença;

III – fazer, ou veicular em proposta, contrato, prospecto ou comunicação ao público ou a interessados, afirmação falsa sobre a legalidade de loteamento ou desmembramento do solo para fins urbanos, ou ocultar fraudulentamente fato a ele relativo.

Pena: Reclusão, de um a quatro anos, e multa de cinco a cinquenta vezes o maior salário mínimo vigente no País.

> *Art. 2º da Lei 6.205/1975 (Descaracterização do salário mínimo como fator de correção monetária).*

Parágrafo único. O crime definido neste artigo é qualificado, se cometido:

I – por meio de venda, promessa de venda, reserva de lote ou quaisquer outros instrumentos que manifestem a intenção de vender lote em loteamento ou desmembramento não registrado no registro de imóveis competente;

II – com inexistência de título legítimo de propriedade do imóvel loteado ou desmembrado, ressalvado o disposto no art. 18, §§ 4º e 5º, desta Lei, ou com omissão fraudulenta de fato a ele relativo, se o fato não constituir crime mais grave.

> *Inciso II com redação pela Lei 9.785/1999.*

Pena: Reclusão, de um a cinco anos, e multa de dez a cem vezes o maior salário mínimo vigente no País.

Art. 51. Quem, de qualquer modo, concorra para a prática dos crimes previstos no artigo anterior desta Lei incide nas penas a estes cominadas, considerados em especial os atos praticados na qualidade de mandatário de loteador, diretor ou gerente de sociedade.

> *Art. 20 da Lei 6.530/1978 (Regulamentação à profissão de Corretor de Imóveis).*

> *Dec. 81.871/1978 (Regulamentação da Lei 6.530/1978).*

Parágrafo único. *Vetado.*

> *Parágrafo único acrescido pela Lei 9.785/1999.*

Art. 52. Registrar loteamento ou desmembramento não aprovado pelos órgãos competentes, registrar o compromisso de compra e venda, a cessão ou promessa de cessão de direitos, ou efetuar registro de contrato de venda de loteamento ou desmembramento não registrado.

Pena: Detenção, de um a dois anos, e multa de cinco a cinquenta vezes o maior salário mínimo vigente no País, sem prejuízo das sanções administrativas cabíveis.

CAPÍTULO X
Disposições Finais

Art. 53. Todas as alterações de uso do solo rural para fins urbanos dependerão de prévia audiência do Instituto Nacional de Colonização e Reforma Agrária – INCRA, do órgão metropolitano, se houver, onde se localiza o Município, e da aprovação da Prefeitura Municipal, ou do Distrito Federal quando for o caso, segundo as exigências da legislação pertinente.

Art. 53-A. São considerados de interesse público os parcelamentos vinculados a planos ou programas habitacionais de iniciativa das Prefeituras Municipais e do Distrito Federal, ou entidades autorizadas por lei, em especial as regularizações de parcelamentos e de assentamentos.

Parágrafo único. Às ações e intervenções de que trata este artigo não será exigível documentação que não seja a mínima necessária e indispensável aos registros no cartório competente, inclusive sob a forma de certidões, vedadas as exigências e as sanções pertinentes aos particulares, especialmente aquelas que visem garantir a realização de obras e serviços, ou que visem prevenir questões de domínio de glebas, que se presumirão asseguradas pelo Poder Público respectivo.

> *Artigo acrescido pela Lei 9.785/1999.*

Art. 54. Esta Lei entrará em vigor na data de sua publicação.

Art. 55. Revogam-se as disposições em contrário.

Brasília, em 19 de dezembro de 1979; 158º da Independência e 91o da República.

JOÃO FIGUEIREDO

LEI 8.137, DE 27 DE DEZEMBRO DE 1990[3]

Define crimes contra a ordem tributária, econômica e contra as relações de consumo, e dá outras providências.

O Presidente da República, Faço saber que o Congresso Nacional decreta e eu sanciono a seguinte lei:

---

[3] *DOU* de 28-12-1990. A Lei nº 9.249/ 95 dispõe: "Art. 34. Extingue-se a punibilidade dos crimes definidos na Lei nº 8.137, de 27 de dezembro de 1990, e na Lei nº 4.729, de 14 de julho de 1965, quando o agente promover o pagamento do tributo ou contribuição social, inclusive acessórios, antes do recebimento da denúncia."

CAPÍTULO I
Dos crimes contra a ordem tributária

Seção I
Dos crimes praticados por particulares

Art. 1º Constitui crime contra a ordem tributária suprimir ou reduzir tributo, ou contribuição social e qualquer acessório, mediante as seguintes condutas:

I – omitir informação, ou prestar declaração falsa às autoridades fazendárias;

II – fraudar a fiscalização tributária, inserindo elementos inexatos, ou omitindo operação de qualquer natureza, em documento ou livro exigido pela lei fiscal;

III – falsificar ou alterar nota fiscal, fatura, duplicata, nota de venda, ou qualquer outro documento relativo à operação tributável;

IV – elaborar, distribuir, fornecer, emitir ou utilizar documento que saiba ou deva saber falso ou inexato;

V – negar ou deixar de fornecer, quando obrigatório, nota fiscal ou documento equivalente, relativa a venda de mercadoria ou prestação de serviço, efetivamente realizada, ou fornecê-la em desacordo com a legislação.

Pena – reclusão de 2 (dois) a 5 (cinco) anos, e multa.

Parágrafo único. A falta de atendimento da exigência da autoridade, no prazo de 10 (dez) dias, que poderá ser convertido em horas em razão da maior ou menor complexidade da matéria ou da dificuldade quanto ao atendimento da exigência, caracteriza a infração prevista no inciso V.

Art. 2º Constitui crime da mesma natureza:[4]

I – fazer declaração falsa ou omitir declaração sobre rendas, bens ou fatos, ou empregar outra fraude, para eximir-se, total ou parcialmente, de pagamento de tributo;

II – deixar de recolher, no prazo legal, valor de tributo ou de contribuição social, descontado ou cobrado, na qualidade de sujeito passivo de obrigação e que deveria recolher aos cofres públicos;

III – exigir, pagar ou receber, para si ou para o contribuinte beneficiário, qualquer percentagem sobre a parcela dedutível ou deduzida de imposto ou de contribuição como incentivo fiscal;

IV – deixar de aplicar, ou aplicar em desacordo com o estatuído, incentivo fiscal ou parcelas de imposto liberadas por órgão ou entidade de desenvolvimento;

V – utilizar ou divulgar programa de processamento de dados que permita ao sujeito passivo da obrigação tributária possuir informação contábil diversa daquela que é, por lei, fornecida à Fazenda Pública.

Pena – detenção, de 6 (seis) meses a 2 (dois) anos, e multa.

Seção II
Dos crimes praticados por funcionários públicos

Art. 3º Constitui crime funcional contra a ordem tributária, além dos previstos no Decreto-Lei nº 2.848, de 7 de dezembro de 1940 – Código Penal (Título XI, Capítulo I):

I – extraviar livro oficial, processo fiscal ou qualquer documento, de que tenha a guarda em razão da função; sonegá-lo, ou inutilizá-lo, total ou parcialmente, acarretando pagamento indevido ou inexato de tributo ou contribuição social;

II – exigir, solicitar ou receber, para si ou para outrem, direta ou indiretamente, ainda que fora da função ou antes de iniciar seu exercício, mas em razão dela, vantagem indevida; ou aceitar promessa de tal

[4] A Lei nº 9.964/00 dispõe: "Art. 15. É suspensa a pretensão punitiva do Estado, referente aos crimes previstos nos arts. 1º e 2º da Lei nº 8.137, de 27 de dezembro de 1990, e no art. 95 da Lei nº 8.212, de 24 de julho de 1991, durante o período em que a pessoa jurídica relacionada com o agente dos aludidos crimes estiver incluída no Refis, desde que a inclusão no referido Programa tenha ocorrido antes do recebimento da denúncia criminal."

vantagem, para deixar de lançar ou cobrar tributo ou contribuição social, ou cobrá-los parcialmente. Pena – reclusão, de 3 (três) a 8 (oito) anos, e multa;

III – patrocinar, direta ou indiretamente, interesse privado perante a administração fazendária, valendo-se da qualidade de funcionário público. Pena – reclusão, de 1 (um) a 4 (quatro) anos, e multa.

CAPÍTULO II
Dos crimes contra a economia e as relações de consumo

Art. 4º Constitui crime contra a ordem econômica:

I – abusar do poder econômico, dominando o mercado ou eliminando, total ou parcialmente, a concorrência mediante qualquer forma de ajuste ou acordo de empresas;

> *Inciso I com redação dada pela Lei nº 12.529, de 30 de novembro de 2011.*

> O texto anterior dispunha:

"I – abusar do poder econômico, dominando o mercado ou eliminando, total ou parcialmente, a concorrência mediante:"

a) a *f*) (Revogadas pela Lei nº 12.529, de 30 de novembro de 2011).

> O texto revogado dispunha:

"a) ajuste ou acordo de empresas;

b) aquisição de acervos de empresas ou cotas, ações, títulos ou direitos;

c) coalizão, incorporação, fusão ou integração de empresas;

d) concentração de ações, títulos, cotas, ou direitos em poder de empresa, empresas coligadas ou controladas, ou pessoas físicas;

e) cessação parcial ou total das atividades da empresa;

f) impedimento à constituição, funcionamento ou desenvolvimento de empresa concorrente."

II – formar acordo, convênio, ajuste ou aliança entre ofertantes, visando:

a) à fixação artificial de preços ou quantidades vendidas ou produzidas;

b) ao controle regionalizado do mercado por empresa ou grupo de empresas;

c) ao controle, em detrimento da concorrência, de rede de distribuição ou de fornecedores.

Pena – reclusão, de 2 (dois) a 5 (cinco) anos e multa.

> *Inciso II e alíneas com redação dada pela Lei 12.529, de 30 de novembro de 2011.*

> O texto revogado dispunha:

"II – formar acordo, convênio, ajuste ou aliança entre ofertantes, visando:

a) à fixação artificial de preços ou quantidades vendidas ou produzidas;

b) ao controle regionalizado do mercado por empresa ou grupo de empresas;

c) ao controle, em detrimento da concorrência, de rede de distribuição ou de fornecedores."

III – (Revogado pela Lei nº 12.529, de 30 de novembro de 2011);

> O texto revogado dispunha:

"III – discriminar preços de bens ou de prestação de serviços por ajustes ou acordo de grupo econômico, com o fim de estabelecer monopólio, ou de eliminar, total ou parcialmente, a concorrência;"

IV – (Revogado pela Lei nº 12.529, de 30 de novembro de 2011);

> O texto revogado dispunha:

"IV – açambarcar, sonegar, destruir ou inutilizar bens de produção ou de consumo, com o fim de estabelecer monopólio ou de eliminar, total ou parcialmente, a concorrência;"

V – (Revogado pela Lei nº 12.529, de 30 de novembro de 2011);

> O texto revogado dispunha:

"V – provocar oscilação de preços em detrimento de empresa concorrente ou vendedor de matéria-prima, mediante ajuste ou acordo, ou por outro meio fraudulento;"

VI – (Revogado pela Lei nº 12.529, de 30 de novembro de 2011);

> O texto revogado dispunha:

"VI – vender mercadorias abaixo do preço de custo, com o fim de impedir a concorrência;"

VII – (Revogado pela Lei nº 12.529, de 30 de novembro de 2011).

> O texto revogado dispunha:

"VII – elevar sem justa causa o preço de bem ou serviço, valendo-se de posição dominante no mercado. Pena – reclusão, de 2 (dois) a 5 (cinco) anos, ou multa."

Art. 5º (Revogado pela Lei nº 12.529, de 30 de novembro de 2011)

> O texto revogado dispunha:

"Art. 5º Constitui crime da mesma natureza:

I – exigir exclusividade de propaganda, transmissão ou difusão de publicidade, em detrimento de concorrência;

II – subordinar a venda de bem ou a utilização de serviço à aquisição de outro bem, ou ao uso de determinado serviço;

III – sujeitar a venda de bem ou a utilização de serviço à aquisição de quantidade arbitrariamente determinada;

IV – recusar-se, sem justa causa, o diretor, administrador, ou gerente de empresa a prestar à autoridade competente ou prestá-la de modo inexato, informando sobre o custo de produção ou preço de venda.

Pena – detenção, de 2 (dois) a 5 (cinco) anos, ou multa.

Parágrafo único. A falta de atendimento da exigência da autoridade, no prazo de 10 (dez) dias, que poderá ser convertido em horas em razão da maior ou menor complexidade da matéria ou da dificuldade quanto ao atendimento da exigência, caracteriza a infração prevista no inciso IV."

Art. 6º (Revogado pela Lei nº 12.529, de 30 de novembro de 2011)

> O texto revogado dispunha:

"Art. 6º Constitui crime da mesma natureza:

I – vender ou oferecer à venda mercadoria, ou contratar ou oferecer serviço, por preço superior ao oficialmente tabelado, ao regime legal de controle;

II – aplicar fórmula de reajustamento de preços ou indexação de contrato proibida, ou diversa daquela que for legalmente estabelecida, ou fixada por autoridade competente;

III – exigir, cobrar ou receber qualquer vantagem ou importância adicional de preço tabelado, congelado, administrado, fixado ou controlado pelo Poder Público, inclusive por meio da adoção ou de aumento de taxa ou outro percentual, incidente sobre qualquer contratação.

Pena – detenção, de 1 (um) a 4 (quatro) anos, ou multa."

Art. 7º Constitui crime contra as relações de consumo:

I – favorecer ou preferir, sem justa causa, comprador ou freguês, ressalvados os sistemas de entrega ao consumo por intermédio de distribuidores ou revendedores;

II – vender ou expor à venda mercadoria cuja embalagem, tipo, especificação, peso ou composição esteja em desacordo com as prescrições legais, ou que não corresponda à respectiva classificação oficial;

III – misturar gêneros e mercadorias de espécies diferentes, para vendê-los ou expô-los à venda como puros; misturar gêneros e mercadorias de qualidades desiguais para vendê-los ou expô-los à venda por preço estabelecido para os demais mais alto custo;

IV – fraudar preços por meio de:

a) alteração, sem modificação essencial ou de qualidade, de elementos tais como denominação, sinal externo, marca, embalagem, especificação técnica, descrição, volume, peso, pintura ou acabamento de bem ou serviço;

b) divisão em partes de bem ou serviço, habitualmente oferecido à venda em conjunto;

c) junção de bens ou serviços, comumente oferecidos à venda em separado;

d) aviso de inclusão de insumo não empregado na produção do bem ou na prestação dos serviços;

V – elevar o valor cobrado nas vendas a prazo de bens ou serviços, mediante a exigência de comissão ou de taxa de juros ilegais;

VI – sonegar insumos ou bens, recusando-se a vendê-los a quem pretenda comprá-los nas condições publicamente ofertadas, ou retê-los para o fim de especulação;

VII – induzir o consumidor ou usuário a erro, por via de indicação ou afirmação falsa ou enganosa sobre a natureza, qualidade do bem ou serviço, utilizando-se de qualquer meio, inclusive a veiculação ou divulgação publicitária;

VIII – destruir, inutilizar ou danificar matéria-prima ou mercadoria, com o fim de provocar alta de preço, em proveito próprio ou de terceiros;

IX – vender, ter em depósito para vender ou expor à venda ou, de qualquer forma, entregar matéria-prima ou mercadoria, em condições impróprias ao consumo;

Pena – detenção, de 2 (dois) a 5 (cinco) anos, ou multa.

Parágrafo único. Nas hipóteses dos incisos II, III e IX pune-se a modalidade culposa, reduzindo-se a pena e a detenção de 1/3 (um terço) ou a de multa à quinta parte.

CAPÍTULO III
Das Multas

Art. 8º Nos crimes definidos nos arts. 1º a 3º desta lei, a pena de multa será fixada entre 10 (dez) e 360 (trezentos e sessenta) dias-multa, conforme seja necessário e suficiente para reprovação e prevenção do crime.

Parágrafo único. O dia-multa será fixado pelo juiz em valor não inferior a 14 (quatorze) nem superior a 200 (duzentos) Bônus do Tesouro Nacional BTN.

Art. 9º A pena de detenção ou reclusão poderá ser convertida em multa de valor equivalente a:

I – 200.000 (duzentos mil) até 5.000.000 (cinco milhões) de BTN, nos crimes definidos no art. 4º;

II – 5.000 (cinco mil) até 200.000 (duzentos mil) BTN, nos crimes definidos nos arts. 5º e 6º;

III – 50.000 (cinquenta mil) até 1.000.000 (um milhão de BTN), nos crimes definidos no art. 7º.

Art. 10. Caso o juiz, considerado o ganho ilícito e a situação econômica do réu, verifique a insuficiência ou excessiva onerosidade das penas pecuniárias previstas nesta lei, poderá diminuí-las até a décima parte ou elevá-las ao décuplo.

CAPÍTULO IV
Das disposições gerais

Art. 11. Quem, de qualquer modo, inclusive por meio de pessoa jurídica, concorre para os crimes definidos nesta lei, incide nas penas a estes cominadas, na medida de sua culpabilidade.

Parágrafo único. Quando a venda ao consumidor for efetuada por sistema de entrega ao consumo ou por intermédio de outro em que o preço ao consumidor é estabelecido ou sugerido pelo fabricante ou concedente, o ato por este praticado não alcança o distribuidor ou revendedor.

Art. 12. São circunstâncias que podem agravar de 1/3 (um terço) até a metade as penas previstas nos arts. 1º, 2º e 4º a 7º:

I – ocasionar grave dano à coletividade;

II – ser o crime cometido por servidor público no exercício de suas funções;

III – ser o crime praticado em relação à prestação de serviços ou ao comércio de bens essenciais à vida ou à saúde.

Art. 13. (Vetado).

Art. 14. (Revogado pela Lei nº 8.383, de 30 de dezembro de 1991)

> O texto revogado dispunha:

"Art. 14. Extingue-se a punibilidade dos crimes definidos nos arts. 1º a 3º quando o agente promover o pagamento de tributo ou contribuição social, inclusive acessórios, antes do recebimento da denúncia."

Art. 15. Os crimes previstos nesta lei são de ação penal pública, aplicando-se-lhes o disposto no art. 100 do Decreto-Lei nº 2.848, de 7 de dezembro de 1940 – Código Penal.

Art. 16. Qualquer pessoa poderá provocar a iniciativa do Ministério Público nos crimes descritos nesta lei, fornecendo-lhe por escrito informações sobre o fato e a autoria, bem como indicando o tempo, o lugar e os elementos de convicção.

Parágrafo único. Nos crimes previstos nesta Lei, cometidos em quadrilha ou co-autoria, o co-autor ou partícipe que através de confissão espontânea revelar à autoridade policial ou judicial toda a trama delituosa terá a sua pena reduzida de um a dois terços.

> Parágrafo único *acrescentado pela Lei nº 9.080, de 19 de julho de 1995.*

Art. 17. Compete ao Departamento Nacional de Abastecimento e Preços, quando e se necessário, providenciar a desapropriação de estoques, a fim de evitar crise no mercado ou colapso no abastecimento.

Art. 18. (Revogado pela Lei nº 8.176, de 8-2-1991)

Art. 19. O *caput* do art. 172 do Decreto-Lei nº 2.848, de 7 de dezembro de 1940 – Código Penal, passa a ter a seguinte redação:

> "Art. 172. Emitir fatura, duplicata ou nota de venda que não corresponda à mercadoria vendida, em quantidade ou qualidade, ou ao serviço prestado.

Pena – detenção, de 2 (dois) a 4 (quatro) anos, e multa."

Art. 20. O § 1º do art. 316 do Decreto-Lei nº 2.848, de 7 de dezembro de 1940 – Código Penal, passa a ter a seguinte redação:

> "Art. 316. [...]

§ 1º Se o funcionário exige tributo ou contribuição social que sabe ou deveria saber indevido, ou, quando devido, emprega na cobrança meio vexatório ou gravoso, que a lei não autoriza;

Pena – reclusão, de 3 (três) a 8 (oito) anos, e multa."

Art. 21. O art. 318 do Decreto-Lei nº 2.848, de 7 de dezembro de 1940 – Código Penal, quanto à fixação da pena, passa a ter a seguinte redação:

> "Art. 318. [...]
> *Pena – reclusão, de 3 (três) a 8 (oito) anos, e multa."*

Art. 22. Esta lei entra em vigor na data de sua publicação.

Art. 23. Revogam-se as disposições em contrário e, em especial, o art. 279 do Decreto-Lei nº 2.848, de 7 de dezembro de 1940 – Código Penal.

Brasília, 27 de dezembro de 1990; 169º da Independência e 102º da República.

FERNANDO COLLOR

LEI 8.987, DE 13 DE FEVEREIRO DE 1995[5]

Dispõe sobre o regime de concessão e permissão da prestação de serviços públicos previsto no art. 175 da Constituição Federal, e dá outras providências.

O Presidente da República. Faço saber que o Congresso Nacional decreta e eu sanciono a seguinte Lei:

(...)

CAPÍTULO III
Dos Direitos e Obrigações dos Usuários

Art. 7º Sem prejuízo do disposto na Lei no 8.078, de 11 de setembro de 1990, são direitos e obrigações dos usuários:

I – receber serviço adequado;

II – receber do poder concedente e da concessionária informações para a defesa de interesses individuais ou coletivos;

III – obter e utilizar o serviço, com liberdade de escolha entre vários prestadores de serviços, quando for o caso, observadas as normas do poder concedente.

> *Inciso III com redação dada pela Lei nº 9.648, de 27 de maio de 1998.*

IV – levar ao conhecimento do poder público e da concessionária as irregularidades de que tenham conhecimento, referentes ao serviço prestado;

V – comunicar às autoridades competentes os atos ilícitos praticados pela concessionária na prestação do serviço;

VI – contribuir para a permanência das boas condições dos bens públicos através dos quais lhes são prestados os serviços.

Art. 7º-A. As concessionárias de serviços públicos, de direito público e privado, nos Estados e no Distrito Federal, são obrigadas a oferecer ao consumidor e ao usuário, dentro do mês de vencimento, o mínimo de seis datas opcionais para escolherem os dias de vencimento de seus débitos.

Parágrafo único. (VETADO)

> *Art. 7º-A e parágrafo único acrescentados pela Lei nº 9.791, de 24 de março de 1999.*

CAPÍTULO IV
Da Política Tarifária

Art. 8º (VETADO)

Art. 9º A tarifa do serviço público concedido será fixada pelo preço da proposta vencedora da licitação e preservada pelas regras de revisão previstas nesta Lei, no edital e no contrato.

§ 1º A tarifa não será subordinada à legislação específica anterior e somente nos casos expressamente previstos em lei, sua cobrança poderá ser condicionada à existência de serviço público alternativo e gratuito para o usuário.

> *§ 1º com redação dada pela Lei nº 9.648, de 27 de maio de 1998.*

§ 2º Os contratos poderão prever mecanismos de revisão das tarifas, a fim de

[5] *DOU* de 14-2-1995. Republicado no *DOU* de 28-9-1998.

manter-se o equilíbrio econômico-financeiro.

§ 3º Ressalvados os impostos sobre a renda, a criação, alteração ou extinção de quaisquer tributos ou encargos legais, após a apresentação da proposta, quando comprovado seu impacto, implicará a revisão da tarifa, para mais ou para menos, conforme o caso.

§ 4º Em havendo alteração unilateral do contrato que afete o seu inicial equilíbrio econômico-financeiro, o poder concedente deverá restabelecê-lo, concomitantemente à alteração.

§ 5º A concessionária deverá divulgar em seu sítio eletrônico, de forma clara e de fácil compreensão pelos usuários, tabela com o valor das tarifas praticadas e a evolução das revisões ou reajustes realizados nos últimos cinco anos.

> *§ 5º acrescido pela Lei 13.673/2018.*

Art. 10. Sempre que forem atendidas as condições do contrato, considera-se mantido seu equilíbrio econômico-financeiro.

Art. 11. No atendimento às peculiaridades de cada serviço público, poderá o poder concedente prever, em favor da concessionária, no edital de licitação, a possibilidade de outras fontes provenientes de receitas alternativas, complementares, acessórias ou de projetos associados, com ou sem exclusividade, com vistas a favorecer a modicidade das tarifas, observado o disposto no art. 17 desta Lei.

Parágrafo único. As fontes de receita previstas neste artigo serão obrigatoriamente consideradas para a aferição do inicial equilíbrio econômico-financeiro do contrato.

Art. 12. (VETADO)

Art. 13. As tarifas poderão ser diferenciadas em função das características técnicas e dos custos específicos provenientes do atendimento aos distintos segmentos de usuários.

(...)

CAPÍTULO XII
Disposições Finais e Transitórias

(...)

Art. 46. Esta Lei entra em vigor na data de sua publicação.

Art. 47. Revogam-se as disposições em contrário.

Brasília, 13 de fevereiro de 1995; 174º da Independência e 107º da República.

FERNANDO HENRIQUE CARDOSO

LEI 9.008, DE 21 DE MARÇO DE 1995[6]

Cria, na estrutura organizacional do Ministério da Justiça, o Conselho Federal de que trata o art. 13 da Lei nº 7.347, de 24 de julho de 1985, altera os arts. 4º, 39, 82, 91 e 98 da Lei nº 8.078, de 11 de setembro de 1990, e dá outras providências.

Faço saber que o Presidente da República adotou a Medida Provisória nº 913, de 1995, que o Congresso Nacional aprovou, e eu, José Sarney, Presidente, para os efeitos do disposto no parágrafo único do art. 62 da Constituição Federal, promulgo a seguinte Lei:

Art. 1º Fica criado, no âmbito da estrutura organizacional do Ministério da Justiça, o Conselho Federal Gestor do Fundo de Defesa de Direitos Difusos (CFDD).

§ 1º O Fundo de Defesa de Direitos Difusos (FDD), criado pela Lei nº 7.347, de 24 de julho de 1985, tem por finalidade a reparação dos danos causados ao meio ambiente, ao consumidor, a bens e direitos de valor artístico, estético, histórico, turístico, paisagístico, por infração à ordem

[6] *DOU* de 22-3-1995.

econômica e a outros interesses difusos e coletivos.

§ 2º Constituem recursos do FDD o produto da arrecadação:

I – das condenações judiciais de que tratam os arts. 11 e 13 da Lei nº 7.347, de 1985;

II – (Revogado pela Lei nº 13.146, de 06 de Julho de 2015)

III – dos valores destinados à União em virtude da aplicação da multa prevista no art. 57 e seu parágrafo único e do produto da indenização prevista no art. 100, parágrafo único, da Lei nº 8.078, de 11 de setembro de 1990;

IV – das condenações judiciais de que trata o § 2º do art. 2º da Lei nº 7.913, de 7 de dezembro de 1989;

V – das multas referidas no art. 84 da Lei nº 8.884, de 11 de junho de 1994;

> *Lei nº 8.884/94, revogada pela Lei nº 12.529/11.*
> *Art. 28, § 3º da Lei nº 12.529/11.*

VI – dos rendimentos auferidos com a aplicação dos recursos do Fundo;

VII – de outras receitas que vierem a ser destinadas ao Fundo;

VIII – de doações de pessoas físicas ou jurídicas, nacionais ou estrangeiras.

§ 3º Os recursos arrecadados pelo FDD serão aplicados na recuperação de bens, na promoção de eventos educativos, científicos e na edição de material informativo especificamente relacionados com a natureza da infração ou do dano causado, bem como na modernização administrativa dos órgãos públicos responsáveis pela execução das políticas relativas às áreas mencionadas no § 1º deste artigo.

Art. 2º O CFDD, com sede em Brasília, será integrado pelos seguintes membros:

I – um representante da Secretaria de Direito Econômico do Ministério da Justiça, que o presidirá;

II – um representante do Ministério do Meio Ambiente, dos Recursos Hídricos e da Amazônia Legal;

III – um representante do Ministério da Cultura;

IV – um representante do Ministério da Saúde vinculado à área de vigilância sanitária;

V – um representante do Ministério da Fazenda;

VI – um representante do Conselho Administrativo de Defesa Econômica – CADE;

VII – um representante do Ministério Público Federal;

VIII – três representantes de entidades civis que atendam aos pressupostos dos incisos I e II do art. 5º da Lei nº 7.347, de 1985.

Art. 3º Compete ao CFDD:

I – zelar pela aplicação dos recursos na consecução dos objetivos previstos nas Leis nºs 7.347, de 1985, 7.853, de 1989, 7.913, de 1989, 8.078, de 1990, e 8.884, de 1994, no âmbito do disposto no § 1º do art. 1º desta Lei;

II – aprovar e firmar convênios e contratos objetivando atender ao disposto no inciso I deste artigo;

III – examinar e aprovar projetos de reconstituição de bens lesados, inclusive os de caráter científico e de pesquisa;

IV – promover, por meio de órgãos da administração pública e de entidades civis interessadas, eventos educativos ou científicos;

V – fazer editar, inclusive em colaboração com órgãos oficiais, material informativo sobre as matérias mencionadas no § 1º do art. 1º desta Lei;

VI – promover atividades e eventos que contribuam para a difusão da cultura, da proteção ao meio ambiente, do consumidor, da livre concorrência, do patrimônio histórico, artístico, estético, turístico, paisagístico e de outros interesses difusos e coletivos;

VII – examinar e aprovar os projetos de modernização administrativa a que se refere o § 3º do art. 1º desta Lei.

Art. 4º Fica o Poder Executivo autorizado a regulamentar o funcionamento do CFDD.

Art. 5º Para a primeira composição do CFDD, o Ministro da Justiça disporá sobre os critérios de escolha das entidades a que se refere o inciso VIII do art. 2º desta Lei, observando, dentre outros, a representatividade e a efetiva atuação na tutela do interesse estatutariamente previsto.

Art. 6º O § 2º do art. 2º da Lei nº 7.913, de 1989, passa a vigorar com a seguinte redação:[7]

(...)

Art. 7º Os arts. 4º, 39, 82, 91 e 98 da Lei nº 8.078, de 1990, que "Dispõe sobre a proteção do consumidor e dá outras providências", passam a vigorar com a seguinte redação:[5]

(...)

Art. 8º Ficam convalidados os atos praticados com base na Medida Provisória nº 854, de 26 de janeiro de 1995.

Art. 9º Esta Lei entra em vigor na data de sua publicação.

Senado Federal, em 21 de março de 1995; 174º da Independência e 107º da República.

SENADOR JOSÉ SARNEY

Presidente do Congresso Nacional

DECRETO DE 28 DE SETEMBRO DE 1995[8]

Cria a Comissão Nacional Permanente de Defesa do Consumidor, e dá outras providências.

O Presidente da República, no uso das atribuições que lhe confere o art. 84, incisos IV e VI da Constituição, e tendo em vista o disposto no art. 55, §§ 1º e 3º, da Lei nº 8.078, de 11 de setembro de 1990, Decreta:

Art. 1º Fica instituída a Comissão Nacional Permanente de Defesa do Consumidor, com a finalidade de assessorar a Secretaria de Direito Econômico do Ministério da Justiça na formulação e condução da Política Nacional de Defesa do Consumidor.

Art. 2º A Comissão será composta por um representante de cada órgão e entidades abaixo indicados:

I – Secretaria de Direito Econômico do Ministério da Justiça, que a presidirá;

II – Departamento de Proteção e Defesa do Consumidor do Ministério da Justiça;

III – Instituto Nacional de Metrologia, Normalização e Qualidade Industrial – INMETRO;

IV – Secretaria de Vigilância Sanitária do Ministério da Saúde;

V – Secretaria de Defesa Agropecuária do Ministério da Agricultura, do Abastecimento e da Reforma Agrária;

VI – órgãos estaduais oficiais de defesa do consumidor;

VII – associações de fornecedores;

VIII – associações civis de defesa dos consumidores;

IX – Superintendência Nacional do Abastecimento – SUNAB.

> *Inciso IX acrescentado pelo Decreto s/nº, de 11 de janeiro de 1996.*

§ 1º Os membros da Comissão e respectivos suplentes serão designados pelo Ministro de Estado da Justiça, por indicação dos titulares dos órgãos e entidades referidos no *caput*.

§ 2º Em seus impedimentos eventuais, o Presidente da Comissão será substituído pelo Diretor do Departamento de Proteção e Defesa do Consumidor.

§ 3º A participação na Comissão será considerada de relevante interesse público, não ensejando remuneração de qualquer espécie.

§ 4º Perante a Comissão, poderá atuar um representante do Ministério Público Federal.

Art. 3º Compete à Comissão:

---

7 Alterações já realizadas no texto.

8 *DOU* de 29-9-1995.

I – elaborar, revisar e atualizar as normas relativas à produção, industrialização, distribuição e consumo de produtos e serviços;

II – emitir pareceres, por solicitação da Secretaria de Direito Econômico, que visem a uniformizar ou orientar decisões relevantes no âmbito da defesa do consumidor.

Art. 4º Cabe ao Departamento de Proteção e Defesa do Consumidor assegurar o suporte administrativo para consecução dos objetivos da Comissão.

Art. 5º O Presidente da Comissão poderá convidar autoridades, técnicos, membros de entidades públicas e privadas de defesa do consumidor, bem como representantes de fornecedores de produtos e serviços, para que prestem esclarecimentos e informações durante as reuniões.

Art. 6º Este Decreto entra em vigor na data de sua publicação.

Brasília, 28 de setembro de 1995; 174º da Independência e 107º da República.

FERNANDO HENRIQUE CARDOSO

DECRETO 2.181, DE 20 DE MARÇO DE 1997[9]

Dispõe sobre a organização do Sistema Nacional de Defesa do Consumidor – SNDC, estabelece as normas gerais de aplicação das sanções administrativas previstas na Lei nº 8.078, de 11 de setembro de 1990, revoga o Decreto nº 861, de 9 de julho de 1993, e dá outras providências.

O Presidente da República, no uso da atribuição que lhe confere o art. 84, inciso IV, da Constituição, e tendo em vista o disposto na Lei nº 8.078, de 11 de setembro de 1990, Decreta:

[9] *DOU* de 21-3-1997.

Art. 1º Fica organizado o Sistema Nacional de Defesa do Consumidor – SNDC e estabelecidas as normas gerais de aplicação das sanções administrativas, nos termos da Lei nº 8.078, de 11 de setembro de 1990.

CAPÍTULO I
Do Sistema Nacional de Defesa do Consumidor

Art. 2º Integram o SNDC a Secretaria Nacional do Consumidor do Ministério da Justiça e os demais órgãos federais, estaduais, do Distrito Federal, municipais e as entidades civis de defesa do consumidor.

> *Redação pelo Decreto nº 7.738, de 28 de maio de 2012.*

CAPÍTULO II
Da Competência dos Órgãos Integrantes do SNDC

Art. 3º Compete à Secretaria Nacional do Consumidor do Ministério da Justiça, a coordenação da política do Sistema Nacional de Defesa do Consumidor, cabendo-lhe:

> *Redação pelo Decreto nº 7.738, de 28 de maio de 2012.*

I – planejar, elaborar, propor, coordenar e executar a política nacional de proteção e defesa do consumidor;

II – receber, analisar, avaliar e apurar consultas e denúncias apresentadas por entidades representativas ou pessoas jurídicas de direito público ou privado ou por consumidores individuais;

III – prestar aos consumidores orientação permanente sobre seus direitos e garantias;

IV – informar, conscientizar e motivar o consumidor, por intermédio dos diferentes meios de comunicação;

V – solicitar à polícia judiciária a instauração de inquérito para apuração de delito contra o consumidor, nos termos da legislação vigente;

VI – representar ao Ministério Público competente, para fins de adoção de medidas processuais, penais e civis, no âmbito de suas atribuições;

VII – levar ao conhecimento dos órgãos competentes as infrações de ordem administrativa que violarem os interesses difusos, coletivos ou individuais dos consumidores;

VIII – solicitar o concurso de órgãos e entidades da União, dos Estados, do Distrito Federal e dos Municípios, bem como auxiliar na fiscalização de preços, abastecimento, quantidade e segurança de produtos e serviços;

IX – incentivar, inclusive com recursos financeiros e outros programas especiais, a criação de órgãos públicos estaduais e municipais de defesa do consumidor e a formação, pelos cidadãos, de entidades com esse mesmo objetivo;

X – fiscalizar e aplicar as sanções administrativas previstas na Lei nº 8.078, de 1990, e em outras normas pertinentes à defesa do consumidor;

XI – solicitar o concurso de órgãos e entidades de notória especialização técnico-científica para a consecução de seus objetivos;

XII – celebrar convênios e termos de ajustamento de conduta, na forma do § 6º do art. 5º da Lei nº 7.347, de 24 de julho de 1985;

> *Redação pelo Decreto nº 7.738, de 28 de maio de 2012.*

XIII – elaborar e divulgar o cadastro nacional de reclamações fundamentadas contra fornecedores de produtos e serviços, a que se refere o art. 44 da Lei nº 8.078, de 1990;

XIV – desenvolver outras atividades compatíveis com suas finalidades.

Art. 4º No âmbito de sua jurisdição e competência, caberá ao órgão estadual, do Distrito Federal e municipal de proteção e defesa do consumidor, criado, na forma da lei, especificamente para este fim, exercitar as atividades contidas nos incisos II a XII do art. 3º deste Decreto e, ainda:

I – planejar, elaborar, propor, coordenar e executar a política estadual, do Distrito Federal e municipal de proteção e defesa do consumidor, nas suas respectivas áreas de atuação;

II – dar atendimento aos consumidores, processando, regularmente, as reclamações fundamentadas;

III – fiscalizar as relações de consumo;

IV – funcionar, no processo administrativo, como instância de instrução e julgamento, no âmbito de sua competência, dentro das regras fixadas pela Lei nº 8.078, de 1990, pela legislação complementar e por este Decreto;

V – elaborar e divulgar anualmente, no âmbito de sua competência, o cadastro de reclamações fundamentadas contra fornecedores de produtos e serviços, de que trata o art. 44 da Lei nº 8.078, de 1990 e remeter cópia à Secretaria Nacional do Consumidor do Ministério da Justiça;

> *Redação pelo Decreto nº 7.738, de 28 de maio de 2012.*

VI – desenvolver outras atividades compatíveis com suas finalidades.

Art. 5º Qualquer entidade ou órgão da Administração Pública, federal, estadual e municipal, destinado à defesa dos interesses e direitos do consumidor, tem, no âmbito de suas respectivas competências, atribuição para apurar e punir infrações a este Decreto e à legislação das relações de consumo.

Parágrafo único. Se instaurado mais de um processo administrativo por pessoas jurídicas de direito público distintas, para apuração de infração decorrente de um mesmo fato imputado ao mesmo fornecedor, eventual conflito de competência será dirimido pela Secretaria Nacional do Consumidor, que poderá ouvir a Comissão Nacional Permanente de Defesa do Consumidor – CNPDC, levando sempre em consideração a competência federativa para legislar sobre a respectiva atividade econômica.

> *Redação pelo Decreto nº 7.738, de 28 de maio de 2012.*

Art. 6º As entidades e órgãos da Administração Pública destinados à defesa dos interesses e direitos protegidos pelo Código de Defesa do Consumidor poderão celebrar compromissos de ajustamento de conduta às exigências legais, nos termos do § 6º do art. 5º da Lei nº 7.347, de 1985, na órbita de suas respectivas competências.

§ 1ºA celebração de termo de ajustamento de conduta não impede que outro, desde que mais vantajoso para o consumidor, seja lavrado por quaisquer das pessoas jurídicas de direito público integrantes do SNDC.

§ 2º A qualquer tempo, o órgão subscritor poderá, diante de novas informações ou se assim as circunstâncias o exigirem, retificar ou complementar o acordo firmado, determinando outras providências que se fizerem necessárias, sob pena de invalidade imediata do ato, dando-se seguimento ao procedimento administrativo eventualmente arquivado.

§ 3º O compromisso de ajustamento conterá, entre outras, cláusulas que estipulem condições sobre:

I – obrigação do fornecedor de adequar sua conduta às exigências legais, no prazo ajustado;

II – pena pecuniária, diária, pelo descumprimento do ajustado, levando-se em conta os seguintes critérios:

a) o valor global da operação investigada;

b) o valor do produto ou serviço em questão;

c) os antecedentes do infrator;

d) a situação econômica do infrator;

III – ressarcimento das despesas de investigação da infração e instrução do procedimento administrativo.

§ 4º A celebração do compromisso de ajustamento suspenderá o curso do processo administrativo, se instaurado, que somente será arquivado após atendidas todas as condições estabelecidas no respectivo termo.

Art. 7º Compete aos demais órgãos públicos federais, estaduais, do Distrito Federal e municipais que passarem a integrar o SNDC fiscalizar as relações de consumo, no âmbito de sua competência, e autuar, na forma da legislação, os responsáveis por práticas que violem os direitos do consumidor.

Art. 8º As entidades civis de proteção e defesa do consumidor, legalmente constituídas, poderão:

I – encaminhar denúncias aos órgãos públicos de proteção e defesa do consumidor, para as providências legais cabíveis;

II – representar o consumidor em juízo, observado o disposto no inciso IV do art. 82 da Lei nº 8.078, de 1990;

III – exercer outras atividades correlatas.

CAPÍTULO III
Da Fiscalização, das Práticas Infrativas e das Penalidades Administrativas

Seção I
Da fiscalização

Art. 9º A fiscalização das relações de consumo de que tratam a Lei nº 8.078, de 1990, este Decreto e as demais normas de defesa do consumidor será exercida em todo o território nacional pela Secretaria Nacional do Consumidor do Ministério da Justiça, pelos órgãos federais integrantes do Sistema Nacional de Defesa do Consumidor, pelos órgãos conveniados com a Secretaria e pelos órgãos de proteção e defesa do consumidor criados pelos Estados, Distrito Federal e Municípios, em suas respectivas áreas de atuação e competência.

> *Redação pelo Decreto nº 7.738, de 28 de maio de 2012.*

Art. 10. A fiscalização de que trata este Decreto será efetuada por agentes fiscais, oficialmente designados, vinculados aos respectivos órgãos de proteção e defesa do consumidor, no âmbito federal, do Distrito Federal e municipal, devidamente credenciados mediante Cédula de Identificação Fiscal, admitida a delegação mediante convênio.

Art. 11. Sem exclusão da responsabilidade dos órgãos que compõem o SNDC, os agentes de que trata o artigo anterior responderão pelos atos que praticarem quando investidos da ação fiscalizadora.

Seção II
Das práticas infrativas

Art. 12. São consideradas práticas infrativas:

I – condicionar o fornecimento de produto ou serviço ao fornecimento de outro produto ou serviço, bem como, sem justa causa, a limites quantitativos;

II – recusar atendimento às demandas dos consumidores na exata medida de sua disponibilidade de estoque e, ainda, de conformidade com os usos e costumes;

III – recusar, sem motivo justificado, atendimento à demanda dos consumidores de serviços;

IV – enviar ou entregar ao consumidor qualquer produto ou fornecer qualquer serviço, sem solicitação prévia;

V – prevalecer-se da fraqueza ou ignorância do consumidor, tendo em vista sua idade, saúde, conhecimento ou condição social, para impingir-lhe seus produtos ou serviços;

VI – exigir do consumidor vantagem manifestamente excessiva;

VII – executar serviços sem a prévia elaboração de orçamento e autorização expressa do consumidor, ressalvadas as decorrentes de práticas anteriores entre as partes;

VIII – repassar informação depreciativa referente a ato praticado pelo consumidor no exercício de seus direitos;

IX – colocar, no mercado de consumo, qualquer produto ou serviço:

a) em desacordo com as normas expedidas pelos órgãos oficiais competentes, ou, se normas específicas não existirem, pela Associação Brasileira de Normas Técnicas – ABNT ou outra entidade credenciada pelo Conselho Nacional de Metrologia, Normalização e Qualidade Industrial – CONMETRO;

b) que acarrete riscos à saúde ou à segurança dos consumidores e sem informações ostensivas e adequadas;

c) em desacordo com as indicações constantes do recipiente, da embalagem, da rotulagem ou mensagem publicitária, respeitadas as variações decorrentes de sua natureza;

d) impróprio ou inadequado ao consumo a que se destina ou que lhe diminua o valor;

X – deixar de reexecutar os serviços, quando cabível, sem custo adicional;

XI – deixar de estipular prazo para o cumprimento de sua obrigação ou deixar a fixação ou variação de seu termo inicial a seu exclusivo critério.

Art. 13. Serão consideradas, ainda, práticas infrativas, na forma dos dipositivos da Lei nº 8.078, de 1990:

I – ofertar produtos ou serviços sem as informações corretas, claras, precisas e ostensivas, em língua portuguesa, sobre suas características, qualidade, quantidade, composição, preço, condições de pagamento, juros, encargos, garantia, prazos de validade e origem, entre outros dados relevantes;

II – deixar de comunicar à autoridade competente a periculosidade do produto ou serviço, quando do lançamento dos mesmos no mercado de consumo, ou quando da verificação posterior da existência do risco;

III – deixar de comunicar aos consumidores, por meio de anúncios publicitários, a periculosidade do produto ou serviço, quando do lançamento dos mesmos no mercado de consumo, ou quando da verificação posterior da existência do risco;

IV – deixar de reparar os danos causados aos consumidores por defeitos decorrentes de projetos, fabricação, construção, montagem, manipulação, apresentação ou acondicionamento de seus produtos ou serviços, ou por informações insuficientes ou inadequadas sobre a sua utilização e risco;

V – deixar de empregar componentes de reposição originais, adequados e novos, ou que mantenham as especificações técnicas do fabricante, salvo se existir autorização em contrário do consumidor;

VI – deixar de cumprir a oferta, publicitária ou não, suficientemente precisa, ressalvada a incorreção retificada em tempo hábil ou exclusivamente atribuível ao veículo de comunicação, sem prejuízo, inclusive nessas duas hipóteses, do cumprimento forçado do anunciado ou do ressarcimento de perdas e danos sofridos pelo consumidor, assegurado o direito de regresso do anunciante contra seu segurador ou responsável direto;

VII – omitir, nas ofertas ou vendas eletrônicas, por telefone ou reembolso postal, o nome e endereço do fabricante ou do importador na embalagem, na publicidade e nos impressos utilizados na transação comercial;

VIII – deixar de cumprir, no caso de fornecimento de produtos e serviços, o regime de preços tabelados, congelados, administrados, fixados ou controlados pelo Poder Público;

IX – submeter o consumidor inadimplente a ridículo ou a qualquer tipo de constrangimento ou ameaça;

X – impedir ou dificultar o acesso gratuito do consumidor às informações existentes em cadastros, fichas, registros de dados pessoais e de consumo, arquivados sobre ele, bem como sobre as respectivas fontes;

XI – elaborar cadastros de consumo com dados irreais ou imprecisos;

XII – manter cadastros e dados de consumidores com informações negativas, divergentes da proteção legal;

XIII – deixar de comunicar, por escrito, ao consumidor a abertura de cadastro, ficha, registro de dados pessoais e de consumo, quando não solicitada por ele;

XIV – deixar de corrigir, imediata e gratuitamente, a inexatidão de dados e cadastros, quando solicitado pelo consumidor;

XV – deixar de comunicar ao consumidor, no prazo de cinco dias úteis, as correções cadastrais por ele solicitadas;

XVI – impedir, dificultar ou negar, sem justa causa, o cumprimento das declarações constantes de escritos particulares, recibos e pré-contratos concernentes às relações de consumo;

XVII – omitir em impressos, catálogos ou comunicações, impedir, dificultar ou negar a desistência contratual, no prazo de até sete dias a contar da assinatura do contrato ou do ato de recebimento do produto ou serviço, sempre que a contratação ocorrer fora do estabelecimento comercial, especialmente por telefone ou a domicílio;

XVIII – impedir, dificultar ou negar a devolução dos valores pagos, monetariamente atualizados, durante o prazo de reflexão, em caso de desistência do contrato pelo consumidor;

XIX – deixar de entregar o termo de garantia, devidamente preenchido com as informações previstas no parágrafo único do art. 50 da Lei nº 8.078, de 1990;

XX – deixar, em contratos que envolvam vendas a prazo ou com cartão de crédito, de informar por escrito ao consumidor, prévia e adequadamente, inclusive nas comunicações publicitárias, o preço do produto ou do serviço em moeda corrente nacional, o montante dos juros de mora e da taxa efetiva anual de juros, os acréscimos legal e contratualmente previstos, o número e a periodicidade das prestações e, com igual destaque, a soma total a pagar, com ou sem financiamento;

XXI – deixar de assegurar a oferta de componentes e peças de reposição, enquanto não cessar a fabricação ou importação do produto, e, caso cessadas, de manter a oferta de componentes e peças de reposição por período razoável de tempo, nunca inferior à vida útil do produto ou serviço;

XXII – propor ou aplicar índices ou formas de reajuste alternativos, bem como fazê-lo em desacordo com aquele que seja legal ou contratualmente permitido;

XXIII – recusar a venda de produto ou a prestação de serviços, publicamente ofertados, diretamente a quem se dispõe a adquiri-los mediante pronto pagamento, ressalvados os casos regulados em leis especiais;

XXIV – deixar de trocar o produto impróprio, inadequado, ou de valor diminuído, por outro da mesma espécie, em perfeitas condições de uso, ou de restituir imediatamente a quantia paga, devidamente corrigida, ou fazer abatimento proporcional do preço, a critério do consumidor.

Art. 14. É enganosa qualquer modalidade de informação ou comunicação de caráter publicitário inteira ou parcialmente falsa, ou, por qualquer outro modo, mesmo por omissão, capaz de induzir a erro o consumidor a respeito da natureza, características, qualidade, quantidade, propriedade, origem, preço e de quaisquer outros dados sobre produtos ou serviços.

§ 1º É enganosa, por omissão, a publicidade que deixar de informar sobre dado essencial do produto ou serviço a ser colocado à disposição dos consumidores.

§ 2º É abusiva, entre outras, a publicidade discriminatória de qualquer natureza, que incite à violência, explore o medo ou a superstição, se aproveite da deficiência de julgamento e da inexperiência da criança, desrespeite valores ambientais, seja capaz de induzir o consumidor a se comportar de forma prejudicial ou perigosa à sua saúde ou segurança, ou que viole normas legais ou regulamentares de controle da publicidade.

§ 3º O ônus da prova da veracidade (não enganosidade) e da correção (não abusividade) da informação ou comunicação publicitária cabe a quem as patrocina.

Art. 15. Estando a mesma empresa sendo acionada em mais de um Estado federado pelo mesmo fato gerador de prática infrativa, a autoridade máxima do sistema estadual poderá remeter o processo ao órgão coordenador do SNDC, que apurará o fato e aplicará as sanções respectivas.

Art. 16. Nos casos de processos administrativos em trâmite em mais de um Estado, que envolvam interesses difusos ou coletivos, a Secretaria Nacional do Consumidor poderá avocá-los, ouvida a Comissão Nacional Permanente de Defesa do Consumidor, e as autoridades máximas dos sistemas estaduais.

> *Redação pelo Decreto nº 7.738, de 28 de maio de 2012.*

Art. 17. As práticas infrativas classificam-se em:

I – leves: aquelas em que forem verificadas somente circunstâncias atenuantes;

II – graves: aquelas em que forem verificadas circunstâncias agravantes.

Seção III
Das penalidades administrativas

Art. 18. A inobservância das normas contidas na Lei nº 8.078, de 1990, e das demais normas de defesa do consumidor constituirá prática infrativa e sujeitará o fornecedor às seguintes penalidades, que poderão ser aplicadas isolada ou cumulativamente, inclusive de forma cautelar, antecedente ou incidente no processo administrativo, sem prejuízo das de natureza cível, penal e das definidas em normas específicas:

I – multa;

II – apreensão do produto;

III – inutilização do produto;

IV – cassação do registro do produto junto ao órgão competente;

V – proibição de fabricação do produto;

VI – suspensão de fornecimento de produtos ou serviços;

VII – suspensão temporária de atividade;

VIII – revogação de concessão ou permissão de uso;

IX – cassação de licença do estabelecimento ou de atividade;

X – interdição, total ou parcial, de estabelecimento, de obra ou de atividade;

XI – intervenção administrativa;

XII – imposição de contrapropaganda.

§ 1º Responderá pela prática infrativa, sujeitando-se às sanções administrativas previstas neste Decreto, quem por ação ou omissão lhe der causa, concorrer para sua prática ou dela se beneficiar.

§ 2º As penalidades previstas neste artigo serão aplicadas pelos órgãos oficiais integrantes do SNDC, sem prejuízo das atribuições do órgão normativo ou regulador da atividade, na forma da legislação vigente.

§ 3º As penalidades previstas nos incisos III a XI deste artigo sujeitam-se a posterior confirmação pelo órgão normativo ou regulador da atividade, nos limites de sua competência.

Art. 19. Toda pessoa física ou jurídica que fizer ou promover publicidade enganosa ou abusiva ficará sujeita à pena de multa, cumulada com aquelas previstas no artigo anterior, sem prejuízo da competência de outros órgãos administrativos.

Parágrafo único. Incide também nas penas deste artigo o fornecedor que:

a) deixar de organizar ou negar aos legítimos interessados os dados fáticos, técnicos e científicos que dão sustentação à mensagem publicitária;

b) veicular publicidade de forma que o consumidor não possa, fácil e imediatamente, identificá-la como tal.

Art. 20. Sujeitam-se à pena de multa os órgãos públicos que, por si ou suas empresas concessionárias, permissionárias ou sob qualquer outra forma de empreendimento, deixarem de fornecer serviços adequados, eficientes, seguros e, quanto aos essenciais, contínuos.

Art. 21. A aplicação da sanção prevista no inciso II do art. 18 terá lugar quando os produtos forem comercializados em desacordo com as especificações técnicas estabelecidas em legislação própria, na Lei nº 8.078, de 1990, e neste Decreto. **§ 1º** Os bens apreendidos, a critério da autoridade, poderão ficar sob a guarda do proprietário, responsável, preposto ou empregado que responda pelo gerenciamento do negócio, nomeado fiel depositário, mediante termo próprio, proibida a venda, utilização, substituição, subtração ou remoção, total ou parcial, dos referidos bens.

§ 2º A retirada de produto por parte da autoridade fiscalizadora não poderá incidir sobre quantidade superior àquela necessária à realização da análise pericial.

Art. 22. Será aplicada multa ao fornecedor de produtos ou serviços que, direta ou indiretamente, inserir, fizer circular ou utilizar-se de cláusula abusiva, qualquer que seja a modalidade do contrato de consumo, inclusive nas operações securitárias, bancárias, de crédito direto ao consumidor, depósito, poupança, mútuo ou financiamento, e especialmente quando:

> *Ver Portaria 4, de 13-3-1998.*

I – impossibilitar, exonerar ou atenuar a responsabilidade do fornecedor por vícios de qualquer natureza dos produtos e serviços ou implicar renúncia ou disposição de direito do consumidor;

II – deixar de reembolsar ao consumidor a quantia já paga, nos casos previstos na Lei nº 8.078, de 1990;

III – transferir responsabilidades a terceiros;

IV – estabelecer obrigações consideradas iníquas ou abusivas, que coloquem o consumidor em desvantagem exagerada, incompatíveis com a boa-fé ou a equidade;

V – estabelecer inversão do ônus da prova em prejuízo do consumidor;

VI – determinar a utilização compulsória de arbitragem;

VII – impuser representante para concluir ou realizar outro negócio jurídico pelo consumidor;

VIII – deixar ao fornecedor a opção de concluir ou não o contrato, embora obrigando o consumidor;

IX – permitir ao fornecedor, direta ou indiretamente, variação unilateral do preço, juros, encargos, forma de pagamento ou atualização monetária;

X – autorizar o fornecedor a cancelar o contrato unilateralmente, sem que igual direito seja conferido ao consumidor, ou permitir, nos contratos de longa duração ou de trato sucessivo, o cancelamento sem justa causa e motivação, mesmo que dada ao consumidor a mesma opção;

XI – obrigar o consumidor a ressarcir os custos de cobrança de sua obrigação, sem que igual direito lhe seja conferido contra o fornecedor;

XII – autorizar o fornecedor a modificar unilateralmente o conteúdo ou a qualidade do contrato após sua celebração;

XIII – infringir normas ambientais ou possibilitar sua violação;

XIV – possibilitar a renúncia ao direito de indenização por benfeitorias necessárias;

XV – restringir direitos ou obrigações fundamentais à natureza do contrato, de tal modo a ameaçar o seu objeto ou o equilíbrio contratual;

XVI – onerar excessivamente o consumidor, considerando-se a natureza e o conteúdo do contrato, o interesse das partes e outras circunstâncias peculiares à espécie;

XVII – determinar, nos contratos de compra e venda mediante pagamento em prestações, ou nas alienações fiduciárias em garantia, a perda total das prestações pagas, em benefício do credor que, em razão do inadimplemento, pleitear a resilição do contrato e a retomada do produto alienado, ressalvada a cobrança judicial de perdas e danos comprovadamente sofridos;

XVIII – anunciar, oferecer ou estipular pagamento em moeda estrangeira, salvo nos casos previstos em lei;

XIX – cobrar multas de mora superiores a dois por cento, decorrentes do inadimplemento de obrigação no seu termo, conforme o disposto no § 1º do art. 52 da Lei nº 8.078, de 1990, com a redação dada pela Lei nº 9.298, de 1º de agosto de 1996;

XX – impedir, dificultar ou negar ao consumidor a liquidação antecipada do débito, total ou parcialmente, mediante redução proporcional dos juros, encargos e demais acréscimos, inclusive seguro;

XXI – fazer constar do contrato alguma das cláusulas abusivas a que se refere o art. 56 deste Decreto;

XXII – elaborar contrato, inclusive o de adesão, sem utilizar termos claros, caracteres ostensivos e legíveis, que permitam sua imediata e fácil compreensão, destacando-se as cláusulas que impliquem obrigação ou limitação dos direitos contratuais do consumidor, inclusive com a utilização de tipos de letra e cores diferenciados, entre outros recursos gráficos e visuais;

XXIII – que impeça a troca de produto impróprio, inadequado, ou de valor diminuído, por outro da mesma espécie, em perfeitas condições de uso, ou a restituição imediata da quantia paga, devidamente corrigida, ou fazer abatimento proporcional do preço, a critério do consumidor.

Parágrafo único. Dependendo da gravidade da infração prevista nos incisos dos arts. 12, 13 e deste artigo, a pena de multa poderá ser cumulada com as demais previstas no art. 18, sem prejuízo da competência de outros órgãos administrativos.

Art. 23. Os serviços prestados e os produtos remetidos ou entregues ao consumidor, na hipótese prevista no inciso IV do art. 12 deste Decreto, equiparam-se às amostras grátis, inexistindo obrigação de pagamento.

Art. 24. Para a imposição da pena e sua gradação, serão considerados:

I – as circunstâncias atenuantes e agravantes;

II – os antecedentes do infrator, nos termos do art. 28 deste Decreto.

Art. 25. Consideram-se circunstâncias atenuantes:

I – a ação do infrator não ter sido fundamental para a consecução do fato;

II – ser o infrator primário;

III – ter o infrator adotado as providências pertinentes para minimizar ou de imediato reparar os efeitos do ato lesivo.

Art. 26. Consideram-se circunstâncias agravantes:

I – ser o infrator reincidente;

II – ter o infrator, comprovadamente, cometido a prática infrativa para obter vantagens indevidas;

III – trazer a prática infrativa consequências danosas à saúde ou à segurança do consumidor;

IV – deixar o infrator, tendo conhecimento do ato lesivo, de tomar as providências para evitar ou mitigar suas consequências;

V – ter o infrator agido com dolo;

VI – ocasionar a prática infrativa dano coletivo ou ter caráter repetitivo:

VII – ter a prática infrativa ocorrido em detrimento de menor de dezoito ou maior de sessenta anos ou de pessoas portadoras de deficiência física, mental ou sensorial, interditadas ou não;

VIII – dissimular-se a natureza ilícita do ato ou atividade;

IX – ser a conduta infrativa praticada aproveitando-se o infrator de grave crise econômica ou da condição cultural, social ou econômica da vítima, ou, ainda, por ocasião de calamidade.

Art. 27. Considera-se reincidência a repetição de prática infrativa, de qualquer natureza, às normas de defesa do consumidor, punida por decisão administrativa irrecorrível.

Parágrafo único. Para efeito de reincidência, não prevalece a sanção anterior, se entre a data da decisão administrativa definitiva e aquela da prática posterior houver decorrido período de tempo superior a cinco anos.

Art. 28. Observado o disposto no art. 24 deste Decreto pela autoridade competente, a pena de multa será fixada considerando-se a gravidade da prática infrativa, a extensão do dano causado aos consumidores, a vantagem auferida com o ato infrativo e a condição econômica do infrator, respeitados os parâmetros estabelecidos no parágrafo único do art. 57 da Lei nº 8.078, de 1990.

Capítulo IV
Da destinação da multa e da administração dos recursos

Art. 29. A multa de que trata o inciso I do art. 56 e *caput* do art. 57 da Lei nº 8.078, de 1990, reverterá para o Fundo pertinente à pessoa jurídica de direito público que impuser a sanção, gerido pelo respectivo Conselho Gestor.

Parágrafo único. As multas arrecadadas pela União e órgãos federais reverterão para o Fundo de Direitos Difusos de que tratam a Lei nº 7.347, de 1985, e Lei nº 9.008, de 21 de março de 1995, gerido pelo Conselho Federal Gestor do Fundo de Defesa dos Direitos Difusos – CFDD.

Art. 30. As multas arrecadadas serão destinadas ao financiamento de projetos relacionados com os objetivos da Política Nacional de Relações de Consumo, com a defesa dos direitos básicos do consumidor e com a modernização administrativa dos órgãos públicos de defesa do consumidor, após aprovação pelo respectivo Conselho Gestor, em cada unidade federativa.

Art. 31. Na ausência de Fundos municipais, os recursos serão depositados no Fundo do respectivo Estado e, faltando este, no Fundo federal.

Parágrafo único. O Conselho Federal Gestor do Fundo de Defesa dos Direitos Difusos poderá apreciar e autorizar recursos para projetos especiais de órgãos e entidades federais, estaduais e municipais de defesa do consumidor.

Art. 32. Na hipótese de multa aplicada pelo órgão coordenador do SNDC nos casos previstos pelo art. 15 deste Decreto, o Conselho Federal Gestor do FDD restituirá aos fundos dos Estados envolvidos o percentual de até oitenta por cento do valor arrecadado.

CAPÍTULO V
Do processo administrativo

Seção I
Das disposições gerais

Art. 33. As práticas infrativas às normas de proteção e defesa do consumidor serão apuradas em processo administrativo, que terá início mediante:

I – ato, por escrito, da autoridade competente;

II – lavratura de auto de infração;

III – reclamação.

§ 1º Antecedendo à instauração do processo administrativo, poderá a autoridade competente abrir investigação preliminar, cabendo, para tanto, requisitar dos fornecedores informações sobre as questões investigadas, resguardado o segredo industrial, na forma do disposto no § 4º do art. 55 da Lei nº 8.078, de 1990.

§ 2º A recusa à prestação das informações ou o desrespeito às determinações e convocações dos órgãos do SNDC caracterizam desobediência, na forma do art. 330 do Código Penal, ficando a autoridade administrativa com poderes para determinar a imediata cessação da prática, além da imposição das sanções administrativas e civis cabíveis.

Seção II
Da reclamação

Art. 34. O consumidor poderá apresentar sua reclamação pessoalmente, ou por telegrama, carta, telex, fac-símile ou qualquer outro meio de comunicação, a quaisquer dos órgãos oficiais de proteção e defesa do consumidor.

Seção III
Dos autos de infração, de apreensão e do termo de depósito

Art. 35. Os Autos de Infração, de Apreensão e o Termo de Depósito deverão ser impressos, numerados em série e preenchidos de forma clara e precisa, sem entrelinhas, rasuras ou emendas, mencionando:

I – o Auto de Infração:

a) o local, a data e a hora da lavratura;

b) o nome, o endereço e a qualificação do autuado;

c) a descrição do fato ou do ato constitutivo da infração;

d) o dispositivo legal infringido;

e) a determinação da exigência e a intimação para cumpri-la ou impugná-la no prazo de dez dias;

f) a identificação do agente autuante, sua assinatura, a indicação do seu cargo ou função e o número de sua matrícula;

g) a designação do órgão julgador e o respectivo endereço;

h) a assinatura do autuado;

II – o Auto de Apreensão e o Termo de Depósito:

a) o local, a data e a hora da lavratura;

b) o nome, o endereço e a qualificação do depositário;

c) a descrição e a quantidade dos produtos apreendidos;

d) as razões e os fundamentos da apreensão;

e) o local onde o produto ficará armazenado;

f) a quantidade de amostra colhida para análise;

g) a identificação do agente autuante, sua assinatura, a indicação do seu cargo ou função e o número de sua matrícula;

h) a assinatura do depositário;

i) as proibições contidas no § 1º do art. 21 deste Decreto.

Art. 36. Os Autos de Infração, de Apreensão e o Termo de Depósito serão lavrados pelo agente autuante que houver verificado a prática infrativa, preferencialmente no local onde foi comprovada a irregularidade.

Art. 37. Os Autos de Infração, de Apreensão e o Termo de Depósito serão lavrados em impresso próprio, composto de três vias, numeradas tipograficamente.

§ 1º Quando necessário, para comprovação de infração, os Autos serão acompanhados de laudo pericial.

§ 2º Quando a verificação do defeito ou vício relativo à qualidade, oferta e apresentação de produtos não depender de perícia, o agente competente consignará o fato no respectivo Auto.

Art. 38. A assinatura nos Autos de Infração, de Apreensão e no Termo de Depósito, por parte do autuado, ao receber cópias dos mesmos, constitui notificação, sem implicar confissão, para os fins do art. 44 do presente Decreto.

Parágrafo único. Em caso de recusa do autuado em assinar os Autos de Infração, de Apreensão e o Termo de Depósito, o Agente competente consignará o fato nos Autos e no Termo, remetendo-os ao autuado por via postal, com Aviso de Recebimento (AR) ou outro procedimento equivalente, tendo os mesmos efeitos do *caput* deste artigo.

Seção IV
Da instauração do processo administrativo por ato de autoridade competente

Art. 39. O processo administrativo de que trata o art. 33 deste Decreto poderá ser instaurado mediante reclamação do interessado ou por iniciativa da própria autoridade competente.

Parágrafo único. Na hipótese de a investigação preliminar não resultar em processo administrativo com base em reclamação apresentada por consumidor, deverá este ser informado sobre as razões do arquivamento pela autoridade competente.

Art. 40. O processo administrativo, na forma deste Decreto, deverá, obrigatoriamente, conter:

I – a identificação do infrator;

II – a descrição do fato ou ato constitutivo da infração;

III – os dispositivos legais infringidos;

IV – a assinatura da autoridade competente.

Art. 41. A autoridade administrativa poderá determinar, na forma de ato próprio, constatação preliminar da ocorrência de prática presumida.

Seção V
Da notificação

Art. 42. A autoridade competente expedirá notificação ao infrator, fixando o prazo de dez dias, a contar da data de seu recebimento, para apresentar defesa, na forma do art. 44 deste Decreto.

§ 1º A notificação, acompanhada de cópia da inicial do processo administrativo a que se refere o art. 40, far-se-á:

I – pessoalmente ao infrator, seu mandatário ou preposto;

II – por carta registrada ao infrator, seu mandatário ou preposto, com Aviso de Recebimento (AR).

§ 2º Quando o infrator, seu mandatário ou preposto não puder ser notificado, pessoalmente ou por via postal, será feita a notificação por edital, a ser afixado nas dependências do órgão respectivo, em lugar público, pelo prazo de dez dias, ou divulgado, pelo menos uma vez, na imprensa oficial ou em jornal de circulação local.

Seção VI
Da impugnação e do julgamento do processo administrativo

Art. 43. O processo administrativo decorrente de Auto de Infração, de ato de ofício de autoridade competente, ou de reclamação será instruído e julgado na esfera de atribuição do órgão que o tiver instaurado.

Art. 44. O infrator poderá impugnar o processo administrativo, no prazo de dez dias, contados processualmente de sua notificação, indicando em sua defesa:

I – a autoridade julgadora a quem é dirigida;

II – a qualificação do impugnante;

III – as razões de fato e de direito que fundamentam a impugnação;

IV – as provas que lhe dão suporte.

Art. 45. Decorrido o prazo da impugnação, o órgão julgador determinará as diligências cabíveis, podendo dispensar as meramente protelatórias ou irrelevantes, sendo-lhe facultado requisitar do infrator, de quaisquer pessoas físicas ou jurídicas, órgãos ou entidades públicas as necessárias informações, esclarecimentos ou documentos, a serem apresentados no prazo estabelecido.

Art. 46. A decisão administrativa conterá relatório dos fatos, o respectivo enquadramento legal e, se condenatória, a natureza e gradação da pena.

§ 1º A autoridade administrativa competente, antes de julgar o feito, apreciará a defesa e as provas produzidas pelas partes, não estando vinculada ao relatório de sua consultoria jurídica ou órgão similar, se houver.

§ 2º Julgado o processo e fixada a multa, será o infrator notificado para efetuar seu recolhimento no prazo de dez dias ou apresentar recurso.

§ 3º Em caso de provimento do recurso, os valores recolhidos serão devolvidos ao recorrente na forma estabelecida pelo Conselho Gestor do Fundo.

Art. 47. Quando a cominação prevista for a contrapropaganda, o processo poderá ser instruído com indicações técnico-publicitárias, das quais se intimará o autuado, obedecidas, na execução da respectiva decisão, as condições constantes do § 1º do art. 60 da Lei nº 8.078, de 1990.

Seção VII
Das nulidades

Art. 48. A inobservância de forma não acarretará a nulidade do ato, se não houver prejuízo para a defesa.

Parágrafo único. A nulidade prejudica somente os atos posteriores ao ato declarado nulo e dele diretamente dependentes ou de que sejam conseqüência, cabendo à autoridade que a declarar indicar tais atos e determinar o adequado procedimento saneador, se for o caso.

Seção VIII
Dos recursos administrativos

Art. 49. Das decisões da autoridade competente do órgão público que aplicou a sanção caberá recurso, sem efeito suspensivo, no prazo de dez dias, contados da data da intimação da decisão, a seu superior hierárquico, que proferirá decisão definitiva.

Parágrafo único. No caso de aplicação de multas, o recurso será recebido, com efeito suspensivo, pela autoridade superior.

Art. 50. Quando o processo tramitar no âmbito do Departamento de Proteção e Defesa do Consumidor, o julgamento do feito será de responsabilidade do Diretor daquele órgão, cabendo recurso ao titular da Secretaria Nacional do Consumidor, no prazo de dez dias, contado da data da intimação da decisão, como segunda e última instância recursal.

> *Redação pelo Decreto nº 7.738, de 28 de maio de 2012.*

Art. 51. Não será conhecido o recurso interposto fora dos prazos e condições estabelecidos neste Decreto.

Art. 52. Sendo julgada insubsistente a infração, a autoridade julgadora recorrerá à autoridade imediatamente superior, nos termos fixados nesta Seção, mediante declaração na própria decisão.

Art. 53. A decisão é definitiva quando não mais couber recurso, seja de ordem formal ou material.

Art. 54. Todos os prazos referidos nesta Seção são preclusivos.

Seção IX
Da inscrição na dívida ativa

Art. 55. Não sendo recolhido o valor da multa em trinta dias, será o débito inscrito em dívida ativa do órgão que houver aplicado a sanção, para subsequente cobrança executiva.

CAPÍTULO VI
Do Elenco de Cláusulas Abusivas e do Cadastro de Fornecedores

Seção I
Do elenco de cláusulas abusivas

Art. 56. Na forma do art. 51 da Lei no 8.078, de 1990, e com o objetivo de orientar o Sistema Nacional de Defesa do Consumidor, a Secretaria Nacional do Consumidor divulgará, anualmente, elenco complementar de cláusulas contratuais consideradas abusivas, notadamente para o fim de aplicação do disposto no inciso IV do *caput* do art. 22.

> *Redação pelo Decreto nº 7.738, de 28 de maio de 2012.*

§ 1º Na elaboração do elenco referido no *caput* e posteriores inclusões, a consideração sobre a abusividade de cláusulas contratuais se dará de forma genérica e abstrata.

§ 2º O elenco de cláusulas consideradas abusivas tem natureza meramente exemplificativa, não impedindo que outras, também, possam vir a ser assim consideradas pelos órgãos da Administração Pública incumbidos da defesa dos interesses e direitos protegidos pelo Código de Defesa do Consumidor e legislação correlata.

§ 3º A apreciação sobre a abusividade de cláusulas contratuais, para fins de sua inclusão no elenco a que se refere o *caput* deste artigo, se dará de ofício ou por provocação dos legitimados referidos no art. 82 da Lei nº 8.078, de 1990.

Seção II
Do cadastro de fornecedores

Art. 57. Os cadastros de reclamações fundamentadas contra fornecedores constituem instrumento essencial de defesa e orientação dos consumidores, devendo os órgãos públicos competentes assegurar sua publicidade, confiabilidade e continuidade, nos termos do art. 44 da Lei nº 8.078, de 1990.

Art. 58. Para os fins deste Decreto, considera-se:

I – cadastro: o resultado dos registros feitos pelos órgãos públicos de defesa do consumidor de todas as reclamações fundamentadas contra fornecedores;

II – reclamação fundamentada: a notícia de lesão ou ameaça a direito de consumidor analisada por órgão público de defesa do consumidor, a requerimento ou de ofício, considerada procedente, por decisão definitiva.

Art. 59. Os órgãos públicos de defesa do consumidor devem providenciar a divulgação periódica dos cadastros atualizados de reclamações fundamentadas contra fornecedores.

§ 1º O cadastro referido do *caput* deste artigo será publicado, obrigatoriamente, no órgão de imprensa oficial local, devendo a entidade responsável dar-lhe a maior publicidade possível por meio dos órgãos de comunicação, inclusive eletrônica.

§ 2º O cadastro será divulgado anualmente, podendo o órgão responsável fazê-lo em período menor, sempre que julgue necessário, e conterá informações objetivas, claras e verdadeiras sobre o objeto da reclamação, a identificação do fornecedor e o atendimento ou não da reclamação pelo fornecedor.

§ 3º Os cadastros deverão ser atualizados permanentemente, por meio das devidas anotações, não podendo conter informações negativas sobre fornecedores, referentes a período superior a cinco anos, contado da data da intimação da decisão definitiva.

Art. 60. Os cadastros de reclamações fundamentadas contra fornecedores são considerados arquivos públicos, sendo informações e fontes a todos acessíveis, gratuitamente, vedada a utilização abusiva ou, por qualquer outro modo, estranha à defesa e orientação dos consumidores, ressalvada a hipótese de publicidade comparativa.

Art. 61. O consumidor ou fornecedor poderá requerer, em cinco dias a contar da divulgação do cadastro e mediante petição fundamentada, a retificação de informação inexata que nele conste, bem como a inclusão de informação omitida, devendo a autoridade competente, no prazo de dez dias úteis, pronunciar-se, motivadamente, pela procedência ou improcedência do pedido.

Parágrafo único. No caso de acolhimento do pedido, a autoridade competente providenciará, no prazo deste artigo, a retificação ou inclusão de informação e sua divulgação, nos termos do § 1º do art. 59 deste Decreto.

Art. 62. Os cadastros específicos de cada órgão público de defesa do consumidor serão consolidados em cadastros gerais, nos âmbitos federal e estadual, aos quais se aplica o disposto nos artigos desta Seção.

CAPÍTULO VII
Das Disposições Gerais

Art. 63. Com base na Lei nº 8.078, de 1990, e legislação complementar, a Secretaria Nacional do Consumidor poderá expedir atos administrativos, visando à fiel observância das normas de proteção e defesa do consumidor.

> *Redação pelo Decreto nº 7.738, de 28 de maio de 2012.*

Art. 64. Poderão ser lavrados Autos de Comprovação ou Constatação, a fim de estabelecer a situação real de mercado, em determinado lugar e momento, obedecido o procedimento adequado.

Art. 65. Em caso de impedimento à aplicação do presente Decreto, ficam as autoridades competentes autorizadas a requisitar o emprego de força policial.

Art. 66. Este Decreto entra em vigor na data de sua publicação.

Art. 67. Fica revogado o Decreto nº 861, de 9 de julho de 1993.

Brasília, 20 de março de 1997; 176º da Independência e 109º da República.

FERNANDO HENRIQUE CARDOSO

PORTARIA 4, DE 13 DE MARÇO DE 1998[10]

Divulga, em aditamento ao elenco do art. 51 da Lei nº 8.078/90 e do art. 22 do Decreto nº 2.181/97, cláusulas que são nulas de pleno direito.

O Secretário de Direito Econômico do Ministério da Justiça, no uso de suas atribuições legais,

Considerando o disposto no art. 56 do Decreto nº 2.181, de 20 de março de 1997, e com o objetivo de orientar o Sistema Nacional de Defesa do Consumidor, notadamente para o fim de aplicação do disposto no inciso IV do art. 22 deste Decreto;

Considerando que o elenco de Cláusulas abusivas relativas ao fornecimento de produtos e serviços, constantes do art. 51 da Lei nº 8.078, de 11 de setembro de 1990, é tipo aberto, exemplificativo, permitindo, desta forma, a sua complementação; e

Considerando, ainda, que decisões terminativas dos diversos PROCONs e Ministérios Públicos pacificam como abusivas as Cláusulas a seguir enumeradas,

Resolve:

Divulgar, em aditamento ao elenco do art. 51 da Lei nº 8.078/90 e do art. 22 do Decreto nº 2.181/97, as seguintes cláusulas que, dentre outras, são nulas de pleno direito:

1 – estabeleçam prazos de carência na prestação ou fornecimento de serviços, em caso de impontualidade das prestações ou mensalidades;

2 – imponham, em caso de impontualidade, interrupção de serviço essencial, sem aviso prévio;

3 – não restabeleçam integralmente os direitos do consumidor a partir da purgação da mora;

4 – impeçam o consumidor de se beneficiar do evento, constante de termo de garantia contratual, que lhe seja mais favorável;

5 – estabeleçam a perda total ou desproporcionada das prestações pagas pelo consumidor, em benefício do credor, que, em razão de desistência ou inadimplemento, pleitear a resilição ou resolução do contrato, ressalvada a cobrança judicial de perdas e danos comprovadamente sofridos;

6 – estabeleçam sanções em caso de atraso ou descumprimento da obrigação somente em desfavor do consumidor;

7 – estabeleçam cumulativamente a cobrança de comissão de permanência e correção monetária;

[10] *DOU* de 16-3-1998.

8 – elejam foro para dirimir conflitos decorrentes de relações de consumo diverso daquele onde reside o consumidor;

9 – (Revogado pela Portaria nº 17, de 22 de junho de 2004).

> O texto original dispunha:

"9 – obriguem o consumidor ao pagamento de honorários advocatícios sem que haja ajuizamento de ação correspondente;"

10 – impeçam, restrinjam ou afastem a aplicação das normas do código de defesa do consumidor nos conflitos decorrentes de contratos de transporte aéreo;

11 – atribuam ao fornecedor o poder de escolha entre múltiplos índices de reajuste, entre os admitidos legalmente;

12 – permitam ao fornecedor emitir títulos de crédito em branco ou livremente circuláveis por meio de endosso na representação de toda e qualquer obrigação assumida pelo consumidor;

13 – estabeleçam a devolução de prestações pagas, sem que os valores sejam corrigidos monetariamente;

14 – imponham limite ao tempo de internação hospitalar, que não o prescrito pelo médico.

RUY COUTINHO DO NASCIMENTO

DECRETO 2.521, DE 20 DE MARÇO DE 1998[11]

Dispõe sobre a exploração, mediante permissão e autorização, de serviços de transporte rodoviário interestadual e internacional de passageiros e dá outras providências.

O Presidente da República, no uso das atribuições que lhe confere o art. 84, incisos IV e VI, da Constituição, e tendo em vista o disposto na alínea "e" do inciso XII, do art. 21 da Constituição e na Lei nº 8.987, de 13 de fevereiro de 1995, Decreta:

CAPÍTULO I

Das Disposições Preliminares

(...)

CAPÍTULO VI

Dos Direitos e Obrigações dos Usuários

Art. 29. Sem prejuízo do disposto na Lei nº 8.078, de 11 de setembro de 1990, são direitos e obrigações do usuário:

I – receber serviço adequado;

II – receber da Agência Nacional de Transportes Terrestres – ANTT e da transportadora informações para defesa de interesses individuais ou coletivos;

> *Redação pelo Decreto nº 8.083, de 26 de agosto de 2013.*

III – obter e utilizar o serviço com liberdade de escolha;

IV – levar ao conhecimento do órgão de fiscalização as irregularidades de que tenha conhecimento, referentes ao serviço delegado;

V – zelar pela conservação dos bens e equipamentos por meio dos quais lhes são prestados os serviços;

VI – ser transportado com pontualidade, segurança, higiene e conforto, do início ao término da viagem;

VII – ter garantida sua poltrona no ônibus, nas condições especificadas no bilhete de passagem;

VIII – ser atendido com urbanidade pelos prepostos da transportadora e pelos agentes de fiscalização;

IX – ser auxiliado no embarque e desembarque, em se tratando de crianças, pessoas idosas ou com dificuldades de locomoção;

X – receber da transportadora informações acerca das características dos serviços, tais como horários, tempo de viagem, localidades atendidas, preço de passagem e outras relacionadas com os serviços;

---

[11] *DOU* de 23-3-1998.

XI – transportar, gratuitamente, bagagem no bagageiro e volume no porta-embrulhos, observado o disposto nos artigos 70 a 75 deste Decreto;

XII – receber os comprovantes dos volumes transportados no bagageiro;

XIII – ser indenizado por extravio ou dano da bagagem transportada no bagageiro;

XIV – receber a diferença do preço da passagem, quando a viagem se faça, total ou parcialmente, em veículo de características inferiores às daquele contratado;

XV – receber, às expensas da transportadora, enquanto perdurar a situação, alimentação e pousada, nos casos de venda de mais de um bilhete de passagem para a mesma poltrona, ou interrupção ou retardamento da viagem, quando tais fatos forem imputados à transportadora;

XVI – receber da transportadora, em caso de acidente, imediata e adequada assistência;

XVII – (Revogado pelo Decreto 9.579, de 22.11.2018)

XVIII – remarcar os bilhetes de passagens, dentro do prazo de validade de um ano contado da data de sua emissão;

> *Redação pelo Decreto nº 8.083, de 26 de agosto de 2013.*

XIX – receber a importância paga, ou revalidar sua passagem, no caso de desistência da viagem, observado o disposto neste Decreto;

XX – estar garantido pelos seguros previstos no artigo 20, inciso XV, deste Decreto.

Art. 30. O usuário dos serviços de que trata este Decreto terá recusado o embarque ou determinado seu desembarque, quando:

I – não se identificar quando exigido;

II – em estado de embriaguez;

III – portar arma, sem autorização da autoridade competente específica;

IV – transportar ou pretender embarcar produtos considerados perigosos pela legislação específica;

V – transportar ou pretender embarcar consigo animais domésticos ou silvestres, sem o devido acondicionamento ou em desacordo com disposições legais ou regulamentares;

VI – pretender embarcar objeto de dimensões e acondicionamento incompatíveis com o porta-embrulhos;

VII – comprometer a segurança, o conforto ou a tranquilidade dos demais passageiros;

VIII – fizer uso de aparelho sonoro, depois de advertido pela tripulação do veículo;

IX – demonstrar incontinência no comportamento;

X – recusar-se ao pagamento da tarifa;

XI – fizer uso de produtos fumígenos no interior do ônibus, em desacordo com a legislação pertinente.

Art. 31. A transportadora afixará em lugar visível e de fácil acesso aos usuários, no local de venda de passagens e nos terminais de embarque e desembarque de passageiros, transcrição das disposições dos artigos 29, 30, 32 e 70 a 75 deste Decreto.

(...)

Art. 102. Este Decreto entra em vigor na data de sua publicação.

Art. 103. Revoga-se o Decreto nº 952, de 7 de outubro de 1993.

Brasília, 20 de março de 1998; 177º da Independência e 110º da República.

FERNANDO HENRIQUE CARDOSO

PORTARIA 3, DE 19 DE MARÇO DE 1999[12]

Dispõe sobre cláusulas nulas de pleno direito.

O Secretário de Direito Econômico do Ministério da Justiça, no uso de suas atribuições legais,

---

[12] *DOU* de 22-3-1999.

Considerando que o elenco de Cláusulas Abusivas relativas ao fornecimento de produtos e serviços, constantes do art. 51 da Lei nº 8.078, de 11 de setembro de 1990, é de tipo aberto, exemplificativo, permitindo, desta forma a sua complementação;

Considerando o disposto no art. 56 do Decreto nº 2.181, de 20 de março de 1997, que regulamentou a Lei nº 8.078/90, e com o objetivo de orientar o Sistema Nacional de Defesa do Consumidor, notadamente para o fim de aplicação do disposto no inciso IV do art. 22 deste Decreto, bem assim promover a educação e a informação de fornecedores e consumidores, quanto aos seus direitos e deveres, com a melhoria, transparência, harmonia, equilíbrio e boa-fé nas relações de consumo, e

Considerando que decisões administrativas de diversos PROCONs, entendimentos dos Ministérios Públicos ou decisões judiciais pacificam como abusivas as cláusulas a seguir enumeradas, resolve:

Divulgar, em aditamento ao elenco do art. 51 da Lei nº 8.078/90, e do art. 22 do Decreto nº 2.181/97, as seguintes cláusulas que, dentre outras, são nulas de pleno direito:

1. Determinem aumentos de prestações nos contratos de planos e seguros de saúde, firmados anteriormente à Lei nº 9.656/98, por mudanças de faixas etárias sem previsão expressa e definida;

2. Imponham, em contratos de planos de saúde firmados anteriormente à Lei nº 9.656/98, limites ou restrições a procedimentos médicos (consultas, exames médicos, laboratoriais e internações hospitalares, UTI e similares) contrariando prescrição médica;

3. Permitam ao fornecedor de serviço essencial (água, energia elétrica, telefonia) incluir na conta, sem autorização expressa do consumidor, a cobrança de outros serviços. Excetuam-se os casos em que a prestadora do serviço essencial informe e disponibilize gratuitamente ao consumidor a opção de bloqueio prévio da cobrança ou utilização dos serviços de valor adicionado;

4. Estabeleçam prazos de carência para cancelamento do contrato de cartão de crédito;

5. Imponham o pagamento antecipado referente a períodos superiores a 30 dias pela prestação de serviços educacionais ou similares;

6. Estabeleçam, nos contratos de prestação de serviços educacionais, a vinculação à aquisição de outros produtos ou serviços;

7. Estabeleçam que o consumidor reconheça que o contrato acompanhado do extrato demonstrativo da conta corrente bancária constituem título executivo extrajudicial, para os fins do art. 585, II, do Código de Processo Civil;

8. Estipulem o reconhecimento, pelo consumidor, de que os valores lançados no extrato da conta corrente ou na fatura do cartão de crédito constituem dívida líquida, certa e exigível;

9. Estabeleçam a cobrança de juros capitalizados mensalmente;

10. Imponham, em contratos de consórcios, o pagamento de percentual a título de taxa de administração futura, pelos consorciados desistentes ou excluídos;

11. Estabeleçam, nos contratos de prestação de serviços educacionais e similares, multa moratória superior a 2% (dois por cento);

12. Exijam a assinatura de duplicatas, letras de câmbio, notas promissórias ou quaisquer outros títulos de crédito em branco;

13. Subtraiam ao consumidor, nos contratos de seguro, o recebimento de valor inferior ao contrato na apólice;

14. Prevejam em contratos de arrendamento mercantil (*leasing*) a exigência, a título de indenização, do pagamento das parcelas vincendas, no caso de restituição do bem;

15. Estabeleçam, em contrato de arrendamento mercantil (*leasing*), a exigência do pagamento antecipado do Valor Residual Garantido (VRG), sem previsão de devolução desse montante, corrigido monetariamente, se não exercida a opção de compra do bem.

RUY COUTINHO DO NASCIMENTO

LEI 9.832, DE 14 DE SETEMBRO DE 1999[13]

Proíbe o uso industrial de embalagens metálicas soldadas com liga de chumbo e estanho para acondicionamento de gêneros alimentícios, exceto para produtos secos ou desidratados.

O Presidente da República, Faço saber que o Congresso Nacional decreta e eu sanciono a seguinte Lei:

Art. 1º É proibido em todo o território nacional, a partir de dois anos da entrada em vigor desta Lei, o uso industrial de embalagens metálicas soldadas com liga de chumbo e estanho para acondicionamento de gêneros alimentícios, exceto para produtos secos ou desidratados.

Art. 2º O não cumprimento do disposto no art. 1º implicará a aplicação das penalidades administrativas, civis e penais previstas em lei, inclusive aquelas de que trata o art. 56 da Lei nº 8.078, de 11 de setembro de 1990.

Art. 3º Esta Lei entra em vigor na data de sua publicação.

Brasília, 14 de setembro de 1999; 178º da Independência e 111º da República.

FERNANDO HENRIQUE CARDOSO

PORTARIA 3, DE 15 DE MARÇO DE 2001[14]

Dispõe sobre cláusulas nulas de pleno direito.

O Secretário de Direito Econômico do Ministério da Justiça, no uso de suas atribuições legais;

Considerando que o elenco de Cláusulas Abusivas relativas ao fornecimento de produtos e serviços, constantes do art. 51 da Lei nº 8.078, de 11 de setembro de 1990, é de tipo aberto, exemplificativo, permitindo, desta forma a sua complementação;

Considerando o disposto no art. 56 do Decreto nº 2.181, de 20 março de 1997, que regulamentou a Lei nº 8.078/90, e com o objetivo de orientar o Sistema Nacional de Defesa do Consumidor, notadamente para o fim de aplicação do disposto no inciso IV do art. 22 desse Decreto, bem assim promover a educação e a informação de fornecedores e consumidores, quanto aos seus direitos e deveres, com a melhoria, transparência, harmonia, equilíbrio e boa fé nas relações de consumo;

Considerando que decisões judiciais, decisões administrativas de diversos PROCONs, e entendimentos dos Ministérios Públicos pacificam como abusivas as cláusulas a seguir enumeradas, resolve:

Divulgar o seguinte elenco de cláusulas, as quais, na forma do art. 51 da Lei nº 8.078, de 11 de setembro de 1990, e do art. 56 do Decreto nº 2.181, de 20 de março de 1997, com o objetivo de orientar o Sistema Nacional de Defesa do Consumidor, serão consideradas como abusivas, notadamente para fim de aplicação do disposto no inciso IV, do art. 22 do Decreto nº 2.181:

1. estipule presunção de conhecimento por parte do consumidor de fatos novos não previstos em contrato;

2. estabeleça restrições ao direito do consumidor de questionar nas esferas administrativa e judicial possíveis lesões decorrentes de contrato por ele assinado;

3. imponha a perda de parte significativa das prestações já quitadas em situações de venda a crédito, em caso de desistência por justa causa ou impossibilidade de cumprimento da obrigação pelo consumidor;

4. estabeleça cumulação de multa rescisória e perda do valor das arras;

5. estipule a utilização expressa ou não, de juros capitalizados nos contratos civis;

[13] *DOU* de 15-9-1999.

[14] *DOU* de 17-3-2001.

6. autorize, em virtude de inadimplemento, o não fornecimento ao consumidor de informações de posse do fornecedor, tais como: histórico escolar, registros médicos, e demais do gênero;

7. autorize o envio do nome do consumidor e/ou seus garantes a cadastros de consumidores (SPC, Serasa etc.), enquanto houver discussão em juízo relativa à relação de consumo;

8. considere, nos contratos bancários, financeiros e de cartões de crédito, o silêncio do consumidor, pessoa física, como aceitação tácita dos valores cobrados, das informações prestadas nos extratos ou aceitação de modificações de índices ou de quaisquer alterações contratuais;

9. permita à instituição bancária retirar da conta corrente do consumidor ou cobrar restituição deste dos valores usados por terceiros, que de forma ilícita estejam de posse de seus cartões bancários ou cheques, após comunicação de roubo, furto ou desaparecimento suspeito ou requisição de bloqueio ou final de conta;

10. exclua, nos contratos de seguro de vida, a cobertura de evento decorrente de doença preexistente, salvo as hipóteses em que a seguradora comprove que o consumidor tinha conhecimento da referida doença à época da contratação;

11. (Revogado pela Portaria nº 24, de 7-12-2004);

> O texto revogado dispunha:
> *"11. limite temporalmente, nos contratos de seguro de responsabilidade civil, a cobertura apenas às reclamações realizadas durante a vigência do contrato, e não ao evento ou sinistro ocorrido durante a vigência;"*

12. preveja, nos contratos de seguro de automóvel, o ressarcimento pelo valor de mercado, se inferior ao previsto no contrato;

13. impeça o consumidor de acionar, em caso de erro médico, diretamente a operadora ou cooperativa que organiza ou administra o plano privado de assistência à saúde;

14. estabeleça, no contrato de venda e compra de imóvel, a incidência de juros antes da entrega das chaves;

15. preveja, no contrato de promessa de venda e compra de imóvel, que o adquirente autorize ao incorporador alienante constituir hipoteca do terreno e de suas acessões (unidades construídas) para garantir dívida da empresa incorporadora, realizada para financiamento de obras;

16. vede, nos serviços educacionais, em face de desistência pelo consumidor, a restituição de valor pago a título de pagamento antecipado de mensalidade.

PAULO DE TARSO RAMOS RIBEIRO

MEDIDA PROVISÓRIA 2.172-32, DE 23 DE AGOSTO DE 2001[15]

Estabelece a nulidade das disposições contratuais que menciona e inverte, nas hipóteses que prevê, o ônus da prova nas ações intentadas para sua declaração.

O Presidente da República, no uso da atribuição que lhe confere o art. 62 da Constituição, adota a seguinte Medida Provisória, com força de lei:

Art. 1º São nulas de pleno direito as estipulações usurárias, assim consideradas as que estabeleçam:

I – nos contratos civis de mútuo, taxas de juros superiores às legalmente permitidas, caso em que deverá o juiz, se requerido, ajustá-las à medida legal ou, na hipótese de já terem sido cumpridas, ordenar a restituição, em dobro, da quantia paga em excesso, com juros legais a contar da data do pagamento indevido;

[15] *DOU* de 24-8-2001.

II – nos negócios jurídicos não disciplinados pelas legislações comercial e de defesa do consumidor, lucros ou vantagens patrimoniais excessivos, estipulados em situação de vulnerabilidade da parte, caso em que deverá o juiz, se requerido, restabelecer o equilíbrio da relação contratual, ajustando-os ao valor corrente, ou, na hipótese de cumprimento da obrigação, ordenar a restituição, em dobro, da quantia recebida em excesso, com juros legais a contar da data do pagamento indevido.

Parágrafo único. Para a configuração do lucro ou vantagem excessivos, considerar-se-ão a vontade das partes, as circunstâncias da celebração do contrato, o seu conteúdo e natureza, a origem das correspondentes obrigações, as práticas de mercado e as taxas de juros legalmente permitidas.

Art. 2º São igualmente nulas de pleno direito as disposições contratuais que, com o pretexto de conferir ou transmitir direitos, são celebradas para garantir, direta ou indiretamente, contratos civis de mútuo com estipulações usurárias.

Art. 3º Nas ações que visem à declaração de nulidade de estipulações com amparo no disposto nesta Medida Provisória, incumbirá ao credor ou beneficiário do negócio o ônus de provar a regularidade jurídica das correspondentes obrigações, sempre que demonstrada pelo prejudicado, ou pelas circunstâncias do caso, a verossimilhança da alegação.

Art. 4º As disposições desta Medida Provisória não se aplicam:

I – às instituições financeiras e demais instituições autorizadas a funcionar pelo Banco Central do Brasil, bem como às operações realizadas nos mercados financeiro, de capitais e de valores mobiliários, que continuam regidas pelas normas legais e regulamentares que lhes são aplicáveis;

II – às sociedades de crédito que tenham por objeto social exclusivo a concessão de financiamentos ao microempreendedor;

III – às organizações da sociedade civil de interesse público de que trata a Lei nº 9.790, de 23 de março de 1999, devidamente registradas no Ministério da Justiça, que se dedicam a sistemas alternativos de crédito e não têm qualquer tipo de vinculação com o Sistema Financeiro Nacional.

Parágrafo único. Poderão também ser excluídas das disposições desta Medida Provisória, mediante deliberação do Conselho Monetário Nacional, outras modalidades de operações e negócios de natureza subsidiária, complementar ou acessória das atividades exercidas no âmbito dos mercados financeiro, de capitais e de valores mobiliários.

Art. 5º Ficam convalidados os atos praticados com base na Medida Provisória nº 2.172-31, de 26 de julho de 2001.

Art. 6º Esta Medida Provisória entra em vigor na data de sua publicação.

Art. 7º Fica revogado o § 3º do art. 4º da Lei nº 1.521, de 26 de dezembro de 1951.

Brasília, 23 de agosto de 2001; 180º da Independência e 113º da República.

FERNANDO HENRIQUE CARDOSO

PORTARIA 81, DE 23 DE JANEIRO DE 2002[16]

Estabelece regra para a informação aos consumidores sobre mudança de quantidade de produto comercializado na embalagem.

O Ministro de Estado da Justiça, no uso de suas atribuições e;

Considerando que o consumidor se habitua com os padrões de quantidades e embalagens dos produtos, consagrados pelo uso e costume por práticas comerciais adotadas ao longo do tempo, e,

---

[16] *DOU* de 24-1-2002.

portanto, que eventuais mudanças nas quantidades dos produtos nas embalagens, sem prévia e ostensiva informação, podem induzi-lo a erro;

Considerando que o reconhecimento da vulnerabilidade do consumidor no mercado de consumo é imperativo legal, na forma do disposto no art. 4º, inciso I da Lei nº 8.078, de 11 de setembro de 1990;

Considerando que a harmonização dos interesses dos participantes das relações de consumo e a compatibilização da proteção do consumidor com a necessidade de desenvolvimento econômico e tecnológico, de modo a viabilizar os princípios nos quais se funda a ordem econômica (art. 170, da Constituição Federal), sempre com base na boa-fé e equilíbrio nas relações de consumo, são princípios da Política Nacional das Relações de Consumo, na forma do disposto no art. 4º, inciso III da Lei nº 8.078, de 1990;

Considerando que a informação adequada e clara sobre os diferentes produtos ou serviços, bem como que a proteção contra a publicidade enganosa e abusiva, contra métodos comerciais coercitivos ou desleais, contra práticas e cláusulas abusivas ou impostas no fornecimento de produtos e serviços, são direitos básicos do consumidor, na forma do disposto no art. 6º, incisos III e IV da Lei nº 8.078, de 1990;

Considerando o disposto no art. 55 e seus parágrafos da Lei nº 8.078, de 1990, resolve:

Art. 1º Determinar aos fornecedores, que realizarem alterações quantitativas em produtos embalados, que façam constar mensagem específica no painel principal da respectiva embalagem, em letras de tamanho e cor destacados, informando de forma clara, precisa e ostensiva:

I – que houve alteração quantitativa do produto;

II – a quantidade do produto na embalagem existente antes da alteração;

III – a quantidade do produto na embalagem existente depois da alteração;

IV – a quantidade de produto aumentada ou diminuída, em termos absolutos e percentuais.

Parágrafo único. As informações de que trata este artigo deverão constar da embalagem modificada pelo prazo mínimo de 3 (três) meses, sem prejuízo de outras medidas que visem à integral informação do consumidor sobre a alteração empreendida, bem como do cumprimento das demais disposições legais acerca do direito à informação do consumidor.

Art. 2º O não cumprimento às determinações desta Portaria sujeitará o fornecedor às sanções da Lei nº 8.078, de 1990 e no Decreto nº 2.181, de 20 de março de 1997.

Art. 3º Esta Portaria entra em vigor na data de sua publicação.

ALOYSIO NUNES FERREIRA

PORTARIA 5, DE 27 DE AGOSTO DE 2002[17]

Complementa o elenco de cláusulas abusivas constante do art. 51 da Lei nº 8.078, de 11 de setembro de 1990.

A Secretária de Direito Econômico do Ministério da Justiça, no uso da atribuição que lhe confere o art. 56 do Decreto nº 2.181, de 20 de março de 1997, e

Considerando que constitui dever da Secretaria de Direito Econômico orientar o Sistema Nacional de Defesa do Consumidor sobre a abusividade de cláusulas insertas em contratos de fornecimento de produtos e serviços, notadamente para o fim de aplicação do disposto no inciso IV do art. 22 do Decreto nº 2.181, de 1997;

Considerando que o elenco de cláusulas abusivas constante do art. 51 da Lei nº 8.078, de 1990, é meramente exemplifica-

[17] *DOU* de 28-8-2002.

tivo, uma vez que outras estipulações contratuais lesivas ao consumidor defluem do próprio texto legal;

Considerando que a informação de fornecedores e de consumidores quanto aos seus direitos e deveres promove a melhoria, a transparência, a harmonia, o equilíbrio e a boa-fé nas relações de consumo;

Considerando, finalmente, as sugestões oferecidas pelo Ministério Público e pelos Procons, bem como decisões judiciais sobre relações de consumo; resolve:

Art. 1º Considerar abusiva, nos contratos de fornecimento de produtos e serviços, a cláusula que:

I – autorize o envio do nome do consumidor, e/ou seus garantes, a bancos de dados e cadastros de consumidores, sem comprovada notificação prévia;

II – imponha ao consumidor, nos contratos de adesão, a obrigação de manifestar-se contra a transferência, onerosa ou não, para terceiros, dos dados cadastrais confiados ao fornecedor;

III – autorize o fornecedor a investigar a vida privada do consumidor;

IV – imponha em contratos de seguro-saúde, firmados anteriormente à Lei nº 9.656, de 3 de junho de 1998, limite temporal para internação hospitalar;

V – prescreva, em contrato de plano de saúde ou seguro-saúde, a não cobertura de doenças de notificação compulsória.

Art. 2º Esta Portaria entra em vigor na data de sua publicação.

ELISA SILVA RIBEIRO BAPTISTA DE OLIVEIRA

DECRETO 4.680, DE 24 DE ABRIL DE 2003[18]

Regulamenta o direito à informação, assegurado pela Lei nº 8.078, de 11 de setembro de 1990, quanto aos alimentos e ingredientes alimentares destinados ao consumo humano ou animal que contenham ou sejam produzidos a partir de organismos geneticamente modificados, sem prejuízo do cumprimento das demais normas aplicáveis.

O Presidente da República, no uso da atribuição que lhe confere o art. 84, inciso IV, da Constituição, Decreta:

Art. 1º Este Decreto regulamenta o direito à informação, assegurado pela Lei nº 8.078, de 11 de setembro de 1990, quanto aos alimentos e ingredientes alimentares destinados ao consumo humano ou animal que contenham ou sejam produzidos a partir de organismos geneticamente modificados, sem prejuízo do cumprimento das demais normas aplicáveis.

> *Instrução Normativa Interministerial 1/2004: direito à informação, quanto aos alimentos e ingredientes alimentares, destinados ao consumo humano ou animal, que contenham ou sejam produzidos a partir de organismos geneticamente modificados.*

Art. 2º Na comercialização de alimentos e ingredientes alimentares destinados ao consumo humano ou animal que contenham ou sejam produzidos a partir de organismos geneticamente modificados, com presença acima do limite de um por cento do produto, o consumidor deverá ser informado da natureza transgênica desse produto.

§ 1º Tanto nos produtos embalados como nos vendidos a granel ou *in natura*, o rótulo da embalagem ou do recipiente em que estão contidos deverá constar, em destaque, no painel principal e em conjunto com o símbolo a ser definido mediante ato do Ministério da Justiça, uma das seguintes expressões, dependendo do caso: "(nome do produto) transgênico", "contém (nome do ingrediente ou ingredientes) transgênico(s)" ou "produto produzido a partir de (nome do produto) transgênico".

§ 2º O consumidor deverá ser informado sobre a espécie doadora do gene no local reservado para a identificação dos ingredientes.

[18] *DOU* de 25-4-2003, e republicado em 28-4-2003.

§ 3º A informação determinada no § 1º deste artigo também deverá constar do documento fiscal, de modo que essa informação acompanhe o produto ou ingrediente em todas as etapas da cadeia produtiva.

§ 4º O percentual referido no *caput* poderá ser reduzido por decisão da Comissão Técnica Nacional de Biossegurança – CTNBio.

Art. 3º Os alimentos e ingredientes produzidos a partir de animais alimentados com ração contendo ingredientes transgênicos deverão trazer no painel principal, em tamanho e destaque previstos no art. 2º, a seguinte expressão: "(nome do animal) alimentado com ração contendo ingrediente transgênico" ou "(nome do ingrediente) produzido a partir de animal alimentado com ração contendo ingrediente transgênico".

Art. 4º Aos alimentos e ingredientes alimentares que não contenham nem sejam produzidos a partir de organismos geneticamente modificados será facultada a rotulagem "(nome do produto ou ingrediente) livre de transgênicos", desde que tenham similares transgênicos no mercado brasileiro.

Art. 5º As disposições dos §§ 1º, 2º e 3º do art. 2º e do art. 3º deste Decreto não se aplicam à comercialização de alimentos destinados ao consumo humano ou animal que contenham ou tenham sido produzidos a partir de soja da safra colhida em 2003.

§ 1º As expressões "pode conter soja transgênica" e "pode conter ingrediente produzido a partir de soja transgênica" deverão, conforme o caso, constar do rótulo, bem como da documentação fiscal, dos produtos a que se refere o *caput*, independentemente do percentual da presença de soja transgênica, exceto se:

I – a soja ou o ingrediente a partir dela produzido seja oriundo de região excluída pelo Ministério da Agricultura, Pecuária e Abastecimento do regime de que trata a Medida Provisória nº 113, de 26 de março de 2003, de conformidade com o disposto no § 5º do seu art. 1º; ou

II – a soja ou o ingrediente a partir dela produzido seja oriundo de produtores que obtenham o certificado de que trata o art. 4º da Medida Provisória nº 113, de 2003, devendo, nesse caso, ser aplicadas as disposições do art. 4º deste Decreto.

§ 2º A informação referida no § 1º pode ser inserida por meio de adesivos ou qualquer forma de impressão.

§ 3º Os alimentos a que se refere o *caput* poderão ser comercializados após 31 de janeiro de 2004, desde que a soja a partir da qual foram produzidos tenha sido alienada pelo produtor até essa data.

Art. 6º À infração ao disposto neste Decreto aplica-se as penalidades previstas no Código de Defesa do Consumidor e demais normas aplicáveis.

Art. 7º Este Decreto entra em vigor na data de sua publicação.

Art. 8º Revoga-se o Decreto nº 3.871, de 18 de julho de 2001.

LUIZ INÁCIO LULA DA SILVA

LEI 10.671, DE 15 DE MAIO DE 2003[19]

Dispõe sobre o Estatuto de Defesa do Torcedor, e dá outras providências.

O Presidente da República, Faço saber que o Congresso Nacional decreta e eu sanciono a seguinte Lei:

CAPÍTULO I
Disposições Gerais

Art. 1º Este Estatuto estabelece normas de proteção e defesa do torcedor.

Art. 2º Torcedor é toda pessoa que aprecie, apóie ou se associe a qualquer entidade de prática desportiva do País e acompanhe a prática de determinada modalidade esportiva.

[19] *DOU* de 16-5-2003.

Parágrafo único. Salvo prova em contrário, presumem-se a apreciação, o apoio ou o acompanhamento de que trata o *caput* deste artigo.

Art. 3º Para todos os efeitos legais, equiparam-se a fornecedor, nos termos da Lei nº 8.078, de 11 de setembro de 1990, a entidade responsável pela organização da competição, bem como a entidade de prática desportiva detentora do mando de jogo.

Art. 4º (Vetado)

CAPÍTULO II
Da Transparência na Organização

Art. 5º São asseguradas ao torcedor a publicidade e transparência na organização das competições administradas pelas entidades de administração do desporto, bem como pelas ligas de que trata o art. 20 da Lei nº 9.615, de 24 de março de 1998.

Parágrafo único. As entidades de que trata o *caput* farão publicar na Internet, em sítio dedicado exclusivamente à competição, bem como afixar ostensivamente em local visível, em caracteres facilmente legíveis, do lado externo de todas as entradas do local onde se realiza o evento esportivo:

I – a íntegra do regulamento da competição;

II – as tabelas da competição, contendo as partidas que serão realizadas, com especificação de sua data, local e horário;

III – o nome e as formas de contato do Ouvidor da Competição de que trata o art. 6º;

IV – os borderôs completos das partidas;

V – a escalação dos árbitros imediatamente após sua definição; e

VI – a relação dos nomes dos torcedores impedidos de comparecer ao local do evento desportivo.

Art. 6º A entidade responsável pela organização da competição, previamente ao seu início, designará o Ouvidor da Competição, fornecendo-lhe os meios de comunicação necessários ao amplo acesso dos torcedores.

§ 1º São deveres do Ouvidor da Competição recolher as sugestões, propostas e reclamações que receber dos torcedores, examiná-las e propor à respectiva entidade medidas necessárias ao aperfeiçoamento da competição e ao benefício do torcedor.

§ 2º É assegurado ao torcedor:

I – o amplo acesso ao Ouvidor da Competição, mediante comunicação postal ou mensagem eletrônica; e

II – o direito de receber do Ouvidor da Competição as respostas às sugestões, propostas e reclamações, que encaminhou, no prazo de trinta dias.

§ 3º Na hipótese de que trata o inciso II do § 2º, o Ouvidor da Competição utilizará, prioritariamente, o mesmo meio de comunicação utilizado pelo torcedor para o encaminhamento de sua mensagem.

§ 4º O sítio da Internet em que forem publicadas as informações de que trata o parágrafo único do art. 5º conterá, também, as manifestações e propostas do Ouvidor da Competição.

§ 5º A função de Ouvidor da Competição poderá ser remunerada pelas entidades de prática desportiva participantes da competição.

Art. 7º É direito do torcedor a divulgação, durante a realização da partida, da renda obtida pelo pagamento de ingressos e do número de espectadores pagantes e não pagantes, por intermédio dos serviços de som e imagem instalados no estádio em que se realiza a partida, pela entidade responsável pela organização da competição.

Art. 8º As competições de atletas profissionais de que participem entidades integrantes da organização desportiva do País deverão ser promovidas de acordo com calendário anual de eventos oficiais que:

I – garanta às entidades de prática desportiva participação em competições durante pelo menos dez meses do ano;

II – adote, em pelo menos uma competição de âmbito nacional, sistema de disputa em que as equipes participantes conheçam, previamente ao seu início, a quantidade de partidas que disputarão, bem como seus adversários.

CAPÍTULO III
Do Regulamento da Competição

Art. 9º É direito do torcedor que o regulamento, as tabelas da competição e o nome do Ouvidor da Competição sejam divulgados até sessenta dias antes de seu início, na forma do parágrafo único do art. 5º.

§ 1º Nos dez dias subsequentes à divulgação de que trata o *caput*, qualquer interessado poderá manifestar-se sobre o regulamento diretamente ao Ouvidor da Competição.

§ 2º O Ouvidor da Competição elaborará, em setenta e duas horas, relatório contendo as principais propostas e sugestões encaminhadas.

§ 3º Após o exame do relatório, a entidade responsável pela organização da competição decidirá, em quarenta e oito horas, motivadamente, sobre a conveniência da aceitação das propostas e sugestões relatadas.

§ 4º O regulamento definitivo da competição será divulgado, na forma do parágrafo único do art. 5º, quarenta e cinco dias antes de seu início.

§ 5º É vedado proceder alterações no regulamento da competição desde sua divulgação definitiva, salvo nas hipóteses de:

I – apresentação de novo calendário anual de eventos oficiais para o ano subsequente, desde que aprovado pelo Conselho Nacional do Esporte – CNE;

II – após dois anos de vigência do mesmo regulamento, observado o procedimento de que trata este artigo.

§ 6º A competição que vier a substituir outra, segundo o novo calendário anual de eventos oficiais apresentado para o ano subsequente, deverá ter âmbito territorial diverso da competição a ser substituída.

Art. 10. É direito do torcedor que a participação das entidades de prática desportiva em competições organizadas pelas entidades de que trata o art. 5º seja exclusivamente em virtude de critério técnico previamente definido.

§ 1º Para os fins do disposto neste artigo, considera-se critério técnico a habilitação de entidade de prática desportiva em razão de:

> *§ 1º com redação pela Lei 13.155/2015.*

I – colocação obtida em competição anterior; e

> *Inciso I acrescido pela Lei 13.155/2015.*

II – cumprimento dos seguintes requisitos:

> *Inciso II acrescido pela Lei 13.155/2015.*

a) regularidade fiscal, atestada por meio de apresentação de Certidão Negativa de Débitos relativos a Créditos Tributários Federais e à Dívida Ativa da União – CND;

b) apresentação de certificado de regularidade do Fundo de Garantia do Tempo de Serviço – FGTS; e

c) comprovação de pagamento dos vencimentos acertados em contratos de trabalho e dos contratos de imagem dos atletas.

§ 2º Fica vedada a adoção de qualquer outro critério, especialmente o convite, observado o disposto no art. 89 da Lei 9.615, de 24 de março de 1998.

> *Lei 9.615/1998 (Normas gerais sobre desporto).*

§ 3º Em campeonatos ou torneios regulares com mais de uma divisão, serão observados o princípio do acesso e do descenso e as seguintes determinações, sem prejuízo da perda de pontos, na forma do regulamento:

> *§ 3º com redação pela Lei 13.155/2015.*

I – a entidade de prática desportiva que não cumprir todos os requisitos estabelecidos no inciso II do § 1º deste artigo participará da divisão imediatamente inferior à que se encontra classificada;

> *Inciso I acrescido pela Lei 13.155/2015.*

II – a vaga desocupada pela entidade de prática desportiva rebaixada nos termos do inciso I deste parágrafo será ocupada por entidade de prática desportiva participante da divisão que receberá a entidade rebaixada nos termos do inciso I deste parágrafo, obedecida a ordem de classificação do campeonato do ano anterior e desde que cumpridos os requisitos exigidos no inciso II do § 1º deste artigo.

> *Inciso II acrescido pela Lei 13.155/2015.*

§ 4º Serão desconsideradas as partidas disputadas pela entidade de prática desportiva que não tenham atendido ao critério técnico previamente definido, inclusive para efeito de pontuação na competição.

§ 5º A comprovação da regularidade fiscal de que trata a alínea a do inciso II do § 1º deste artigo poderá ser feita mediante a apresentação de Certidão Positiva com Efeitos de Negativa de Débitos relativos a Créditos Tributários Federais e à Dívida Ativa da União – CPEND.

> *§ 5º com redação pela Lei 13.155/2015.*

§ 6º a **§ 8º** (Vetados).

Art. 11. É direito do torcedor que o árbitro e seus auxiliares entreguem, em até quatro horas contadas do término da partida, a súmula e os relatórios da partida ao representante da entidade responsável pela organização da competição.

§ 1º Em casos excepcionais, de grave tumulto ou necessidade de laudo médico, os relatórios da partida poderão ser complementados em até vinte e quatro horas após o seu término.

§ 2º A súmula e os relatórios da partida serão elaborados em três vias, de igual teor e forma, devidamente assinadas pelo árbitro, auxiliares e pelo representante da entidade responsável pela organização da competição.

§ 3º A primeira via será acondicionada em envelope lacrado e ficará na posse de representante da entidade responsável pela organização da competição, que a encaminhará ao setor competente da respectiva entidade até as treze horas do primeiro dia útil subsequente.

§ 4º O lacre de que trata o § 3º será assinado pelo árbitro e seus auxiliares.

§ 5º A segunda via ficará na posse do árbitro da partida, servindo-lhe como recibo.

§ 6º A terceira via ficará na posse do representante da entidade responsável pela organização da competição, que a encaminhará ao Ouvidor da Competição até as treze horas do primeiro dia útil subsequente, para imediata divulgação.

Art. 12. A entidade responsável pela organização da competição dará publicidade à súmula e aos relatórios da partida no sítio de que trata o parágrafo único do art. 5º até as quatorze horas do primeiro dia útil subsequente ao da realização da partida.

CAPÍTULO IV
Da Segurança do Torcedor Partícipe do Evento Esportivo

Art. 13. O torcedor tem direito a segurança nos locais onde são realizados os eventos esportivos antes, durante e após a realização das partidas.

Parágrafo único. Será assegurado acessibilidade ao torcedor portador de deficiência ou com mobilidade reduzida.

Art. 14. Sem prejuízo do disposto nos arts. 12 a 14 da Lei nº 8.078, de 11 de setembro de 1990, a responsabilidade pela segurança do torcedor em evento esportivo é da entidade de prática desportiva detentora do mando de jogo e de seus dirigentes, que deverão:

I – solicitar ao Poder Público competente a presença de agentes públicos de segurança, devidamente identificados, responsáveis pela segurança dos torcedores dentro e fora dos estádios e demais locais de realização de eventos esportivos;

II – informar imediatamente após a decisão acerca da realização da partida, dentre outros, aos órgãos públicos de segurança, transporte e higiene, os dados necessários à segurança da partida, especialmente:

a) o local;

b) o horário de abertura do estádio;

c) a capacidade de público do estádio; e

d) a expectativa de público;

III – colocar à disposição do torcedor orientadores e serviço de atendimento para que aquele encaminhe suas reclamações no momento da partida, em local:

a) amplamente divulgado e de fácil acesso; e

b) situado no estádio.

§ 1º É dever da entidade de prática desportiva detentora do mando de jogo solucionar imediatamente, sempre que possível, as reclamações dirigidas ao serviço de atendimento referido no inciso III, bem como reportá-las ao Ouvidor da Competição e, nos casos relacionados à violação de direitos e interesses de consumidores, aos órgãos de defesa e proteção do consumidor.

§ 2º Perderá o mando de campo por, no mínimo, dois meses, sem prejuízo das sanções cabíveis, a entidade de prática desportiva detentora do mando de jogo que não observar o disposto no *caput* deste artigo.

Art. 15. O detentor do mando de jogo será uma das entidades de prática desportiva envolvidas na partida, de acordo com os critérios definidos no regulamento da competição.

Art. 16. É dever da entidade responsável pela organização da competição:

I – confirmar, com até quarenta e oito horas de antecedência, o horário e o local da realização das partidas em que a definição das equipes dependa de resultado anterior;

II – contratar seguro de acidentes pessoais, tendo como beneficiário o torcedor portador de ingresso, válido a partir do momento em que ingressar no estádio;

III – disponibilizar um médico e dois enfermeiros-padrão para cada dez mil torcedores presentes à partida;

IV – disponibilizar uma ambulância para cada dez mil torcedores presentes à partida; e

V – comunicar previamente à autoridade de saúde a realização do evento.

Art. 17. É direito do torcedor a implementação de planos de ação referentes à segurança, transporte e contingências que possam ocorrer durante a realização de eventos esportivos.

§ 1º Os planos de ação de que trata o *caput*:

I – serão elaborados pela entidade responsável pela organização da competição, com a participação das entidades de prática desportiva que a disputarão; e

II – deverão ser apresentados previamente aos órgãos responsáveis pela segurança pública das localidades em que se realizarão as partidas da competição.

§ 2º Planos de ação especiais poderão ser apresentados em relação a eventos esportivos com excepcional expectativa de público.

§ 3º Os planos de ação serão divulgados no sítio dedicado à competição de que trata o parágrafo único do art. 5º no mesmo prazo de publicação do regulamento definitivo da competição.

Art. 18. Os estádios com capacidade superior a vinte mil pessoas deverão manter central técnica de informações, com infraestrutura suficiente para viabilizar o monitoramento por imagem do público presente.

Art. 19. As entidades responsáveis pela organização da competição, bem como seus dirigentes respondem solidariamente com as entidades de que trata o art. 15 e seus dirigentes, independentemente da existência de culpa, pelos prejuízos causados a torcedor que decorram de falhas de segurança nos estádios ou da inobservância do disposto neste capítulo.

CAPÍTULO V
Dos ingressos

Art. 20. É direito do torcedor partícipe que os ingressos para as partidas integrantes de competições profissionais sejam colocados à venda até setenta e duas horas antes do início da partida correspondente.

§ 1º O prazo referido no *caput* será de quarenta e oito horas nas partidas em que:

I – as equipes sejam definidas a partir de jogos eliminatórios; e

II – a realização não seja possível prever com antecedência de quatro dias.

§ 2º A venda deverá ser realizada por sistema que assegure a sua agilidade e amplo acesso à informação.

§ 3º É assegurado ao torcedor partícipe o fornecimento de comprovante de pagamento, logo após a aquisição dos ingressos.

§ 4º Não será exigida, em qualquer hipótese, a devolução do comprovante de que trata o § 3º.

§ 5º Nas partidas que compõem as competições de âmbito nacional ou regional de primeira e segunda divisão, a venda de ingressos será realizada em, pelo menos, cinco postos de venda localizados em distritos diferentes da cidade.

Art. 21. A entidade detentora do mando de jogo implementará, na organização da emissão e venda de ingressos, sistema de segurança contra falsificações, fraudes e outras práticas que contribuam para a evasão da receita decorrente do evento esportivo.

Art. 22. São direitos do torcedor partícipe:

I – que todos os ingressos emitidos sejam numerados; e

II – ocupar o local correspondente ao número constante do ingresso.

§ 1º O disposto no inciso II não se aplica aos locais já existentes para assistência em pé, nas competições que o permitirem, limitando-se, nesses locais, o número de pessoas, de acordo com critérios de saúde, segurança e bem-estar.

§ 2º Emissão de ingressos e o acesso ao estádio na primeira divisão da principal competição nacional e nas partidas finais das competições eliminatórias de âmbito nacional deverão ser realizados por meio de sistema eletrônico que viabilize a fiscalização e o controle da quantidade de público e do movimento financeiro da partida.

§ 3º O disposto no § 2º não se aplica aos eventos esportivos realizados em estádios com capacidade inferior a vinte mil pessoas.

Art. 23. A entidade responsável pela organização da competição apresentará ao Ministério Público dos Estados e do Distrito Federal, previamente à sua realização, os laudos técnicos expedidos pelos órgãos e autoridades competentes pela vistoria das condições de segurança dos estádios a serem utilizados na competição.

§ 1º Os laudos atestarão a real capacidade de público dos estádios, bem como suas condições de segurança.

§ 2º Perderá o mando de jogo por, no mínimo, seis meses, sem prejuízo das demais sanções cabíveis, a entidade de prática desportiva detentora do mando do jogo em que:

I – tenha sido colocado à venda número de ingressos maior do que a capacidade de público do estádio; ou

II – tenham entrado pessoas em número maior do que a capacidade de público do estádio.

Art. 24. É direito do torcedor partícipe que conste no ingresso o preço pago por ele.

§ 1º Os valores estampados nos ingressos destinados a um mesmo setor do estádio não poderão ser diferentes entre si, nem daqueles divulgados antes da partida pela entidade detentora do mando de jogo.

§ 2º O disposto no § 1º não se aplica aos casos de venda antecipada de carnê para um conjunto de, no mínimo, três partidas de uma mesma equipe, bem como na venda de ingresso com redução de preço decorrente de previsão legal.

Art. 25. O controle e a fiscalização do acesso do público ao estádio com capacidade para mais de vinte mil pessoas deverão contar com meio de monitoramento por imagem das catracas, sem prejuízo do disposto no art. 18 desta Lei.

CAPÍTULO VI
Do Transporte

Art. 26. Em relação ao transporte de torcedores para eventos esportivos, fica assegurado ao torcedor partícipe:

I – o acesso a transporte seguro e organizado;

II – a ampla divulgação das providências tomadas em relação ao acesso ao local da partida, seja em transporte público ou privado; e

III – a organização das imediações do estádio em que será disputada a partida, bem como suas entradas e saídas, de modo a viabilizar, sempre que possível, o acesso seguro e rápido ao evento, na entrada, e aos meios de transporte, na saída.

Art. 27. A entidade responsável pela organização da competição e a entidade de prática desportiva detentora do mando de jogo solicitarão formalmente, direto ou mediante convênio, ao Poder Público competente:

I – serviços de estacionamento para uso por torcedores partícipes durante a realização de eventos esportivos, assegurando a estes acesso a serviço organizado de transporte para o estádio, ainda que oneroso; e

II – meio de transporte, ainda que oneroso, para condução de idosos, crianças e pessoas portadoras de deficiência física aos estádios, partindo de locais de fácil acesso, previamente determinados.

Parágrafo único. O cumprimento do disposto neste artigo fica dispensado na hipótese de evento esportivo realizado em estádio com capacidade inferior a vinte mil pessoas.

CAPÍTULO VII
Da Alimentação e da Higiene

Art. 28. O torcedor partícipe tem direito à higiene e à qualidade das instalações físicas dos estádios e dos produtos alimentícios vendidos no local.

§ 1º O Poder Público, por meio de seus órgãos de vigilância sanitária, verificará o cumprimento do disposto neste artigo, na forma da legislação em vigor.

§ 2º É vedado impor preços excessivos ou aumentar sem justa causa os preços dos produtos alimentícios comercializados no local de realização do evento esportivo.

Art. 29. É direito do torcedor partícipe que os estádios possuam sanitários em número compatível com sua capacidade de público, em plenas condições de limpeza e funcionamento.

Parágrafo único. Os laudos de que trata o art. 23 deverão aferir o número de sanitários em condições de uso e emitir parecer sobre a sua compatibilidade com a capacidade de público do estádio.

CAPÍTULO VIII
Da Relação com a Arbitragem Esportiva

Art. 30. É direito do torcedor que a arbitragem das competições desportivas seja independente, imparcial, previamente remunerada e isenta de pressões.

Parágrafo único. A remuneração do árbitro e de seus auxiliares será de responsabilidade da entidade de administração do desporto ou da liga organizadora do evento esportivo.

Art. 31. A entidade detentora do mando do jogo e seus dirigentes deverão convocar os agentes públicos de segurança visando a garantia da integridade física do árbitro e de seus auxiliares.

Art. 32. É direito do torcedor que os árbitros de cada partida sejam escolhidos mediante sorteio, dentre aqueles previamente selecionados, ou audiência pública transmitida ao vivo pela rede mundial de computadores, sob pena de nulidade.

> *Caput com redação pela Lei 13.155/2015.*

§ 1º O sorteio ou audiência pública serão realizados no mínimo quarenta e oito horas antes de cada rodada, em local e data previamente definidos.

> *§ 1º com redação pela Lei 13.155/2015.*

§ 2º O sorteio será aberto ao público, garantida sua ampla divulgação.

CAPÍTULO IX
Da Relação com a Entidade de Prática Desportiva

Art. 33. Sem prejuízo do disposto nesta Lei, cada entidade de prática desportiva fará publicar documento que contemple as diretrizes básicas de seu relacionamento com os torcedores, disciplinando, obrigatoriamente:

I – o acesso ao estádio e aos locais de venda dos ingressos;

II – mecanismos de transparência financeira da entidade, inclusive com disposições relativas à realização de auditorias independentes, observado o disposto no art. 46-A da Lei nº 9.615, de 24 de março de 1998; e

III – a comunicação entre o torcedor e a entidade de prática desportiva.

Parágrafo único. A comunicação entre o torcedor e a entidade de prática desportiva de que trata o inciso III do *caput* poderá, dentre outras medidas, ocorrer mediante:

I – a instalação de uma ouvidoria estável;

II – a constituição de um órgão consultivo formado por torcedores não sócios; ou

III – reconhecimento da figura do sócio-torcedor, com direitos mais restritos que os dos demais sócios.

CAPÍTULO X
Da Relação com a Justiça Desportiva

Art. 34. É direito do torcedor que os órgãos da Justiça Desportiva, no exercício de suas funções, observem os princípios da impessoalidade, da moralidade, da celeridade, da publicidade e da independência.

Art. 35. As decisões proferidas pelos órgãos da Justiça Desportiva devem ser, em qualquer hipótese, motivadas e ter a mesma publicidade que as decisões dos tribunais federais.

§ 1º Não correm em segredo de justiça os processos em curso perante a Justiça Desportiva:

§ 2º As decisões de que trata o *caput* serão disponibilizadas no sítio de que trata o parágrafo único do art. 5º.

Art. 36. São nulas as decisões proferidas que não observarem o disposto nos arts. 34 e 35.

CAPÍTULO XI
Das Penalidades

Art. 37. Sem prejuízo das demais sanções cabíveis, a entidade de administração do desporto, a liga ou a entidade de prática desportiva que violar ou de qualquer forma concorrer para a violação do disposto nesta Lei, observado o devido processo legal, incidirá nas seguintes sanções:

I – destituição de seus dirigentes, na hipótese de violação das regras de que tratam os Capítulos II, IV e V desta Lei;

II – suspensão por seis meses dos seus dirigentes, por violação dos dispositivos desta Lei não referidos no inciso I;

III – impedimento de gozar de qualquer benefício fiscal em âmbito federal; e

IV – suspensão por seis meses dos repasses de recursos públicos federais da administração direta e indireta, sem prejuízo do disposto no art. 18 da Lei nº 9.615, de 24 de março de 1998.

§ 1º Os dirigentes de que tratam os incisos I e II do *caput* deste artigo serão sempre:

I – o presidente da entidade, ou aquele que lhe faça as vezes; e

II – o dirigente que praticou a infração, ainda que por omissão.

§ 2º A União, os Estados, o Distrito Federal e os Municípios poderão instituir, no âmbito de suas competências, multas em razão do descumprimento do disposto nesta Lei, observado o valor mínimo de R$ 100,00 (cem reais) e o valor máximo de R$ 2.000.000,00 (dois milhões de reais).

> *§ 2º com redação pela Lei 13.155/2015.*

§ 3º A instauração do processo apuratório acarretará adoção cautelar do afastamento compulsório dos dirigentes e demais pessoas que, de forma direta ou indiretamente, puderem interferir prejudicialmente na completa elucidação dos fatos, além da suspensão dos repasses de verbas públicas, até a decisão final.

Art. 38. (Vetado)

Art. 39. O torcedor que promover tumulto, praticar ou incitar a violência, ou invadir local restrito aos competidores ficará impedido de comparecer às proximidades, bem como a qualquer local em que se realize evento esportivo, pelo prazo de três meses a um ano, de acordo com a gravidade da conduta, sem prejuízo das demais sanções cabíveis.

§ 1º Incorrerá nas mesmas penas o torcedor que promover tumulto, praticar ou incitar a violência num raio de cinco mil metros ao redor do local de realização do evento esportivo.

§ 2º A verificação do mau torcedor deverá ser feita pela sua conduta no evento esportivo ou por Boletins de Ocorrências Policiais lavrados.

§ 3º A apenação se dará por sentença dos juizados especiais criminais e deverá ser provocada pelo Ministério Público, pela polícia judiciária, por qualquer autoridade, pelo mando do evento esportivo ou por qualquer torcedor partícipe, mediante representação.

Art. 40. A defesa dos interesses e direitos dos torcedores em juízo observará, no que couber, a mesma disciplina da defesa dos consumidores em juízo de que trata o Título III da Lei nº 8.078, de 11 de setembro de 1990.

Art. 41. A União, os Estados, o Distrito Federal e os Municípios promoverão a defesa do torcedor, e, com a finalidade de fiscalizar o cumprimento do disposto nesta Lei, poderão:

I – constituir órgão especializado de defesa do torcedor; ou

II – atribuir a promoção e defesa do torcedor aos órgãos de defesa do consumidor.

Art. 41-A. Os juizados do torcedor, órgãos da Justiça Ordinária com competência cível e criminal, poderão ser criados pelos Estados e pelo Distrito Federal para o processo, o julgamento e a execução das causas decorrentes das atividades reguladas nesta Lei.

> *Artigo acrescido pela Lei 12.299/2010.*

CAPÍTULO XI-A
Dos Crimes

> *Capítulo XI-A acrescido pela Lei 12.299/2010.*
> *Art. 49, §1º, do CP.*
> *Art. 35 da Lei 12.663/2012 (Medidas relativas à Copa das Confederações FIFA 2013, à Copa do Mundo FIFA 2014 e à Jornada Mundial da Juventude – 2013, que serão realizadas no Brasil).*

Art. 41-B. Promover tumulto, praticar ou incitar a violência, ou invadir local restrito aos competidores em eventos esportivos:

> *Artigo acrescido pela Lei 12.299/2010.*

Pena – reclusão de 1 (um) a 2 (dois) anos e multa.

§ 1º Incorrerá nas mesmas penas o torcedor que:

I – promover tumulto, praticar ou incitar a violência num raio de 5.000 (cinco mil) metros ao redor do local de realização do evento esportivo, ou durante o trajeto de ida e volta do local da realização do evento;

II – portar, deter ou transportar, no interior do estádio, em suas imediações ou no seu trajeto, em dia de realização de evento esportivo, quaisquer instrumentos que possam servir para a prática de violência.

§ 2º Na sentença penal condenatória, o juiz deverá converter a pena de reclusão em pena impeditiva de comparecimento às proximidades do estádio, bem como a qualquer local em que se realize evento esportivo, pelo prazo de 3 (três) meses a 3 (três) anos, de acordo com a gravidade da conduta, na hipótese de o agente ser primário, ter bons antecedentes e não ter sido punido anteriormente pela prática de condutas previstas neste artigo.

§ 3º A pena impeditiva de comparecimento às proximidades do estádio, bem como a qualquer local em que se realize evento esportivo, converter-se-á em privativa de liberdade quando ocorrer o descumprimento injustificado da restrição imposta.

§ 4º Na conversão de pena prevista no § 2º, a sentença deverá determinar, ainda, a obrigatoriedade suplementar de o agente permanecer em estabelecimento indicado pelo juiz, no período compreendido entre as 2 (duas) horas antecedentes e as 2 (duas) horas posteriores à realização de partidas de entidade de prática desportiva ou de competição determinada.

§ 5º Na hipótese de o representante do Ministério Público propor aplicação da pena restritiva de direito prevista no art. 76 da Lei 9.099, de 26 de setembro de 1995, o juiz aplicará a sanção prevista no § 2º.

> *Lei 9.099/1995 (Juizados Especiais).*

Art. 41-C. Solicitar ou aceitar, para si ou para outrem, vantagem ou promessa de vantagem patrimonial ou não patrimonial para qualquer ato ou omissão destinado a alterar ou falsear o resultado de competição esportiva ou evento a ela associado:

> *Artigo com redação pela Lei 13.155/2015.*

Pena – reclusão de 2 (dois) a 6 (seis) anos e multa.

Art. 41-D. Dar ou prometer vantagem patrimonial ou não patrimonial com o fim de alterar ou falsear o resultado de uma competição desportiva ou evento a ela associado:

> *Artigo com redação pela Lei 13.155/2015.*

Pena – reclusão de 2 (dois) a 6 (seis) anos e multa.

Art. 41-E. Fraudar, por qualquer meio, ou contribuir para que se fraude, de qualquer forma, o resultado de competição esportiva ou evento a ela associado:

> *Artigo com redação pela Lei 13.155/2015.*

Pena – reclusão de 2 (dois) a 6 (seis) anos e multa.

Art. 41-F. Vender ingressos de evento esportivo, por preço superior ao estampado no bilhete:

> *Artigo acrescido pela Lei 12.299/2010.*

Pena – reclusão de 1 (um) a 2 (dois) anos e multa.

Art. 41-G. Fornecer, desviar ou facilitar a distribuição de ingressos para venda por preço superior ao estampado no bilhete:

> *Artigo acrescido pela Lei 12.299/2010.*

Pena – reclusão de 2 (dois) a 4 (quatro) anos e multa.

Parágrafo único. A pena será aumentada de 1/3 (um terço) até a metade se o agente for servidor público, dirigente ou funcionário de entidade de prática desportiva, entidade responsável pela organização da competição, empresa contratada para o processo de emissão, distribuição e venda de ingressos ou torcida organizada e se utilizar desta condição para os fins previstos neste artigo.

CAPÍTULO XII
Disposições Finais e Transitórias

Art. 42. O Conselho Nacional de Esportes – CNE promoverá, no prazo de seis meses, contado da publicação desta Lei, a adequação do Código de Justiça Desportiva ao disposto na Lei nº 9.615, de 24 de março de 1998, nesta Lei e em seus respectivos regulamentos.

Art. 43. Esta Lei aplica-se apenas ao desporto profissional.

Art. 44. O disposto no parágrafo único do art. 13, e nos arts. 18, 22, 25 e 33 entrará em vigor após seis meses da publicação desta Lei.

Art. 45. Esta Lei entra em vigor na data de sua publicação.

LUIZ INÁCIO LULA DA SILVA

PORTARIA 7, DE 3 DE SETEMBRO DE 2003[20]

Para efeitos de fiscalização pelos órgãos públicos de defesa do consumidor, particulariza hipótese prevista no elenco de práticas abusivas constante do art. 39 da Lei nº 8.078, de 11 de setembro de 1990.

[20] *DOU* de 04.09.2013.

O Secretário de Direito Econômico do Ministério da Justiça, no uso da atribuição que lhe confere o art. 63 do Decreto nº 2.181 de 20 de março de 1997, e

Considerando que constitui dever da Secretaria de Direito Econômico orientar o Sistema Nacional de Defesa do Consumidor visando à fiel observância das normas de proteção e defesa do consumidor,

Considerando que os órgãos públicos de defesa do consumidor, nas suas respectivas áreas de atuação administrativa e no interesse da preservação da vida, da saúde, da segurança, da informação e do bem-estar do consumidor, devem editar as normas que se fizerem necessárias, nos termos do art. 55 da Lei nº 8.078/90;

Considerando que a informação de fornecedores e de consumidores quanto aos seus direitos e deveres promove a melhoria, a transparência, a harmonia, o equilíbrio e a boa-fé nas relações de consumo;

Considerando, finalmente, a aplicabilidade do Código de Defesa do Consumidor, no âmbito dos serviços privados de saúde, resolve:

Art. 1º Considerar abusiva, nos termos do art. 39, inciso V da Lei nº 8.078, de 11 de setembro de 1990, a interrupção da internação hospitalar em leito clínico, cirúrgico ou em centro de terapia intensiva ou similar, por motivos alheios às prescrições médicas.

Art. 2º Esta portaria entra em vigor na data de sua publicação.

DANIEL KREPEL GOLDBERG

LEI 10.962, DE 11 DE OUTUBRO DE 2004[21]

Dispõe sobre a oferta e as formas de afixação de preços de produtos e serviços para o consumidor.

O Presidente da República, Faço saber que o Congresso Nacional decreta e eu sanciono a seguinte Lei:

Art. 1º Esta Lei regula as condições de oferta e afixação de preços de bens e serviços para o consumidor.

Art. 2º São admitidas as seguintes formas de afixação de preços em vendas a varejo para o consumidor:

I – no comércio em geral, por meio de etiquetas ou similares afixados diretamente nos bens expostos à venda, e em vitrines, mediante divulgação do preço à vista em caracteres legíveis;

II – em autosserviços, supermercados, hipermercados, mercearias ou estabelecimentos comerciais onde o consumidor tenha acesso direto ao produto, sem intervenção do comerciante, mediante a impressão ou afixação do preço do produto na embalagem, ou a afixação de código referencial, ou ainda, com a afixação de código de barras.

III – no comércio eletrônico, mediante divulgação ostensiva do preço à vista, junto à imagem do produto ou descrição do serviço, em caracteres facilmente legíveis com tamanho de fonte não inferior a doze.

> *Inciso III acrescido pela Lei 13.543, de 19 de dezembro de 2017.*

Parágrafo único. Nos casos de utilização de código referencial ou de barras, o comerciante deverá expor, de forma clara e legível, junto aos itens expostos, informação relativa ao preço à vista do produto, suas características e código.

Art. 2º-A. Na venda a varejo de produtos fracionados em pequenas quantidades, o comerciante deverá informar, na etiqueta contendo o preço ou junto aos itens expostos, além do preço do produto à vista, o preço correspondente a uma das seguintes unidades fundamentais de medida: capacidade, massa, volume, comprimento ou área, de acordo com a forma habitual de comercialização de cada tipo de produto.

> *Artigo acrescido pela Lei 13.175/2015.*

[21] *DOU* de 13-10-2004. Decreto nº 5.903, de 20-9-2006. (Regulamento).

Parágrafo único. O disposto neste artigo não se aplica à comercialização de medicamentos.

> Parágrafo único *acrescido pela Lei 13.175/2015.*

Art. 3º Na impossibilidade de afixação de preços conforme disposto no art. 2º, é permitido o uso de relações de preços dos produtos expostos, bem como dos serviços oferecidos, de forma escrita, clara e acessível ao consumidor.

Art. 4º Nos estabelecimentos que utilizem código de barras para apreçamento, deverão ser oferecidos equipamentos de leitura ótica para consulta de preço pelo consumidor, localizados na área de vendas e em outras de fácil acesso.

§ 1º O regulamento desta Lei definirá, observados, dentre outros critérios ou fatores, o tipo e o tamanho do estabelecimento e a quantidade e a diversidade dos itens de bens e serviços, a área máxima que deverá ser atendida por cada leitora ótica.

§ 2º Para os fins desta Lei, considera-se área de vendas aquela na qual os consumidores têm acesso às mercadorias e serviços oferecidos para consumo no varejo, dentro do estabelecimento.

Art. 5º No caso de divergência de preços para o mesmo produto entre os sistemas de informação de preços utilizados pelo estabelecimento, o consumidor pagará o menor dentre eles.

Art. 5º-A. O fornecedor deve informar, em local e formato visíveis ao consumidor, eventuais descontos oferecidos em função do prazo ou do instrumento de pagamento utilizado.

> Artigo acrescido pela Lei 13.455/2017.

Parágrafo único. Aplicam-se às infrações a este artigo as sanções previstas na Lei 8.078, de 11 de setembro de 1990.

Art. 6º (Vetado)[22]

> O texto vetado dispunha:
> *"Art. 6º O não atendimento às disposições desta Lei sujeita o infrator às seguintes sanções, a serem aplicadas pela autoridade fiscalizatória:*
> *I – advertência;*
> *II – na reincidência, multa de R$ 50,00 (cinquenta reais) a R$ 250,00 (duzentos e cinquenta reais) por infração, valores a serem corrigidos anualmente por índice determinado em regulamento."*

Art. 7º Esta Lei entra em vigor na data de sua publicação.

Brasília, 11 de outubro de 2004; 183º da Independência e 116º da República.

LUIZ INÁCIO LULA DA SILVA

DECRETO 5.440, DE 4 DE MAIO DE 2005[23]

Estabelece definições e procedimentos sobre o controle de qualidade da água de sistemas de abastecimento e institui mecanismos e instrumentos para divulgação de informação ao consumidor sobre a qualidade da água para consumo humano.

O Presidente da República, no uso da atribuição que lhe confere o art. 84, inci-

[22] Mensagem de Veto nº 674/04, do art. 6º, I e II: "O dispositivo referido ao estabelecer que o não atendimento às disposições da lei proposta sujeita o infrator às sanções de advertência, e na reincidência, multa de R$ 50,00 (cinquenta reais) a R$ 250,00 (duzentos e cinquenta reais) por infração, corrigidos anualmente por índice determinado em regulamento, torna precária a proteção ao consumidor na ocorrência da hipótese aventada. A multa, vale dizer, foi prefixada em valor tão baixo que pode ensejar até vantagem para o estabelecimento comercial em desrespeitar o direito do consumidor, a depender de seu porte.

Cita-se decisão do Supremo Tribunal Federal em Ação Cautelar (AC 285 MC/RJ; MEDIDA CAUTELAR), que faz referência à multa de R$ 100.000,00 (cem mil reais), por dia, em hipótese similar a da propositura, imposta em face de uma grande rede de supermercado. O veto, assevera-se, não afeta o desiderato inicial, na medida em que a penalidade a ser imposta à infração referida para dar a necessária eficácia à regra jurídica sugerida, já está prevista na Lei nº 8.078, de 11 de setembro de 1990, de modo equilibrado e proporcional, graduando-a de acordo com a gravidade da infração, a vantagem auferida e a condição econômica do fornecedor."

[23] *DOU* de 5-5-2005. Anexo suprimido.

so IV, da Constituição, e tendo em vista o disposto nas Leis n°s 8.078, de 11 de setembro de 1990, 8.080, de 19 de setembro de 1990, e 9.433, de 8 de janeiro de 1997, Decreta:

Art. 1º Este Decreto estabelece definições e procedimentos sobre o controle de qualidade da água de sistemas de abastecimento público, assegurado pelas Leis n°s 8.078, de 11 de setembro de 1990, 8.080, de 19 de setembro de 1990, e 9.433, de 8 de janeiro de 1997, e pelo Decreto nº 79.367, de 9 de março de 1977, e institui mecanismos e instrumentos para divulgação de informação ao consumidor sobre a qualidade da água para consumo humano, na forma do Anexo - "Regulamento Técnico sobre Mecanismos e Instrumentos para Divulgação de Informação ao Consumidor sobre a Qualidade da Água para Consumo Humano", de adoção obrigatória em todo o território nacional.[24]

Art. 2º A fiscalização do cumprimento do disposto no Anexo será exercida pelos órgãos competentes dos Ministérios da Saúde, da Justiça, das Cidades, do Meio Ambiente e autoridades estaduais, do Distrito Federal, dos Territórios e municipais, no âmbito de suas respectivas competências.

Parágrafo único. Os órgãos identificados no *caput* prestarão colaboração recíproca para a consecução dos objetivos definidos neste Decreto.

Art. 3º Os órgãos e as entidades dos Estados, Municípios, Distrito Federal e Territórios e demais pessoas jurídicas, às quais este Decreto se aplica, deverão enviar as informações aos consumidores sobre a qualidade da água, nos seguintes prazos:

I - informações mensais na conta de água, em cumprimento às alíneas *a* e *b* do inciso I do art. 5º do Anexo, a partir do dia 5 de junho de 2005;

II - informações mensais na conta de água, em cumprimento às alíneas *c* e *d* do inciso I do art. 5º do Anexo, a partir do dia 15 de março de 2006; e

III - relatório anual até quinze de março de cada ano, ressalvado o primeiro relatório, que terá como data limite o dia 1º de outubro de 2005.

Art. 4º O não cumprimento do disposto neste Decreto e no respectivo Anexo implica infração às Leis n°s 8.078, de 1990, e 6.437, de 20 de agosto de 1977.

Art. 5º Fica aprovado, na forma do Anexo a este Decreto, o Regulamento Técnico sobre Mecanismos e Instrumentos para Divulgação de Informação ao Consumidor sobre a Qualidade da Água para Consumo Humano.

Art. 6º Este Decreto entra em vigor na data de sua publicação.

Brasília, 4 de maio de 2005; 184º da Independência e 117º da República.

LUIZ INÁCIO LULA DA SILVA

DECRETO 5.903, DE 20 DE SETEMBRO DE 2006[25]

Regulamenta a Lei nº 10.962, de 11 de outubro de 2004, e a Lei nº 8.078, de 11 de setembro de 1990.

O Presidente da República, no uso da atribuição que lhe confere o art. 84, inciso IV, da Constituição, e tendo em vista o disposto na Lei nº 8.078, de 11 de setembro de 1990, e na Lei nº 10.962, de 11 de outubro de 2004, Decreta:

Art. 1º Este Decreto regulamenta a Lei nº 10.962, de 11 de outubro de 2004, e dispõe sobre as práticas infracionais que atentam contra o direito básico do consumidor

[24] Anexo suprimido.

[25] *DOU* de 21-9-2006.

de obter informação adequada e clara sobre produtos e serviços, previstas na Lei nº 8.078, de 11 de setembro de 1990.

Art. 2º Os preços de produtos e serviços deverão ser informados adequadamente, de modo a garantir ao consumidor a correção, clareza, precisão, ostensividade e legibilidade das informações prestadas.

§ 1º Para efeito do disposto no *caput* deste artigo, considera-se:

I – correção, a informação verdadeira que não seja capaz de induzir o consumidor em erro;

II – clareza, a informação que pode ser entendida de imediato e com facilidade pelo consumidor, sem abreviaturas que dificultem a sua compreensão, e sem a necessidade de qualquer interpretação ou cálculo;

III – precisão, a informação que seja exata, definida e que esteja física ou visualmente ligada ao produto a que se refere, sem nenhum embaraço físico ou visual interposto;

IV – ostensividade, a informação que seja de fácil percepção, dispensando qualquer esforço na sua assimilação; e

V – legibilidade, a informação que seja visível e indelével.

Art. 3º O preço de produto ou serviço deverá ser informado discriminando-se o total à vista.

Parágrafo único. No caso de outorga de crédito, como nas hipóteses de financiamento ou parcelamento, deverão ser também discriminados:

I – o valor total a ser pago com financiamento;

II – o número, periodicidade e valor das prestações;

III – os juros; e

IV – os eventuais acréscimos e encargos que incidirem sobre o valor do financiamento ou parcelamento.

Art. 4º Os preços dos produtos e serviços expostos à venda devem ficar sempre visíveis aos consumidores enquanto o estabelecimento estiver aberto ao público.

Parágrafo único. A montagem, rearranjo ou limpeza, se em horário de funcionamento, deve ser feito sem prejuízo das informações relativas aos preços de produtos ou serviços expostos à venda.

Art. 5º Na hipótese de afixação de preços de bens e serviços para o consumidor, em vitrines e no comércio em geral, de que trata o inciso I do art. 2º da Lei nº 10.962, de 2004, a etiqueta ou similar afixada diretamente no produto exposto à venda deverá ter sua face principal voltada ao consumidor, a fim de garantir a pronta visualização do preço, independentemente de solicitação do consumidor ou intervenção do comerciante.

Parágrafo único. Entende-se como similar qualquer meio físico que esteja unido ao produto e gere efeitos visuais equivalentes aos da etiqueta.

Art. 6º Os preços de bens e serviços para o consumidor nos estabelecimentos comerciais de que trata o inciso II do art. 2º da Lei nº 10.962, de 2004, admitem as seguintes modalidades de afixação:

I – direta ou impressa na própria embalagem;

II – de código referencial; ou

III – de código de barras.

§ 1º Na afixação direta ou impressão na própria embalagem do produto, será observado o disposto no art. 5º deste Decreto.

§ 2º A utilização da modalidade de afixação de código referencial deverá atender às seguintes exigências:

I – a relação dos códigos e seus respectivos preços devem estar visualmente unidos e próximos dos produtos a que se referem, e imediatamente perceptível ao consumidor, sem a necessidade de qualquer esforço ou deslocamento de sua parte; e

II – o código referencial deve estar fisicamente ligado ao produto, em contraste de cores e em tamanho suficientes que permitam a pronta identificação pelo consumidor.

§ 3º Na modalidade de afixação de código de barras, deverão ser observados os seguintes requisitos:

I – as informações relativas ao preço a vista, características e código do produto deverão estar a ele visualmente unidas, garantindo a pronta identificação pelo consumidor;

II – a informação sobre as características do item deve compreender o nome, quantidade e demais elementos que o particularizem; e

III – as informações deverão ser disponibilizadas em etiquetas com caracteres ostensivos e em cores de destaque em relação ao fundo.

Art. 7º Na hipótese de utilização do código de barras para apreçamento, os fornecedores deverão disponibilizar, na área de vendas, para consulta de preços pelo consumidor, equipamentos de leitura ótica em perfeito estado de funcionamento.

§ 1º Os leitores óticos deverão ser indicados por cartazes suspensos que informem a sua localização.

§ 2º Os leitores óticos deverão ser dispostos na área de vendas, observada a distância máxima de quinze metros entre qualquer produto e a leitora ótica mais próxima.

§ 3º Para efeito de fiscalização, os fornecedores deverão prestar as informações necessárias aos agentes fiscais mediante disponibilização de croqui da área de vendas, com a identificação clara e precisa da localização dos leitores óticos e a distância que os separa, demonstrando graficamente o cumprimento da distância máxima fixada neste artigo.

Art. 8º A modalidade de relação de preços de produtos expostos e de serviços oferecidos aos consumidores somente poderá ser empregada quando for impossível o uso das modalidades descritas nos arts. 5º e 6º deste Decreto.

§ 1º A relação de preços de produtos ou serviços expostos à venda deve ter sua face principal voltada ao consumidor, de forma a garantir a pronta visualização do preço, independentemente de solicitação do consumidor ou intervenção do comerciante.

§ 2º A relação de preços deverá ser também afixada, externamente, nas entradas de restaurantes, bares, casas noturnas e similares.

Art. 9º Configuram infrações ao direito básico do consumidor à informação adequada e clara sobre os diferentes produtos e serviços, sujeitando o infrator às penalidades previstas na Lei nº 8.078, de 1990, as seguintes condutas:

I – utilizar letras cujo tamanho não seja uniforme ou dificulte a percepção da informação, considerada a distância normal de visualização do consumidor;

II – expor preços com as cores das letras e do fundo idêntico ou semelhante;

III – utilizar caracteres apagados, rasurados ou borrados;

IV – informar preços apenas em parcelas, obrigando o consumidor ao cálculo do total;

V – informar preços em moeda estrangeira, desacompanhados de sua conversão em moeda corrente nacional, em caracteres de igual ou superior destaque;

VI – utilizar referência que deixa dúvida quanto à identificação do item ao qual se refere;

VII – atribuir preços distintos para o mesmo item; e

VIII – expor informação redigida na vertical ou outro ângulo que dificulte a percepção.

Art. 10. A aplicação do disposto neste Decreto dar-se-á sem prejuízo de outras normas de controle incluídas na competência de demais órgãos e entidades federais.

Parágrafo único. O disposto nos arts. 2º, 3º e 9º deste Decreto aplica-se às contratações no comércio eletrônico.

> Parágrafo único *acrescentado pelo Decreto nº 7.962, de 15 de março de 2013.*

Art. 11. Este Decreto entra em vigor noventa dias após sua publicação.

Brasília, 20 de setembro de 2006; 185º da Independência e 118º da República.

LUIZ INÁCIO LULA DA SILVA

DECRETO 6.523, DE 31 DE JULHO DE 2008[26]

Regulamenta a Lei nº 8.078, de 11 de setembro de 1990, para fixar normas gerais sobre o Serviço de Atendimento ao Consumidor SAC.

O Presidente da República, no uso da atribuição que lhe confere o art. 84, inciso IV, da Constituição, e tendo em vista o disposto na Lei nº 8.078, de 11 de setembro de 1990, Decreta:

Art. 1º Este Decreto regulamenta a Lei nº 8.078, de 11 de setembro de 1990, e fixa normas gerais sobre o Serviço de Atendimento ao Consumidor – SAC por telefone, no âmbito dos fornecedores de serviços regulados pelo Poder Público federal, com vistas à observância dos direitos básicos do consumidor de obter informação adequada e clara sobre os serviços que contratar e de manter-se protegido contra práticas abusivas ou ilegais impostas no fornecimento desses serviços.

CAPÍTULO I
Do Âmbito da Aplicação

Art. 2º Para os fins deste Decreto, compreende-se por SAC o serviço de atendimento telefônico das prestadoras de serviços regulados que tenham como finalidade resolver as demandas dos consumidores sobre informação, dúvida, reclamação, suspensão ou cancelamento de contratos e de serviços.

Parágrafo único. Excluem-se do âmbito de aplicação deste Decreto a oferta e a contratação de produtos e serviços realizadas por telefone.

CAPÍTULO II
Da Acessibilidade do Serviço

Art. 3º As ligações para o SAC serão gratuitas e o atendimento das solicitações e demandas previsto neste Decreto não deverá resultar em qualquer ônus para o consumidor.

Art. 4º O SAC garantirá ao consumidor, no primeiro menu eletrônico, as opções de contato com o atendente, de reclamação e de cancelamento de contratos e serviços.

§ 1º A opção de contatar o atendimento pessoal constará de todas as subdivisões do menu eletrônico.

§ 2º O consumidor não terá a sua ligação finalizada pelo fornecedor antes da conclusão do atendimento.

§ 3º O acesso inicial ao atendente não será condicionado ao prévio fornecimento de dados pelo consumidor.

§ 4º Regulamentação específica tratará do tempo máximo necessário para o contato direto com o atendente, quando essa opção for selecionada.

Art. 5º O SAC estará disponível, ininterruptamente, durante vinte e quatro horas por dia e sete dias por semana, ressalvado o disposto em normas específicas.

Art. 6º O acesso das pessoas com deficiência auditiva ou de fala será garantido pelo SAC, em caráter preferencial, facultado à empresa atribuir número telefônico específico para este fim.

Art. 7º O número do SAC constará de forma clara e objetiva em todos os documentos e materiais impressos entregues ao consumidor no momento da contratação do serviço e durante o seu fornecimento, bem como na página eletrônica da empresa na Internet.

Parágrafo único. No caso de empresa ou grupo empresarial que oferte serviços conjuntamente, será garantido ao consumidor o acesso, ainda que por meio de diversos números de telefone, a canal único que possibilite o atendimento de demanda relativa a qualquer um dos serviços oferecidos.

[26] *DOU* de 1º-8-2008.

CAPÍTULO III
Da Qualidade do Atendimento

Art. 8º O SAC obedecerá aos princípios da dignidade, boa-fé, transparência, eficiência, eficácia, celeridade e cordialidade.

Art. 9º O atendente, para exercer suas funções no SAC, deve ser capacitado com as habilidades técnicas e procedimentais necessárias para realizar o adequado atendimento ao consumidor, em linguagem clara.

Art. 10. Ressalvados os casos de reclamação e de cancelamento de serviços, o SAC garantirá a transferência imediata ao setor competente para atendimento definitivo da demanda, caso o primeiro atendente não tenha essa atribuição.

§ 1º A transferência dessa ligação será efetivada em até sessenta segundos.

§ 2º Nos casos de reclamação e cancelamento de serviço, não será admitida a transferência da ligação, devendo todos os atendentes possuir atribuições para executar essas funções.

§ 3º O sistema informatizado garantirá ao atendente o acesso ao histórico de demandas do consumidor.

Art. 11. Os dados pessoais do consumidor serão preservados, mantidos em sigilo e utilizados exclusivamente para os fins do atendimento.

Art. 12. É vedado solicitar a repetição da demanda do consumidor após seu registro pelo primeiro atendente.

Art. 13. O sistema informatizado deve ser programado tecnicamente de modo a garantir a agilidade, a segurança das informações e o respeito ao consumidor.

Art. 14. É vedada a veiculação de mensagens publicitárias durante o tempo de espera para o atendimento, salvo se houver prévio consentimento do consumidor.

CAPÍTULO IV
Do Acompanhamento de Demandas

Art. 15. Será permitido o acompanhamento pelo consumidor de todas as suas demandas por meio de registro numérico, que lhe será informado no início do atendimento.

§ 1º Para fins do disposto no *caput*, será utilizada sequência numérica única para identificar todos os atendimentos.

§ 2º O registro numérico, com data, hora e objeto da demanda, será informado ao consumidor e, se por este solicitado, enviado por correspondência ou por meio eletrônico, a critério do consumidor.

§ 3º É obrigatória a manutenção da gravação das chamadas efetuadas para o SAC, pelo prazo mínimo de noventa dias, durante o qual o consumidor poderá requerer acesso ao seu conteúdo.

§ 4º O registro eletrônico do atendimento será mantido à disposição do consumidor e do órgão ou entidade fiscalizadora por um período mínimo de dois anos após a solução da demanda.

Art. 16. O consumidor terá direito de acesso ao conteúdo do histórico de suas demandas, que lhe será enviado, quando solicitado, no prazo máximo de setenta e duas horas, por correspondência ou por meio eletrônico, a seu critério.

CAPÍTULO V
Do Procedimento para a Resolução de Demandas

Art. 17. As informações solicitadas pelo consumidor serão prestadas imediatamente e suas reclamações, resolvidas no prazo máximo de cinco dias úteis a contar do registro.

§ 1º O consumidor será informado sobre a resolução de sua demanda e, sempre que solicitar, ser-lhe-á enviada a comprovação pertinente por correspondência ou por meio eletrônico, a seu critério.

§ 2º A resposta do fornecedor será clara e objetiva e deverá abordar todos os pontos da demanda do consumidor.

§ 3º Quando a demanda versar sobre serviço não solicitado ou cobrança indevida, a cobrança será suspensa imediatamente, salvo se o fornecedor indicar o instrumento por meio do qual o serviço foi contratado e comprovar que o valor é efetivamente devido.

CAPÍTULO VI
Do Pedido de Cancelamento do Serviço

Art. 18. O SAC receberá e processará imediatamente o pedido de cancelamento de serviço feito pelo consumidor.

§ 1º O pedido de cancelamento será permitido e assegurado ao consumidor por todos os meios disponíveis para a contratação do serviço.

§ 2º Os efeitos do cancelamento serão imediatos à solicitação do consumidor, ainda que o seu processamento técnico necessite de prazo, e independe de seu adimplemento contratual.

§ 3º O comprovante do pedido de cancelamento será expedido por correspondência ou por meio eletrônico, a critério do consumidor.

CAPÍTULO VII
Das disposições finais

Art. 19. A inobservância das condutas descritas neste Decreto ensejará aplicação das sanções previstas no art. 56 da Lei nº 8.078, de 1990, sem prejuízo das constantes dos regulamentos específicos dos órgãos e entidades reguladoras.

Art. 20. Os órgãos competentes, quando necessário, expedirão normas complementares e específicas para execução do disposto neste Decreto.

Art. 21. Os direitos previstos neste Decreto não excluem outros, decorrentes de regulamentações expedidas pelos órgãos e entidades reguladores, desde que mais benéficos para o consumidor.

Art. 22. Este Decreto entra em vigor em 1º de dezembro de 2008.

Brasília, 31 de julho de 2008; 187º da Independência e 120º da República.

LUIZ INÁCIO LULA DA SILVA

PORTARIA 2.014, DE 13 DE OUTUBRO DE 2008 [27]

Estabelece o tempo máximo para o contato direto com o atendente e o horário de funcionamento no Serviço de Atendimento ao Consumidor – SAC

O Ministro de Estado Da Justiça, no uso de suas atribuições, considerando o disposto no art. 4º, § 4º, e art. 5º do Decreto nº 6.523, de 31 de julho de 2008,

Considerando a necessidade de regulamentar o Decreto nº 6.523, que dispôs sobre a forma de prestação do serviço de atendimento ao consumidor – SAC;

Considerando que os princípios da transparência, da eficiência, do equilíbrio e da boa-fé nas relações de consumo orientam a prestação dos serviços públicos regulados;

Considerando que o serviço de atendimento ao consumidor deve ser dimensionado com fundamento na previsão de chamadas para garantir o atendimento, que deve ser prestado de forma adequada;

Considerando a vulnerabilidade do consumidor e a necessidade de resguardar, na análise das exceções da presente Portaria, a interpretação mais favorável ao consumidor;

Considerando que a comprovação das exceções e o seu impacto na capacidade de atendimento do SAC constituem ônus dos prestadores de serviços regulados previstos nesta Portaria; resolve:

Art. 1º O tempo máximo para o contato direto com o atendente, quando essa op-

[27] *DOU* de 16-10-2008.

ção for selecionada pelo consumidor, será de até 60 (sessenta) segundos, ressalvadas as hipóteses especificadas nesta Portaria.

§ 1º Nos serviços financeiros, o tempo máximo para o contato direto com o atendente será de até 45 (quarenta e cinco) segundos. Nas segundas-feiras, nos dias que antecedem e sucedem os feriados e no 5º dia útil de cada mês o referido prazo máximo será de até 90 (noventa) segundos.

§ 2º Nos serviços de energia elétrica, o tempo máximo para o contato direto com o atendente somente poderá ultrapassar o estabelecido no *caput*, nos casos de atendimentos emergenciais de abrangência sistêmica, assim considerados aqueles que, por sua própria natureza, impliquem a interrupção do fornecimento de energia elétrica a um grande número de consumidores, ocasionando elevada concentração de chamadas, nos termos de regulação setorial.

Art. 2º Os prazos fixados nesta portaria não excluem outros mais benéficos ao consumidor, decorrentes de regulamentações e contratos de concessão, observado o disposto no artigo 21 do Decreto nº 6.523/08.

Art. 3º O SAC estará disponível, ininterruptamente, durante vinte e quatro horas por dia e sete dias por semana.

§ 1º Poderá haver interrupção do acesso ao SAC quando o serviço ofertado não estiver disponível para fruição ou contratação, vinte e quatro horas por dia e sete dias por semana, nos termos da regulamentação setorial em vigor.

§ 2º Excetua-se do disposto no *caput* do presente artigo, o SAC destinado ao serviço de transporte aéreo não regular de passageiros e ao atendimento de até cinqüenta mil assinantes de serviços de televisão por assinatura, cuja disponibilidade será fixada na regulação setorial.

Art. 4º Esta Portaria entrará em vigor em 1º de dezembro de 2008.

TARSO GENRO

RESOLUÇÃO 3.694, DE 26 DE MARÇO DE 2009[28]

Dispõe sobre a prevenção de riscos na contratação de operações e na prestação de serviços por parte de instituições financeiras e demais instituições autorizadas a funcionar pelo Banco Central do Brasil.

O Banco Central do Brasil, na forma do art. 9º da Lei nº 4.595, de 31 de dezembro de 1964, torna público que o Conselho Monetário Nacional, em sessão realizada em 26 de março de 2009, com base no art. 4º, inciso VIII, da referida lei, Resolveu:

Art. 1º As instituições financeiras e demais instituições autorizadas a funcionar pelo Banco Central do Brasil, na contratação de operações e na prestação de serviços, devem assegurar:

> *Art. 1º com redação pela Resolução nº 4.283, de 04.11.2013.*

I – a adequação dos produtos e serviços ofertados ou recomendados às necessidades, interesses e objetivos dos clientes e usuários;

> *Inciso I com redação pela Resolução nº 4.283, de 04.11.2013.*

II – a integridade, a confiabilidade, a segurança e o sigilo das transações realizadas, bem como a legitimidade das operações contratadas e dos serviços prestados;

> *Inciso II com redação pela Resolução nº 4.283, de 04.11.2013.*

III – a prestação das informações necessárias à livre escolha e à tomada de decisões por parte de clientes e usuários, explicitando, inclusive, direitos e deveres, responsabilidades, custos ou ônus, penalidades e eventuais riscos existentes na

[28] *DOU* de 30-3-2009.

execução de operações e na prestação de serviços;

> *Inciso III com redação dada pela Resolução nº 4.283, de 04.11.2013.*

IV – o fornecimento tempestivo ao cliente ou usuário de contratos, recibos, extratos, comprovantes e outros documentos relativos a operações e a serviços;

> *Inciso IV com redação pela Resolução nº 4.283, de 04.11.2013.*

V – a utilização de redação clara, objetiva e adequada à natureza e à complexidade da operação ou do serviço, em contratos, recibos, extratos, comprovantes e documentos destinados ao público, de forma a permitir o entendimento do conteúdo e a identificação de prazos, valores, encargos, multas, datas, locais e demais condições;

> *Inciso V com redação pela Resolução nº 4.283, de 04.11.2013.*

VI – a possibilidade de tempestivo cancelamento de contratos;

> *Inciso VI com redação pela Resolução nº 4.283, de 04.11.2013.*

VII – a formalização de título adequado estipulando direitos e obrigações para abertura, utilização e manutenção de conta de pagamento pós-paga;

> *Inciso VII com acrescentado pela Resolução nº 4.283, de 04.11.2013.*

VIII – o encaminhamento de instrumento de pagamento ao domicílio do cliente ou usuário ou a sua habilitação somente em decorrência de sua expressa solicitação ou autorização; e

> *Inciso VIII com acrescentado pela Resolução nº 4.283, de 04.11.2013.*

IX – a identificação dos usuários finais beneficiários de pagamento ou transferência em demonstrativos e faturas do pagador, inclusive nas situações em que o serviço de pagamento envolver instituições participantes de diferentes arranjos de pagamento.

> *Inciso I com acrescentado pela Resolução nº 4.283, de 04.11.2013.*

Parágrafo único. Para fins do cumprimento do disposto no inciso III, no caso de abertura de conta de depósitos ou de conta de pagamento, deve ser fornecido também prospecto de informações essenciais, explicitando, no mínimo, as regras básicas, os riscos existentes, os procedimentos para contratação e para rescisão, as medidas de segurança, inclusive em caso de perda, furto ou roubo de credenciais, e a periodicidade e forma de atualização pelo cliente de seus dados cadastrais.

> *Parágrafo único acrescentado pela Resolução nº 4.283, de 04.11.2013.*

Art. 2º (Revogado pela Resolução nº 4.479, de 25.04.2016.)

Art. 3º É vedado às instituições referidas no art. 1º recusar ou dificultar, aos clientes e usuários de seus produtos e serviços, o acesso aos canais de atendimento convencionais, inclusive guichês de caixa, mesmo na hipótese de oferecer atendimento alternativo ou eletrônico.

§ 1º O disposto no *caput* não se aplica às dependências exclusivamente eletrônicas nem à prestação de serviços de cobrança e de recebimento decorrentes de contratos ou convênios que prevejam canais de atendimento exclusivamente eletrônicos.

> *§ 1º com redação dada pela Resolução nº 4.479, de 25.04.2016.*

§ 2º A opção pela prestação de serviços por meios alternativos aos convencionais é admitida desde que adotadas as medidas necessárias para preservar a integridade, a confiabilidade, a segurança e o sigilo das transações realizadas, assim como a legitimidade dos serviços prestados, em face dos direitos dos clientes e dos usuários, devendo as instituições informá-los dos riscos existentes.

§ 3º As instituições devem divulgar, em suas dependências e nas dependências dos estabelecimentos onde seus produtos são ofertados, em local visível e em formato legível, informações relativas às situações que impossibilitem a realização de pagamentos ou de recebimentos nos canais de atendimento existentes, a exemplo dos contratos ou convênios que prevejam canais de atendimento exclusivamente eletrônicos, dos boletos de pagamento vencidos ou fora do padrão, bem como dos pagamentos com cheque.

> *§ 3º acrescentado pela Resolução nº 4.479, de 25.04.2016.*

Art. 4º Esta Resolução entra em vigor na data de sua publicação.

Art. 5º Ficam revogadas as Resoluções n°s 2.878, de 26 de julho de 2001, e 2.892, de 27 de setembro de 2001.

Brasília, 26 de março de 2009.

HENRIQUE DE CAMPOS MEIRELLES
Presidente

LEI 12.007, DE 29 DE JULHO DE 2009[29]

Dispõe sobre a emissão de declaração de quitação anual de débitos pelas pessoas jurídicas prestadoras de serviços públicos ou privados.

O Presidente da República. Faço saber que o Congresso Nacional decreta e eu sanciono a seguinte Lei:

Art. 1º As pessoas jurídicas prestadoras de serviços públicos ou privados são obrigadas a emitir e a encaminhar ao consumidor declaração de quitação anual de débitos.

Art. 2º A declaração de quitação anual de débitos compreenderá os meses de janeiro a dezembro de cada ano, tendo como referência a data do vencimento da respectiva fatura.

§ 1º Somente terão direito à declaração de quitação anual de débitos os consumidores que quitarem todos os débitos relativos ao ano em referência.

§ 2º Caso o consumidor não tenha utilizado os serviços durante todos os meses do ano anterior, terá ele o direito à declaração de quitação dos meses em que houve faturamento dos débitos.

§ 3º Caso exista algum débito sendo questionado judicialmente, terá o consumidor o direito à declaração de quitação dos meses em que houve faturamento dos débitos.

Art. 3º A declaração de quitação anual deverá ser encaminhada ao consumidor por ocasião do encaminhamento da fatura a vencer no mês de maio do ano seguinte ou no mês subsequente à completa quitação dos débitos do ano anterior ou dos anos anteriores, podendo ser emitida em espaço da própria fatura.

Art. 4º Da declaração de quitação anual deverá constar a informação de que ela substitui, para a comprovação do cumprimento das obrigações do consumidor, as quitações dos faturamentos mensais dos débitos do ano a que se refere e dos anos anteriores.

Art. 5º O descumprimento do disposto nesta Lei sujeitará os infratores às sanções previstas na Lei nº 8.987, de 13 de fevereiro de 1995, sem prejuízo daquelas determinadas pela legislação de defesa do consumidor.

Art. 6º Esta Lei entra em vigor na data de sua publicação.

Brasília, 29 de julho de 2009; 188º da Independência e 121º da República.

LUIZ INÁCIO LULA DA SILVA

LEI 12.291, DE 20 DE JULHO DE 2010[30]

Torna obrigatória a manutenção de exemplar do Código de Defesa do Consumidor nos estabelecimentos comerciais e de prestação de serviços.

[29] *DOU* de 30-7-2009.

[30] *DOU* de 21-7-2010.

O Presidente da República. Faço saber que o Congresso Nacional decreta e eu sanciono a seguinte Lei:

Art. 1º São os estabelecimentos comerciais e de prestação de serviços obrigados a manter, em local visível e de fácil acesso ao público, 1 (um) exemplar do Código de Defesa do Consumidor.

Art. 2º O não cumprimento do disposto nesta Lei implicará as seguintes penalidades, a serem aplicadas aos infratores pela autoridade administrativa no âmbito de sua atribuição:

I – multa no montante de até R$ 1.064,10 (mil e sessenta e quatro reais e dez centavos);

II – (Vetado);[31] e

> O texto vetado dispunha:
> *"II – suspensão temporária da atividade; e"*

III – (Vetado).

> O texto vetado dispunha:
> *"III – cassação da licença do estabelecimento."*

Art. 3º Esta Lei entra em vigor na data de sua publicação.

Brasília, 20 de julho de 2010; 189º da Independência e 122º da República.

LUIZ INÁCIO LULA DA SILVA

LEI 12.414, DE 9 DE JUNHO DE 2011[32]

Disciplina a formação e consulta a bancos de dados com informações de adimplemento, de pessoas naturais ou de pessoas jurídicas, para formação de histórico de crédito.[33]

A Presidenta da República. Faço saber que o Congresso Nacional decreta e eu sanciono a seguinte Lei:

Art. 1º Esta Lei disciplina a formação e consulta a bancos de dados com informações de adimplemento, de pessoas naturais ou de pessoas jurídicas, para formação de histórico de crédito, sem prejuízo do disposto na Lei nº 8.078, de 11 de setembro de 1990 – Código de Proteção e Defesa do Consumidor.

Parágrafo único. Os bancos de dados instituídos ou mantidos por pessoas jurídicas de direito público interno serão regidos por legislação específica.

Art. 2º Para os efeitos desta Lei, considera-se:

I – banco de dados: conjunto de dados relativo a pessoa natural ou jurídica armazenados com a finalidade de subsidiar a concessão de crédito, a realização de venda a prazo ou de outras transaçoes comerciais e empresariais que impliquem risco financeiro;

II – gestor: pessoa jurídica responsável pela administração de banco de dados, bem como pela coleta, armazenamento, análise e acesso de terceiros aos dados armazenados;

III – cadastrado: pessoa natural ou jurídica que tenha autorizado inclusão de suas informações no banco de dados;

IV – fonte: pessoa natural ou jurídica que conceda crédito ou realize venda a prazo ou outras transações comerciais e empresariais que lhe impliquem risco financeiro;

V – consulente: pessoa natural ou jurídica que acesse informações em bancos de dados para qualquer finalidade permitida por esta Lei;

VI – anotação: ação ou efeito de anotar, assinalar, averbar, incluir, inscrever ou regis-

[31] Mensagem nº 420/2010. Razão dos vetos, dispõe: "O Código de Defesa do Consumidor restringe a aplicação das penas de suspensão temporária da atividade e de cassação de licença somente para as infrações de maior gravidade e, ainda, apenas quando houver reincidência, restando desproporcional sua adoção quando do descumprimento do disposto na presente proposta."

[32] *DOU* de 10-6-2011.

[33] Ver Decreto nº 7.829/12 – Regulamento.

trar informação relativa ao histórico de crédito em banco de dados; e

VII – histórico de crédito: conjunto de dados financeiros e de pagamentos relativos às operações de crédito e obrigações de pagamento adimplidas ou em andamento por pessoa natural ou jurídica.

Art. 3º Os bancos de dados poderão conter informações de adimplemento do cadastrado, para a formação do histórico de crédito, nas condições estabelecidas nesta Lei.

§ 1º Para a formação do banco de dados, somente poderão ser armazenadas informações objetivas, claras, verdadeiras e de fácil compreensão, que sejam necessárias para avaliar a situação econômica do cadastrado.

§ 2º Para os fins do disposto no § 1º, consideram-se informações:

I – objetivas: aquelas descritivas dos fatos e que não envolvam juízo de valor;

II – claras: aquelas que possibilitem o imediato entendimento do cadastrado independentemente de remissão a anexos, fórmulas, siglas, símbolos, termos técnicos ou nomenclatura específica;

III – verdadeiras: aquelas exatas, completas e sujeitas à comprovação nos termos desta Lei; e

IV – de fácil compreensão: aquelas em sentido comum que assegurem ao cadastrado o pleno conhecimento do conteúdo, do sentido e do alcance dos dados sobre ele anotados.

§ 3º Ficam proibidas as anotações de:

I – informações excessivas, assim consideradas aquelas que não estiverem vinculadas à análise de risco de crédito ao consumidor; e

II – informações sensíveis, assim consideradas aquelas pertinentes à origem social e étnica, à saúde, à informação genética, à orientação sexual e às convicções políticas, religiosas e filosóficas.

Art. 4º A abertura de cadastro requer autorização prévia do potencial cadastrado mediante consentimento informado por meio de assinatura em instrumento específico ou em cláusula apartada.

§ 1º Após a abertura do cadastro, a anotação de informação em banco de dados independe de autorização e de comunicação ao cadastrado.

§ 2º Atendido o disposto no *caput*, as fontes ficam autorizadas, nas condições estabelecidas nesta Lei, a fornecer aos bancos de dados as informações necessárias à formação do histórico das pessoas cadastradas.

§ 3º (Vetado).

Art. 5º São direitos do cadastrado:

I – obter o cancelamento do cadastro quando solicitado;

II – acessar gratuitamente as informações sobre ele existentes no banco de dados, inclusive o seu histórico, cabendo ao gestor manter sistemas seguros, por telefone ou por meio eletrônico, de consulta para informar as informações de adimplemento;

III – solicitar impugnação de qualquer informação sobre ele erroneamente anotada em banco de dados e ter, em até 7 (sete) dias, sua correção ou cancelamento e comunicação aos bancos de dados com os quais ele compartilhou a informação;

IV – conhecer os principais elementos e critérios considerados para a análise de risco, resguardado o segredo empresarial;

V – ser informado previamente sobre o armazenamento, a identidade do gestor do banco de dados, o objetivo do tratamento dos dados pessoais e os destinatários dos dados em caso de compartilhamento;

VI – solicitar ao consulente a revisão de decisão realizada exclusivamente por meios automatizados; e

VII – ter os seus dados pessoais utilizados somente de acordo com a finalidade para a qual eles foram coletados.

§ 1º (Vetado).

§ 2º (Vetado).

Art. 6º Ficam os gestores de bancos de dados obrigados, quando solicitados, a fornecer ao cadastrado:

I – todas as informações sobre ele constantes de seus arquivos, no momento da solicitação;

II – indicação das fontes relativas às informações de que trata o inciso I, incluindo endereço e telefone para contato;

III – indicação dos gestores de bancos de dados com os quais as informações foram compartilhadas;

IV – indicação de todos os consulentes que tiveram acesso a qualquer informação sobre ele nos 6 (seis) meses anteriores à solicitação; e

V – cópia de texto contendo sumário dos seus direitos, definidos em lei ou em normas infralegais pertinentes à sua relação com bancos de dados, bem como a lista dos órgãos governamentais aos quais poderá ele recorrer, caso considere que esses direitos foram infringidos.

§ 1º É vedado aos gestores de bancos de dados estabelecerem políticas ou realizarem operações que impeçam, limitem ou dificultem o acesso do cadastrado previsto no inciso II do art. 5º.

§ 2º O prazo para atendimento das informações estabelecidas nos incisos II, III, IV e V deste artigo será de 7 (sete) dias.

Art. 7º As informações disponibilizadas nos bancos de dados somente poderão ser utilizadas para:

I – realização de análise de risco de crédito do cadastrado; ou

II – subsidiar a concessão ou extensão de crédito e a realização de venda a prazo ou outras transações comerciais e empresariais que impliquem risco financeiro ao consulente.

Parágrafo único. Cabe ao gestor manter sistemas seguros, por telefone ou por meio eletrônico, de consulta para informar aos consulentes as informações de adimplemento do cadastrado.

Art. 8º São obrigações das fontes:

I – manter os registros adequados para demonstrar que a pessoa natural ou jurídica autorizou o envio e a anotação de informações em bancos de dados;

II – comunicar os gestores de bancos de dados acerca de eventual exclusão ou revogação de autorização do cadastrado;

III – verificar e confirmar, ou corrigir, em prazo não superior a 2 (dois) dias úteis, informação impugnada, sempre que solicitado por gestor de banco de dados ou diretamente pelo cadastrado;

IV – atualizar e corrigir informações enviadas aos gestores de bancos de dados, em prazo não superior a 7 (sete) dias;

V – manter os registros adequados para verificar informações enviadas aos gestores de bancos de dados; e

VI – fornecer informações sobre o cadastrado, em bases não discriminatórias, a todos os gestores de bancos de dados que as solicitarem, no mesmo formato e contendo as mesmas informações fornecidas a outros bancos de dados.

Parágrafo único. É vedado às fontes estabelecerem políticas ou realizarem operações que impeçam, limitem ou dificultem a transmissão a banco de dados de informações de cadastrados que tenham autorizado a anotação de seus dados em bancos de dados.

Art. 9º O compartilhamento de informação de adimplemento só é permitido se autorizado expressamente pelo cadastrado, por meio de assinatura em instrumento específico ou em cláusula apartada.

§ 1º O gestor que receber informações por meio de compartilhamento equipara-se, para todos os efeitos desta Lei, ao gestor que anotou originariamente a informação, inclusive quanto à responsabilidade solidária por eventuais prejuízos causados e ao dever de receber e processar impugnação e realizar retificações.

§ 2º O gestor originário é responsável por manter atualizadas as informações cadastrais nos demais bancos de dados com os quais compartilhou informações, bem como por informar a solicitação de cancelamento do cadastro, sem quaisquer ônus para o cadastrado.

§ 3º O cancelamento do cadastro pelo gestor originário implica o cancelamento do cadastro em todos os bancos de dados que compartilharam informações, que ficam obrigados a proceder, individualmente, ao respectivo cancelamento nos termos desta Lei.

§ 4º O gestor deverá assegurar, sob pena de responsabilidade, a identificação da pessoa que promover qualquer inscrição ou atualização de dados relacionados com o cadastrado, registrando a data desta ocorrência, bem como a identificação exata da fonte, do nome do agente que a efetuou e do equipamento ou terminal a partir do qual foi processada tal ocorrência.

Art. 10. É proibido ao gestor exigir exclusividade das fontes de informações.

Art. 11. Desde que autorizados pelo cadastrado, os prestadores de serviços continuados de água, esgoto, eletricidade, gás e telecomunicações, dentre outros, poderão fornecer aos bancos de dados indicados, na forma do regulamento, informação sobre o adimplemento das obrigações financeiras do cadastrado.

Parágrafo único. É vedada a anotação de informação sobre serviço de telefonia móvel na modalidade pós-paga.

Art. 12. Quando solicitado pelo cliente, as instituições autorizadas a funcionar pelo Banco Central do Brasil fornecerão aos bancos de dados indicados as informações relativas às suas operações de crédito.

§ 1º As informações referidas no *caput* devem compreender somente o histórico das operações de empréstimo e de financiamento realizadas pelo cliente.

§ 2º É proibido às instituições autorizadas a funcionar pelo Banco Central do Brasil estabelecer políticas ou realizar operações que impeçam, limitem ou dificultem a transmissão das informações bancárias de seu cliente a bancos de dados, quando por este autorizadas.

§ 3º O Conselho Monetário Nacional adotará as medidas e normas complementares necessárias para a aplicação do disposto neste artigo.

Art. 13. O Poder Executivo regulamentará o disposto nesta Lei, em especial quanto ao uso, guarda, escopo e compartilhamento das informações recebidas por bancos de dados e quanto ao disposto no art. 5º.

Art. 14. As informações de adimplemento não poderão constar de bancos de dados por período superior a 15 (quinze) anos.

Art. 15. As informações sobre o cadastrado constantes dos bancos de dados somente poderão ser acessadas por consulentes que com ele mantiverem ou pretenderem manter relação comercial ou creditícia.

Art. 16. O banco de dados, a fonte e o consulente são responsáveis objetiva e solidariamente pelos danos materiais e morais que causarem ao cadastrado.

Art. 17. Nas situações em que o cadastrado for consumidor, caracterizado conforme a Lei nº 8.078, de 11 de setembro de 1990 – Código de Proteção e Defesa do Consumidor, aplicam-se as sanções e penas nela previstas e o disposto no § 2º.

§ 1º Nos casos previstos no *caput*, a fiscalização e a aplicação das sanções serão exercidas concorrentemente pelos órgãos de proteção e defesa do consumidor da União, dos Estados, do Distrito Federal e dos Municípios, nas respectivas áreas de atuação administrativa.

§ 2º Sem prejuízo do disposto no *caput* e no § 1º, os órgãos de proteção e defesa do consumidor poderão aplicar medidas corretivas, estabelecendo aos bancos de dados que descumprirem o previsto nesta Lei obrigações de fazer com que sejam excluídas do cadastro, no prazo de 7 (sete) dias, informações incorretas, bem como cancelados cadastros de pessoas que não autorizaram a abertura.

Art. 18. Esta Lei entra em vigor na data de sua publicação.

Brasília, 9 de junho de 2011; 190º da Independência e 123º da República.

DILMA ROUSSEFF

LEI 12.529, DE 30 DE NOVEMBRO DE 2011[34]

Estrutura o Sistema Brasileiro de Defesa da Concorrência; dispõe sobre a prevenção e repressão às infrações contra a ordem econômica; altera a Lei nº 8.137, de 27 de dezembro de 1990, o Decreto-Lei nº 3.689, de 3 de outubro de 1941 – Código de Processo Penal, e a Lei nº 7.347, de 24 de julho de 1985; revoga dispositivos da Lei nº 8.884, de 11 de junho de 1994, e a Lei nº 9.781, de 19 de janeiro de 1999; e dá outras providências.

A Presidenta da República. Faço saber que o Congresso Nacional decreta e eu sanciono a seguinte Lei:

TÍTULO I
DISPOSIÇÕES GERAIS

CAPÍTULO I
Da Finalidade

Art. 1º Esta Lei estrutura o Sistema Brasileiro de Defesa da Concorrência – SBDC e dispõe sobre a prevenção e a repressão às infrações contra a ordem econômica, orientada pelos ditames constitucionais de liberdade de iniciativa, livre concorrência, função social da propriedade, defesa dos consumidores e repressão ao abuso do poder econômico.

Parágrafo único. A coletividade é a titular dos bens jurídicos protegidos por esta Lei.

(...)

TÍTULO II
DO SISTEMA BRASILEIRO DE DEFESA DA CONCORRÊNCIA

(...)

CAPÍTULO III
Da Secretaria de Acompanhamento Econômico

Art. 19. Compete à Secretaria de Acompanhamento Econômico promover a concorrência em órgãos de governo e perante a sociedade cabendo-lhe, especialmente, o seguinte:

I – opinar, nos aspectos referentes à promoção da concorrência, sobre propostas de alterações de atos normativos de interesse geral dos agentes econômicos, de consumidores ou usuários dos serviços prestados submetidos a consulta pública pelas agências reguladoras e, quando entender pertinente, sobre os pedidos de revisão de tarifas e as minutas;

(...)

IV – elaborar estudos avaliando a situação concorrencial de setores específicos da atividade econômica nacional, de ofício ou quando solicitada pelo Cade, pela Câmara de Comércio Exterior ou pelo Departamento de Proteção e Defesa do Consumidor do Ministério da Justiça ou órgão que vier a sucedê-lo;

(...)

TÍTULO V
DAS INFRAÇÕES DA ORDEM ECONÔMICA

(...)

CAPÍTULO II
Das Infrações

Art. 36. Constituem infração da ordem econômica, independentemente de culpa, os atos sob qualquer forma manifestados, que tenham por objeto ou possam produzir os seguintes efeitos, ainda que não sejam alcançados:

(...)

XVI – reter bens de produção ou de consumo, exceto para garantir a cobertura dos custos de produção;

(...)

[34] *DOU* de 1º.11.2011. Retificado no *DOU* de 02.12.2011.

CAPÍTULO III
Das Penas

(...)

Art. 38. Sem prejuízo das penas cominadas no art. 37 desta Lei, quando assim exigir a gravidade dos fatos ou o interesse público geral, poderão ser impostas as seguintes penas, isolada ou cumulativamente:

(...)

III – a inscrição do infrator no Cadastro Nacional de Defesa do Consumidor;

(...)

Art. 45. Na aplicação das penas estabelecidas nesta Lei, levar-se-á em consideração:

I – a gravidade da infração;

II – a boa-fé do infrator;

III – a vantagem auferida ou pretendida pelo infrator;

IV – a consumação ou não da infração;

V – o grau de lesão, ou perigo de lesão, à livre concorrência, à economia nacional, aos consumidores, ou a terceiros;

VI – os efeitos econômicos negativos produzidos no mercado;

VII – a situação econômica do infrator; e

VIII – a reincidência.

TÍTULO VII
DO CONTROLE DE CONCENTRAÇÕES

CAPÍTULO I
Dos Atos de Concentração

Art. 88. Serão submetidos ao Cade pelas partes envolvidas na operação os atos de concentração econômica em que, cumulativamente:

I – pelo menos um dos grupos envolvidos na operação tenha registrado, no último balanço, faturamento bruto anual ou volume de negócios total no País, no ano anterior à operação, equivalente ou superior a R$ 400.000.000,00 (quatrocentos milhões de reais); e

II – pelo menos um outro grupo envolvido na operação tenha registrado, no último balanço, faturamento bruto anual ou volume de negócios total no País, no ano anterior à operação, equivalente ou superior a R$ 30.000.000,00 (trinta milhões de reais).

(...)

§ 5º Serão proibidos os atos de concentração que impliquem eliminação da concorrência em parte substancial de mercado relevante, que possam criar ou reforçar uma posição dominante ou que possam resultar na dominação de mercado relevante de bens ou serviços, ressalvado o disposto no § 6º deste artigo.

§ 6º Os atos a que se refere o § 5º deste artigo poderão ser autorizados, desde que sejam observados os limites estritamente necessários para atingir os seguintes objetivos:

I – cumulada ou alternativamente:

a) aumentar a produtividade ou a competitividade;

b) melhorar a qualidade de bens ou serviços; ou

c) propiciar a eficiência e o desenvolvimento tecnológico ou econômico; e

II – sejam repassados aos consumidores parte relevante dos benefícios decorrentes.

(...)

Art. 128. Esta Lei entra em vigor após decorridos 180 (cento e oitenta) dias de sua publicação oficial.

Brasília, 30 de novembro de 2011; 190º da Independência e 123º da República.

DILMA ROUSSEFF

PORTARIA 487, DE 15 DE MARÇO DE 2012[35]

Disciplina o procedimento de chamamento dos consumidores ou recall *de produtos e serviços que, posteriormente à sua introdução no mercado de consumo, forem considerados nocivos ou perigosos.*

O Ministro de Estado da Justiça, no uso de suas atribuições previstas no art. 87, parágrafo único, inciso II, da Constituição, e no Decreto nº 6.061, de 15 de março de 2007, tendo em vista o disposto no art. 10, §§ 1º e 2º, no art. 55, e no art. 106 da Lei nº 8.078, de 11 de setembro de 1990, no art. 3º do Decreto nº 2.181, de 20 de março de 1997, no art. 19 do Anexo I do Decreto nº 6.061, de 2007, e considerando: o direito básico do consumidor à proteção da vida, saúde e segurança contra os riscos provocados por práticas no fornecimento de produtos e serviços identificados como nocivos ou perigosos; a necessidade de atualização das normas referentes ao procedimento de chamamento dos consumidores ou *recall*, a fim de incrementar o acompanhamento e a fiscalização pelos órgãos que integram o Sistema Nacional de Defesa do Consumidor – SNDC, Resolve:

Art. 1º Esta Portaria disciplina o procedimento de que trata o art. 10, §§ 1º e 2º, da Lei nº 8.078, de 11 de setembro de 1990, de comunicação da nocividade ou periculosidade de produtos e serviços após sua colocação no mercado de consumo, doravante denominado chamamento ou *recall*.

Art. 2º O fornecedor de produtos e serviços que, posteriormente à sua introdução no mercado de consumo, tiver conhecimento da nocividade ou periculosidade que apresentem, deverá comunicar o fato imediatamente:

I – ao Departamento de Proteção e Defesa do Consumidor – DPDC;

II – aos órgãos estaduais, do Distrito Federal e municipais de defesa do consumidor – PROCON; e

III – ao órgão normativo ou regulador competente.

§ 1º A comunicação de que trata o *caput* deverá ser por escrito, contendo as seguintes informações:

I – identificação do fornecedor do produto ou serviço:

a) razão social;

b) nome de fantasia;

c) atividades econômicas principal e secundárias;

d) número de inscrição no Cadastro Nacional da Pessoa Jurídica – CNPJ ou no Cadastro de Pessoas Físicas – CPF;

e) endereço do estabelecimento;

f) telefone, fax e endereço eletrônico; e

g) nome dos administradores responsáveis, com a respectiva qualificação.

II – descrição pormenorizada do produto ou serviço, contendo as informações necessárias à sua identificação, em especial:

a) marca;

b) modelo;

c) lote;

d) série;

e) chassi;

f) data inicial e final de fabricação; e

g) foto.

III – descrição pormenorizada do defeito, acompanhada de informações técnicas necessárias ao esclarecimento dos fatos, bem como data, com especificação do dia, mês e ano, e modo pelo qual a nocividade ou periculosidade foi detectada;

IV – descrição pormenorizada dos riscos e suas implicações;

---

[35] *DOU* de 16-3-2012.

V – quantidade de produtos ou serviços sujeitos ao defeito e número de consumidores atingidos;

VI – distribuição geográfica dos produtos e serviços sujeitos ao defeito, colocados no mercado, por Estados da Federação, e os países para os quais os produtos foram exportados ou os serviços prestados;

VI – indicação das providências já adotadas e medidas propostas para resolver o defeito e sanar o risco;

IV – descrição dos acidentes relacionados ao defeito do produto ou serviço, quando cabível, com as seguintes informações:

a) local e data do acidente;

b) identificação das vítimas;

c) danos materiais e físicos causados;

d) dados dos processos judiciais relacionados ao acidente, especificando as ações interpostas, o nome dos autores e dos réus, as Comarcas e Varas em que tramitam e os números de cada um dos processos; e

e) providências adotadas em relação às vítimas.

VII – plano de mídia, nos termos do art. 3º;

VIII – plano de atendimento ao consumidor, nos termos do art. 4º; e

IX – modelo do aviso de risco ao consumidor, nos termos do art. 5º.

§ 2º Os órgãos de que tratam os incisos I, II e III, do *caput* poderão, a qualquer tempo, expedir notificação solicitando informações adicionais ou complementares às descritas no § 1º, a fim de verificar a eficácia do chamamento.

§ 3º As comunicações do fornecedor referidas neste artigo poderão ser registradas por meio eletrônico, em procedimento a ser definido pelo DPDC.

Art. 3º O plano de mídia de que trata o art. 2º, § 1º, inciso VII, deverá conter as seguintes informações:

I – data de início e fim da veiculação publicitária;

II – meios de comunicação a serem utilizados, horários e frequência de veiculação, considerando a necessidade de atingir a maior parte da população, observado o disposto no art. 10, § 2º, da Lei nº 8.078, de 1990;

III – modelo do aviso de risco de acidente ao consumidor, a ser veiculado na imprensa, rádio e televisão, incluindo a imagem do produto, sem prejuízo de inserção na Internet e mídia eletrônica; e

IV – custos da veiculação, respeitado o sigilo quanto às respectivas informações.

Art. 4º O plano de atendimento ao consumidor de que trata o art. 2º, § 1º, inciso VIII, deverá conter as seguintes informações:

I – formas de atendimento disponíveis ao consumidor;

II – locais e horários de atendimento;

III – duração média do atendimento; e

IV – plano de contingência e estimativa de prazo para adequação completa de todos os produtos ou serviços afetados.

Art. 5º O fornecedor deverá, além da comunicação de que trata o art. 2º, informar imediatamente aos consumidores sobre a nocividade ou periculosidade do produto ou serviço por ele colocado no mercado, por meio de aviso de risco de acidente ao consumidor, observado o disposto no art. 10, § 2º, da Lei nº 8.078, de 1990.

§ 1º O aviso de risco ao consumidor deverá conter informações claras e precisas sobre:

I – produto ou serviço afetado, contendo as informações necessárias à sua identificação, em especial:

a) marca;

b) modelo;

c) lote;

d) série;

e) chassi;

f) data inicial e final de fabricação; e

g) foto.

II – defeito apresentado, riscos e suas implicações;

III – medidas preventivas e corretivas que o consumidor deve tomar;

IV – medidas a serem adotadas pelo fornecedor;

V – informações para contato e locais de atendimento ao consumidor;

VI – informação de que o chamamento não representa qualquer custo ao consumidor; e

VII – demais informações que visem a resguardar a segurança dos consumidores do produto ou serviço, observado o disposto nos arts. 12 a 17 da Lei nº 8.078, de 1990.

§ 2º O aviso de risco ao consumidor deve ser dimensionado de forma suficiente a garantir a informação e compreensão da coletividade de consumidores.

§ 3º A comunicação individual direta aos consumidores ou por meio de sítio eletrônico não afasta a obrigação da comunicação coletiva a toda a sociedade acerca da nocividade ou periculosidade de produtos e serviços introduzidos no mercado.

Art. 6º O fornecedor deverá garantir ao consumidor certificado de atendimento ao chamamento, com indicação do local, data, horário e duração do atendimento e da medida adotada.

Art. 7º O fornecedor deverá apresentar ao DPDC, aos PROCONS e ao órgão normativo ou regulador competente:

I – relatórios periódicos de atendimento ao chamamento, com intervalo máximo de 60 (sessenta) dias, informando a quantidade de produtos ou serviços efetivamente recolhidos ou reparados, inclusive os em estoque, e sua distribuição pelas respectivas unidades federativas;

II – relatório final do chamamento, informando quantidade de consumidores atingidos em número e percentual, em termos globais e por unidades federativas, justificativa e medidas a serem adotadas em relação ao percentual de produtos ou serviços não recolhidos ou reparados, e identificação da forma pela qual os consumidores tomaram conhecimento do aviso de risco.

Parágrafo único. O DPDC, os PROCONS e o órgão normativo ou regulador competente poderão solicitar a apresentação de relatório em periodicidade inferior à estipulada no inciso I do *caput*.

Art. 8º O DPDC e o órgão normativo ou regulador competente poderão determinar, isolada ou cumulativamente, a prorrogação ou ampliação do chamamento, às expensas do fornecedor, caso demonstre que os resultados não foram satisfatórios.

Art. 9º O fornecedor não se desobriga da reparação ou substituição gratuita do produto ou serviço mesmo findo o chamamento.

Art. 10. Fica instituído o sistema de comunicação de avisos de risco ao consumidor que podem ensejar providências pelos órgãos normativos ou reguladores competentes pelo registro, controle e monitoramento da qualidade e segurança de produtos e serviços colocados no mercado de consumo.

Art. 11. O não cumprimento às determinações desta Portaria sujeitará o fornecedor às sanções previstas na Lei nº 8.078, de 1990, e no Decreto nº 2.181, de 20 de março de 1997.

Art. 12. Fica revogada a Portaria nº 789, de 24 de agosto de 2001, do Ministério da Justiça.

Art. 13. Esta Portaria entra em vigor na data de sua publicação.

JOSÉ EDUARDO CARDOZO

DECRETO 7.829, DE 17 DE OUTUBRO DE 2012[36]

Regulamenta a Lei nº 12.414, de 9 de junho de 2011, que disciplina a formação e consulta a bancos de dados com informações de adimplemento, de pessoas naturais ou de pessoas jurídicas, para formação de histórico de crédito.

A Presidenta da República, no uso da atribuição que lhe confere o art. 84, *caput*, inciso IV, da Constituição, e tendo em vista o disposto na Lei nº 12.414, de 9 de junho de 2011, DECRETA:

CAPÍTULO I
Das Condições para Funcionamento dos Bancos de Dados

Art. 1º São requisitos mínimos para o funcionamento dos bancos de dados e o compartilhamento de informações autorizados pela Lei nº 12.414, de 9 de junho de 2011:

I – aspectos econômico-financeiros: patrimônio líquido mínimo de R$ 20.000.000,00 (vinte milhões de reais), detido pelo gestor de banco de dados ou por grupo de pessoas jurídicas que, conjuntamente, exercem a atividade de gestor de bancos de dados;

II – aspectos técnico-operacionais:

a) certificação técnica emitida por empresa qualificada independente, renovada, no mínimo, a cada dois anos, que ateste a disponibilidade de plataforma tecnológica apta a preservar a integridade e o sigilo dos dados armazenados, e indique que as estruturas tecnológicas envolvidas no fornecimento do serviço de cadastro seguem as melhores práticas de segurança da informação, inclusive quanto a plano de recuperação em caso de desastre, com infraestrutura de cópia de segurança para o armazenamento dos dados e das autorizações;

b) certificação técnica emitida por empresa qualificada independente, renovada, no mínimo, a cada dois anos, que ateste a adequabilidade da política de segurança da informação sobre a criação, guarda, utilização e descarte de informações no âmbito interno e externo, inclusive quanto à transferência ou utilização de informações por outras empresas prestadoras de serviço contratadas; e

c) certificação técnica emitida por empresa qualificada independente, renovada, no mínimo, a cada dois anos, que ateste a adequabilidade da política de estabelecimento da responsabilidade, principalmente nos quesitos sigilo e proteção das informações, privacidade de dados dos clientes e prevenção e tratamento de fraudes;

III – aspectos relacionados à governança:

a) estatuto ou contrato social com o desenho e as regras relativas à sua estrutura administrativa;

b) disponibilização dos procedimentos operacionais do desempenho da atividade e, quando for o caso, dos controles de risco disponíveis; e

c) disponibilização mensal de todas as informações relevantes relacionadas a seu funcionamento no período, que contemple desempenho econômico-financeiro, número de operações registradas, número total de consultas realizadas, número de cadastrados autorizados, número de consulentes cadastrados, número de fontes ativas, relatório de erros ocorridos, entre outras que atestem a plena operação do gestor de banco de dados; e

IV – aspectos relacionais:

a) manutenção de serviço de atendimento ao consumidor que atenda os requisitos do Decreto nº 6.523, de 31 de julho de 2008; e

b) manutenção de ouvidoria, com a atribuição de atuar como canal de comunicação entre os gestores de bancos de dados e os cadastrados.

36 *DOU* de 18-10-2012.

§ 1º O ato constitutivo da pessoa jurídica, suas eventuais alterações, a ata de eleição de administradores, quando aplicável, e os documentos comprobatórios do disposto nos incisos do *caput* ficarão disponíveis para verificação por órgãos públicos e serão a eles encaminhados sempre que solicitado.

§ 2º Os documentos referidos nos incisos II e III do *caput* deverão ser atualizados e disponíveis de forma pública e de fácil acesso nos sítios eletrônicos da entidade.

§ 3º O gestor de banco de dados deve dar ampla divulgação sobre a ouvidoria e o serviço de atendimento ao consumidor, com informações completas acerca da sua finalidade e forma de utilização, acesso telefônico gratuito por número divulgado de forma ampla e mantido atualizado nos recintos de atendimento ao público, no sítio eletrônico da entidade e nos seus demais canais de comunicação, inclusive nos extratos e comprovantes fornecidos ao cadastrado.

§ 4º Serão atribuições da ouvidoria, no mínimo:

I – receber, registrar, instruir, analisar e dar tratamento formal e adequado às reclamações dos cadastrados não solucionadas em vinte dias úteis pelos demais canais de atendimento;

II – prestar esclarecimentos e informar reclamantes acerca do andamento de suas demandas, das providências adotadas, conforme número de protocolo, observado prazo de dez dias úteis para resposta; e

III – propor ao gestor do banco de dados medidas corretivas ou de aprimoramento relativas aos procedimentos e rotinas, em decorrência da análise das reclamações recebidas.

CAPÍTULO II
Do Histórico de Crédito

Art. 2º O histórico de crédito do cadastrado é composto pelo conjunto de dados financeiros e de pagamentos relativos às operações de crédito e obrigações de pagamento, adimplidas ou em andamento, necessárias para avaliar o risco financeiro do cadastrado.

Art. 3º Para os fins deste Decreto, o conjunto de dados financeiros e de pagamentos é composto por:

I – data da concessão do crédito ou da assunção da obrigação de pagamento;

II – valor do crédito concedido ou da obrigação de pagamento assumida;

III – valores devidos das prestações ou obrigações, indicadas as datas de vencimento e de pagamento; e

IV – valores pagos, mesmo que parciais, das prestações ou obrigações, indicadas as datas de pagamento.

Art. 4º As instituições financeiras e demais instituições autorizadas a funcionar pelo Banco Central do Brasil prestarão informações de acordo com diretrizes aprovadas pelo Conselho Monetário Nacional.

Art. 5º As informações de que trata este Decreto serão prestadas conforme o Anexo I, inclusive pelos prestadores de serviços continuados referidos no art. 11 da Lei nº 12.414, de 2011.

Art. 6º Os bancos de dados, para fins de composição do histórico de crédito, deverão apresentar informações objetivas, claras, verdadeiras e de fácil compreensão, que sejam necessárias para avaliação da situação econômico-financeira do cadastrado.

CAPÍTULO III
Da Autorização para Abertura do Cadastro e Compartilhamento

Art. 7º As autorizações para abertura de cadastro e para compartilhamento da informação de adimplemento, de que tratam, respectivamente, os arts. 4º e 9º da Lei nº 12.414, de 2011, podem ser concedidas pelo cadastrado em forma física ou eletrônica, diretamente à fonte ou ao gestor de banco de dados, observados os termos e condições constantes do Anexo II.

§ 1º Quando qualquer das autorizações for concedida à fonte, esta deverá encaminhar a autorização concedida, por meio eletrônico, aos gestores de bancos de dados indicados no ato de concessão, no prazo de sete dias úteis contado de seu recebimento.

§ 2º O gestor do banco de dados ou a fonte, conforme o caso, deverá manter os registros adequados para comprovar a autenticidade e a validade da autorização.

§ 3º A abertura de cadastro não poderá ser condicionada à concessão de autorização para compartilhamento da informação de adimplemento.

Art. 8º A verificação da validade e autenticidade das autorizações de que trata o art. 7º, caberá àquele que recepcionou diretamente a autorização concedida pelo cadastrado, sem prejuízo do disposto no art. 16 da Lei nº 12.414, de 2011.

Parágrafo único. O gestor do banco de dados será responsável por avaliar a adequabilidade do processo de validação e autenticação da autorização.

CAPÍTULO IV
Da Consulta ao Banco de Dados

Art. 9º As informações sobre o cadastrado constantes dos bancos de dados somente poderão ser acessadas por consulentes que com ele mantiverem ou pretenderem manter relação comercial ou creditícia.

§ 1º Ao realizar a consulta, o consulente deverá declarar ao gestor do banco de dados que mantém ou pretende manter relação comercial ou creditícia com o cadastrado.

§ 2º O gestor do banco de dados deverá manter políticas e controles para garantir que as informações sobre o cadastrado somente serão acessadas por consulente que atenda ao disposto neste artigo.

CAPÍTULO V
Do dever e responsabilidade do gestor de banco de dados

Art. 10. O gestor do banco de dados deverá:

I – comunicar às fontes eventual exclusão ou revogação da autorização pelo cadastrado;

II – indicar, em cada resposta a consulta, a data da última atualização das informações enviadas ao banco de dados;

III – adotar as cautelas necessárias à preservação do sigilo das informações que lhe forem enviadas, divulgando-as apenas para as finalidades previstas na Lei nº 12.414, de 2011;

IV – manter sistemas de guarda e acesso com requisitos de segurança que protejam as informações de acesso por terceiros não autorizados e de uso em desacordo com as finalidades previstas na Lei nº 12.414, de 2011;

V – dotar os sistemas de guarda e acesso das informações de características de rastreabilidade, passíveis de serem auditadas;

VI – disponibilizar em seus sítios eletrônicos para consulta do cadastrado, com acesso formalizado, de maneira segura e gratuita:

a) as informações sobre o cadastrado constantes do banco de dados no momento da solicitação;

b) a indicação das fontes que encaminharam informações sobre o cadastrado, com endereço e telefone para contato;

c) a indicação dos gestores dos bancos de dados com os quais as informações sobre o cadastrado foram compartilhadas; e

d) a indicação clara dos consulentes que tiveram acesso ao histórico de crédito do cadastrado nos seis meses anteriores ao momento da solicitação; e

VII – informar claramente, inclusive em seu sítio eletrônico, os direitos do cadastrado definidos em lei e em normas infralegais pertinentes à sua relação com as fontes e os gestores de bancos de dados, e disponibilizar lista de órgãos governamentais aos quais poderá recorrer em caso de violação.

Parágrafo único. As informações dispostas no inciso VI do *caput* também poderão ser acessadas, gratuitamente, por telefone.

Art. 11. O gestor do banco de dados não poderá informar aos consulentes as fontes individuais das informações.

Art. 12. O cancelamento do cadastro poderá ser realizado perante qualquer gestor de banco de dados que mantenha cadastro ou perante a fonte que recebeu a autorização para abertura do cadastro.

§ 1º Caso o cancelamento não seja solicitado perante o gestor do banco de dados originário, o pedido será encaminhado ao gestor do banco de dados originário no prazo de dois dias úteis.

§ 2º Na hipótese do § 1º, gestor do banco de dados originário:

I – encerrará o histórico de crédito do cadastrado, não disponibilizará informações para novas consultas e não incluirá novas informações; e

II – informará o cancelamento, no prazo de sete dias, a:

a) todas as fontes das quais recebeu informações relativas ao cadastrado; e

b) todos os gestores de bancos de dados com os quais compartilhou informações relativas ao cadastrado.

§ 3º O gestor de banco de dados deverá manter em arquivo, exclusivamente para fins de auditoria, dados, autorizações concedidas pelos cadastrados, pedidos de cancelamento, exclusão, revogação e correção de anotação, pelo prazo mínimo de cinco anos, contado do cancelamento do cadastro.

Art. 13. O cadastrado poderá requerer:

I – que suas informações não sejam acessíveis por determinados consulentes ou em período determinado de tempo; e

II – o não compartilhamento de informações ou ainda a revogação de autorização para o compartilhamento de suas informações com um ou mais bancos de dados.

Parágrafo único. Não será admitido pedido de exclusão parcial de informações registradas em banco de dados, salvo se indevida ou erroneamente anotadas.

Art. 14. As solicitações de cancelamento do cadastro, de vedação de acesso e de não compartilhamento deverão ser realizadas de forma expressa, e poderão ser feitas por meio eletrônico.

CAPÍTULO VI
Do envio de informações pela fonte

Art. 15. O envio das informações pelas fontes aos gestores de bancos de dados deverá ser realizado por mecanismos que preservem a integridade e o sigilo dos dados enviados.

Parágrafo único. Os gestores de bancos de dados, observado o disposto no art. 10 da Lei nº 12.414, de 2011, poderão fornecer às fontes os mecanismos de envio das informações.

CAPÍTULO VII
Disposições gerais e finais

Art. 16. No caso de decisão realizada exclusivamente por meios automatizados, se o cadastrado solicitar ao consulente a revisão da decisão, o consulente deverá apresentar o resultado no prazo de sete dias úteis, contado da data do requerimento de revisão.

Art. 17. A simples falta de comunicação pela fonte do adimplemento de operação de crédito ou de obrigação continuada antes em curso não poderá ser registrada pelo gestor do banco de dados como informação negativa.

Art. 18. Este Decreto entra em vigor no dia 1º de janeiro de 2013.

Brasília, 17 de outubro de 2012; 191º da Independência e 124º da República.

> Deixamos de publicar os Anexos I e II deste Decreto.

DILMA ROUSSEFF

LEI 12.741, DE 8 DE DEZEMBRO DE 2012[37]

Dispõe sobre as medidas de esclarecimento ao consumidor, de que trata o § 5º do artigo 150 da Constituição Federal; altera o inciso III do art. 6º e o inciso IV do art. 106 da Lei nº 8.078, de 11 de setembro de 1990 – Código de Defesa do Consumidor.

A Presidenta da República. Faço saber que o Congresso Nacional decreta e eu sanciono a seguinte Lei:

Art. 1º Emitidos por ocasião da venda ao consumidor de mercadorias e serviços, em todo território nacional, deverá constar, dos documentos fiscais ou equivalentes, a informação do valor aproximado correspondente à totalidade dos tributos federais, estaduais e municipais, cuja incidência influi na formação dos respectivos preços de venda.

§ 1º A apuração do valor dos tributos incidentes deverá ser feita em relação a cada mercadoria ou serviço, separadamente, inclusive nas hipóteses de regimes jurídicos tributários diferenciados dos respectivos fabricantes, varejistas e prestadores de serviços, quando couber.

§ 2º A informação de que trata este artigo poderá constar de painel afixado em local visível do estabelecimento, ou por qualquer outro meio eletrônico ou impresso, de forma a demonstrar o valor ou percentual, ambos aproximados, dos tributos incidentes sobre todas as mercadorias ou serviços postos à venda.

§ 3º Na hipótese do § 2º, as informações a serem prestadas serão elaboradas em termos de percentuais sobre o preço a ser pago, quando se tratar de tributo com alíquota *ad valorem*, ou em valores monetários (no caso de alíquota específica); no caso de se utilizar meio eletrônico, este deverá estar disponível ao consumidor no âmbito do estabelecimento comercial.

§ 4º (Vetado).[38]

> O texto vetado dispunha:

"§ 4º Devido ao seu caráter informativo, do valor aproximado a que se refere o caput deste artigo, não serão excluídas parcelas de tributos que estejam sob discussão judicial ou administrativa, instauradas entre contribuintes e qualquer das entidades políticas tributantes, não podendo, ademais, o referido valor constituir confissão de dívida ou afetar as relações jurídico-tributárias entre tais entidades e os contribuintes, de direito ou de fato."

§ 5º Os tributos que deverão ser computados são os seguintes:

I – Imposto sobre Operações relativas a Circulação de Mercadorias e sobre Prestações de Serviços de Transporte Interestadual e Intermunicipal e de Comunicação (ICMS);

II – Imposto sobre Serviços de Qualquer Natureza (ISS);

III – Imposto sobre Produtos Industrializados (IPI);

IV – Imposto sobre Operações de Crédito, Câmbio e Seguro, ou Relativas a Títulos ou Valores Mobiliários (IOF);

V – (Vetado);[39]

> O texto vetado dispunha:

"V – Imposto sobre a Renda e Proventos de Qualquer Natureza (IR);"

VI – (Vetado);[40]

> O texto vetado dispunha:

---

[37] *DOU* de 10-12-2012.

[38] Mensagem de Veto nº 554/12, do § 4º do art. 1º: "O dispositivo obriga a apresentação ao consumidor de informação temerária, dissociada do efetivo recolhimento de tributos ainda em discussão administrativa ou judicial, situação em que, via de regra, está presente uma causa de suspensão da exigibilidade do crédito tributário. Ademais, a proposta afronta a finalidade central da proposição, que é trazer informação adequada ao consumidor final, além de ranquear a quem deve prestar as informações margem de manobra que pode inviabilizar a fiscalização e o cumprimento da própria lei."

[39] Mensagem de Veto nº 554/12, dos incisos V e VI do § 5º e § 9º do art. 1º: "A apuração dos tributos que incidem indiretamente na formação do preço é de difícil implementação, e a sanção desses dispositivos induziria a apresentação de valores muito discrepantes daqueles efetivamente recolhidos, em afronta à própria finalidade de trazer informação adequada ao consumidor final."

[40] Idem.

"VI – Contribuição Social sobre o Lucro Líquido (CSLL);"

VII – Contribuição Social para o Programa de Integração Social (PIS) e para o Programa de Formação do Patrimônio do Servidor Público (Pasep) – (PIS/Pasep);

VIII – Contribuição para o Financiamento da Seguridade Social (Cofins);

IX – Contribuição de Intervenção no Domínio Econômico, incidente sobre a importação e a comercialização de petróleo e seus derivados, gás natural e seus derivados, e álcool etílico combustível (Cide).

§ 6º Serão informados ainda os valores referentes ao imposto de importação, PIS/Pasep/Importação e Cofins/Importação, na hipótese de produtos cujos insumos ou componentes sejam oriundos de operações de comércio exterior e representem percentual superior a 20% (vinte por cento) do preço de venda.

§ 7º Na hipótese de incidência do imposto sobre a importação, nos termos do § 6º, bem como da incidência do Imposto sobre Produtos Industrializados – IPI, todos os fornecedores constantes das diversas cadeias produtivas deverão fornecer aos adquirentes, em meio magnético, os valores dos 2 (dois) tributos individualizados por item comercializado.

§ 8º Em relação aos serviços de natureza financeira, quando não seja legalmente prevista a emissão de documento fiscal, as informações de que trata este artigo deverão ser feitas em tabelas afixadas nos respectivos estabelecimentos.

§ 9º (Vetado).[41]

> O texto vetado dispunha:
>
> *"§ 9º O imposto de renda a que se refere o inciso V do § 5º deverá ser apurado, exclusivamente para efeito da divulgação de que trata esta Lei, como se incidisse sobre o lucro presumido."*

§ 10. A indicação relativa ao IOF (prevista no inciso IV do § 5º) restringe-se aos produtos financeiros sobre os quais incida diretamente aquele tributo.

§ 11. A indicação relativa ao PIS e à Cofins (incisos VII e VIII do § 5º), limitar-se-á à tributação incidente sobre a operação de venda ao consumidor.

§ 12. Sempre que o pagamento de pessoal constituir item de custo direto do serviço ou produto fornecido ao consumidor, deve ser divulgada, ainda, a contribuição previdenciária dos empregados e dos empregadores incidente, alocada ao serviço ou produto.

Art. 2º Os valores aproximados de que trata o art. 1º serão apurados sobre cada operação, e poderão, a critério das empresas vendedoras, ser calculados e fornecidos, semestralmente, por instituição de âmbito nacional reconhecidamente idônea, voltada primordialmente à apuração e análise de dados econômicos.

Art. 3º O inciso III do art 6º da Lei nº 8.078, de 11 de setembro de 1990, passa a vigorar com a seguinte redação:

> "Art. 6º
>
> III – a informação adequada e clara sobre os diferentes produtos e serviços, com especificação correta de quantidade, características, composição, qualidade, tributos incidentes e preço, bem como sobre os riscos que apresentem;"
>
> .... *(NR)*

Art. 4º (Vetado).[42]

> O texto vetado dispunha:
>
> *"Art. 4º O inciso IV do art 106 da Lei nº 8.078, de 1990, passa a vigorar com a seguinte redação:*
>
> *'Art. 106. ....'*
>
> *IV – informar, conscientizar e motivar o consumidor através dos diferentes meios de comunicação, bem como indicar a entidade responsável pela apuração, cálculo e informação do montante dos tributos incidentes sobre mercadorias e serviços, nos termos da legislação específica;*
>
> ....*' (NR)"*

Art. 5º O descumprimento do disposto nesta Lei sujeitará o infrator às sanções

[41] Idem.

[42] Mensagem de Veto nº 554/12, do art. 4º: "O dispositivo colide com o art. 2º do projeto que delimita parâmetros suficientes para definição da entidade responsável pelo cálculo dos tributos."

previstas no Capítulo VII do Título I da Lei nº 8.078, de 1990.

Art. 6º Esta Lei entra em vigor 6 (seis) meses após a data de sua publicação.

Brasília, 8 de dezembro de 2012; 191º da Independência e 124º da República.

DILMA ROUSSEFF

DECRETO 7.962, DE 15 DE MARÇO DE 2013[43]

Regulamenta a Lei nº 8.078, de 11 de setembro de 1990, para dispor sobre a contratação no comércio eletrônico.

A Presidenta da República, no uso da atribuição que lhe confere o art. 84, *caput*, inciso IV, da Constituição, e tendo em vista o disposto na Lei nº 8.078, de 11 de setembro de 1990, DECRETA:

Art. 1º Este Decreto regulamenta a Lei nº 8.078, de 11 de setembro de 1990, para dispor sobre a contratação no comércio eletrônico, abrangendo os seguintes aspectos:

I – informações claras a respeito do produto, serviço e do fornecedor;

II – atendimento facilitado ao consumidor; e

III – respeito ao direito de arrependimento.

Art. 2º Os sítios eletrônicos ou demais meios eletrônicos utilizados para oferta ou conclusão de contrato de consumo devem disponibilizar, em local de destaque e de fácil visualização, as seguintes informações:

I – nome empresarial e número de inscrição do fornecedor, quando houver, no Cadastro Nacional de Pessoas Físicas ou no Cadastro Nacional de Pessoas Jurídicas do Ministério da Fazenda;

II – endereço físico e eletrônico, e demais informações necessárias para sua localização e contato;

III – características essenciais do produto ou do serviço, incluídos os riscos à saúde e à segurança dos consumidores;

IV – discriminação, no preço, de quaisquer despesas adicionais ou acessórias, tais como as de entrega ou seguros;

V – condições integrais da oferta, incluídas modalidades de pagamento, disponibilidade, forma e prazo da execução do serviço ou da entrega ou disponibilização do produto; e

VI – informações claras e ostensivas a respeito de quaisquer restrições à fruição da oferta.

Art. 3º Os sítios eletrônicos ou demais meios eletrônicos utilizados para ofertas de compras coletivas ou modalidades análogas de contratação deverão conter, além das informações previstas no art. 2º, as seguintes:

I – quantidade mínima de consumidores para a efetivação do contrato;

II – prazo para utilização da oferta pelo consumidor; e

III – identificação do fornecedor responsável pelo sítio eletrônico e do fornecedor do produto ou serviço ofertado, nos termos dos incisos I e II do art. 2º.

Art. 4º Para garantir o atendimento facilitado ao consumidor no comércio eletrônico, o fornecedor deverá:

I – apresentar sumário do contrato antes da contratação, com as informações necessárias ao pleno exercício do direito de escolha do consumidor, enfatizadas as cláusulas que limitem direitos;

II – fornecer ferramentas eficazes ao consumidor para identificação e correção imediata de erros ocorridos nas etapas anteriores à finalização da contratação;

III – confirmar imediatamente o recebimento da aceitação da oferta;

[43] *DOU* de 15-3-2013. Edição extra.

IV – disponibilizar o contrato ao consumidor em meio que permita sua conservação e reprodução, imediatamente após a contratação;

V – manter serviço adequado e eficaz de atendimento em meio eletrônico, que possibilite ao consumidor a resolução de demandas referentes a informação, dúvida, reclamação, suspensão ou cancelamento do contrato;

VI – confirmar imediatamente o recebimento das demandas do consumidor referidas no inciso, pelo mesmo meio empregado pelo consumidor; e

VII – utilizar mecanismos de segurança eficazes para pagamento e para tratamento de dados do consumidor.

Parágrafo único. A manifestação do fornecedor às demandas previstas no inciso V do *caput* será encaminhada em até cinco dias ao consumidor.

Art. 5º O fornecedor deve informar, de forma clara e ostensiva, os meios adequados e eficazes para o exercício do direito de arrependimento pelo consumidor.

§ 1º O consumidor poderá exercer seu direito de arrependimento pela mesma ferramenta utilizada para a contratação, sem prejuízo de outros meios disponibilizados.

§ 2º O exercício do direito de arrependimento implica a rescisão dos contratos acessórios, sem qualquer ônus para o consumidor.

§ 3º O exercício do direito de arrependimento será comunicado imediatamente pelo fornecedor à instituição financeira ou à administradora do cartão de crédito ou similar, para que:

I – a transação não seja lançada na fatura do consumidor; ou

II – seja efetivado o estorno do valor, caso o lançamento na fatura já tenha sido realizado.

§ 4º O fornecedor deve enviar ao consumidor confirmação imediata do recebimento da manifestação de arrependimento.

Art. 6º As contratações no comércio eletrônico deverão observar o cumprimento das condições da oferta, com a entrega dos produtos e serviços contratados, observados prazos, quantidade, qualidade e adequação.

Art. 7º A inobservância das condutas descritas neste Decreto ensejará aplicação das sanções previstas no art. 56 da Lei nº 8.078, de 1990.

Art. 8º O Decreto nº 5.903, de 20 de setembro de 2006, passa a vigorar com as seguintes alterações:

Art. 9º Este Decreto entra em vigor sessenta dias após a data de sua publicação.

Brasília, 15 de março de 2013; 192º da Independência e 125º da República.

DILMA ROUSSEFF

PORTARIA INTERMINISTERIAL 3.082, DE 24 DE SETEMBRO DE 2013[44]

Institui o Sistema de Informações de Acidentes de Consumo – SIAC.

Os Ministros de Estado da Justiça e da Saúde, no uso da atribuição que lhes conferem o art. 87, parágrafo único, incisos I e II, da Constituição, o Decreto nº 6.061, de 15 de março de 2007, e o Decreto nº 8.065, de 7 de agosto de 2013, tendo em vista o disposto no art. 5º, inciso XXXII, e art. 6º da Constituição, no art. 4º, inciso II, alínea "d", art. 6º, inciso I e III, e art. 10, § 3º, da Lei nº 8.078, de 11 de setembro de 1990, no art. 16, inciso VIII, da Lei nº 8.080, de 19 de setembro de 1990, na Portaria nº 104, de 25 de janeiro de 2011, do Ministério da Saú-

[44] *DOU* de 26-9-2013.

de, e no Decreto nº 7.963, de 15 de março de 2013; e

Considerando que a criação de um banco de dados sobre acidentes de consumo constituir-se-á em instrumento fundamental para a identificação de riscos em produtos e serviços no mercado, permitindo uma rápida atuação de diferentes órgãos públicos competentes para a minimização de riscos à saúde e à segurança dos consumidores, resolvem:

Art. 1º Fica instituído o Sistema de Informações de Acidentes de Consumo – SIAC, para armazenar registros e informações sobre acidentes de consumo e subsidiar ações voltadas à proteção da saúde e segurança do consumidor.

§ 1º O SIAC será implantado por ação conjunta e articulada do Ministério da Justiça – MJ e do Ministério da Saúde – MS.

§ 2º O SIAC será mantido e administrado pelo MJ, por meio da Secretaria Nacional do Consumidor – Senacon.

§ 3º O SIAC receberá informações provenientes de notificação compulsória, reportada pelo serviço de saúde, em casos de acidentes graves e fatais, mediante ato a ser definido por ambos os Ministérios.

Art. 2º A consolidação e envio dos registros e informações sobre acidentes de consumo serão de responsabilidade da Senacon, a qual promoverá a articulação e a atuação conjunta dos respectivos órgãos reguladores e certificadores, em especial junto à Agência Nacional de Vigilância Sanitária, ao Instituto Nacional de Metrologia, Qualidade e Tecnologia, ao Ministério da Agricultura, Pecuária e Abastecimento e ao Departamento Nacional de Trânsito.

Art. 3º Caberá ao MS, por intermédio da Secretaria de Vigilância em Saúde e da Agência Nacional de Vigilância Sanitária, com o auxílio do MJ, por intermédio da Secretaria Nacional do Consumidor, a criação de fichas de registro, a definição de fluxos, a capacitação de multiplicadores e a divulgação do Sistema junto aos profissionais de saúde e respectivos conselhos, bem como o estabelecimento de medidas necessárias para assegurar a implementação do SIAC nas unidades de saúde.

Art. 4º A divulgação de dados e outras informações de interesse da população serão disponibilizadas ao público em geral, devendo o MJ e MS estabelecerem, oportunamente, entre si e com outros órgãos ou instituições envolvidas, os procedimentos correspondentes.

Art. 5º O SIAC entrará em funcionamento no prazo de cento e vinte dias a contar da publicação desta Portaria.

Art. 6º Esta Portaria entra em vigor na data de sua publicação.

JOSÉ EDUARDO CARDOZO
Ministro de Estado da Justiça
ALEXANDRE ROCHA SANTOS PADILHA
Ministro de Estado da Saúde

PORTARIA 3.083, DE 25 DE SETEMBRO DE 2013[45]

Disciplina o direito do consumidor à informação sobre a segurança dos estabelecimentos de lazer, cultura e entretenimento.

O Ministro de Estado da Justiça, no uso das atribuições que lhe conferem o art. 87, parágrafo único, inciso II, da Constituição, e o art. 1º, incisos I e V, do Anexo I do Decreto nº 6.061, de 15 de março de 2007, tendo em vista o disposto nos arts. 6º, 9º, 31, 55 e 106 da Lei nº 8.078, de 11 de setembro de 1990, no art. 3º do Decreto nº 2.181, de 20 de março de 1997, e nos arts. 17 e 19 do Anexo I do Decreto nº 6.061, de 2007, e:

Considerando o direito básico do consumidor à proteção da vida, saúde e segu-

[45] *DOU* de 26-9-2013.

rança contra os riscos provocados por práticas no fornecimento de produtos e serviços identificados como nocivos ou perigosos;

Considerando a relação de consumo existente entre o fornecedor de serviços de lazer, cultura e entretenimento; e

Considerando a necessidade de assegurar requisitos mínimos de segurança, assegurando-se aos consumidores informações corretas, claras, precisas, ostensivas sobre os riscos que produtos e serviços apresentam à sua saúde e segurança, resolve:

Art. 1º Esta Portaria disciplina o direito do consumidor à informação sobre a segurança dos estabelecimentos de lazer, cultura e entretenimento.

Art. 2º Nos materiais de oferta ou publicidade e nos anúncios publicitários de serviços de lazer, cultura e entretenimento, o fornecedor deverá informar ao consumidor, de forma clara e inequívoca, a existência de alvará de funcionamento e de alvará de prevenção e proteção contra incêndios do estabelecimento, ou de autorização equivalente, bem como suas respectivas datas de validade.

Art. 3º Os bilhetes e ingressos para eventos de lazer, cultura e entretenimento deverão conter informações ostensivas e adequadas sobre a existência de alvará de funcionamento e de alvará de prevenção e proteção contra incêndios do estabelecimento, ou de autorização equivalente, bem como suas respectivas datas de validade.

Art. 4º O fornecedor de serviços de lazer, cultura e entretenimento deverá afixar cartaz ou instrumento equivalente na entrada do estabelecimento com informações sobre sua capacidade máxima, sobre a existência de alvará de funcionamento, de alvará de prevenção e proteção contra incêndios do estabelecimento ou autorização equivalente, bem como suas respectivas datas de validade, sem prejuízo da observância de demais regras dispostas em legislação específica.

Art. 5º O não cumprimento às determinações desta Portaria sujeitará o fornecedor às sanções previstas na Lei nº 8.078, de 1990 e no Decreto nº 2.181, de 20 de março de 1997.

Art. 6º Esta Portaria entra em vigor noventa dias após sua publicação.

JOSÉ EDUARDO CARDOZO

RESOLUÇÃO 296, DE 25 DE OUTUBRO DE 2013[46]

Dispõe sobre as regras e os critérios para operação do seguro de garantia estendida, quando da aquisição de bens ou durante a vigência da garantia do fornecedor, e dá outras providências.

A Superintendência de Seguros Privados – SUSEP, no uso da atribuição que lhe confere o art. 34, inciso XI, do Decreto nº 60.459, de 13 de março de l967, torna público que o CONSELHO NACIONAL DE SEGUROS PRIVADOS – CNSP, em sessão ordinária realizada em 24 de outubro de 2013, considerando o inteiro teor do Processo CNSP Nº10/2004 e processo SUSEP nº15414.001674/2013-60, e na forma do que estabelece o artigo 32, inciso II, do Decreto-lei nº 73, de 21 de novembro de 1966, Resolveu:

Art. 1º Dispor sobre as regras e os critérios para operação do seguro de garantia estendida, quando contratado na aquisição de bens ou durante a vigência da garantia do fornecedor.

Parágrafo único. A operação a que se refere o *caput* restringe-se ao seguro de garantia estendida destinado ao consumidor final.

Art. 2º O seguro de garantia estendida tem como objetivo propiciar ao segurado, fa-

[46] *DOU* de 28-10-2013.

cultativamente e mediante o pagamento de prêmio, a extensão temporal da garantia do fornecedor de um bem adquirido e, quando prevista, sua complementação.

§ 1° O segurado a que se refere o *caput* é o consumidor final que adquire um bem ou pessoa por ele indicada no documento contratual.

§ 2° Para os efeitos desta Resolução, entende-se por garantia do fornecedor a garantia legal e, se houver, a garantia contratual originalmente oferecida pelo fornecedor, nos termos definidos pela lei.

§ 3° O seguro de garantia estendida deverá admitir, para fins de indenização e mediante acordo entre as partes, as hipóteses de reparo do bem, sua reposição ou pagamento em dinheiro.

§ 4° No caso de impossibilidade de reparo do bem coberto pelo seguro, a indenização ao segurado se dará na forma de reposição por bem idêntico.

§ 5° Quando a reposição por bem idêntico não for possível, deverá ser dada a opção ao segurado de devolução do valor consignado no documento fiscal ou de reposição por um bem de características similares, limitado ao valor do documento fiscal.

Art. 3° A contratação do seguro de garantia estendida pelo segurado é facultativa e poderá ser efetuada, somente durante a vigência da garantia do fornecedor do bem, pelos seguintes meios:

I – diretamente, junto à sociedade seguradora ou aos seus representantes de seguros;

II – por intermédio de corretor de seguros devidamente habilitado.

§ 1° A contratação do seguro de garantia estendida poderá ser realizada por meios remotos, na forma estabelecida em legislação específica.

§ 2° Quando o seguro de garantia estendida for contratado em momento diferente da aquisição do bem, a sua aceitação poderá estar condicionada à realização de vistoria prévia do bem.

Art. 4° O plano de seguro de garantia estendida somente poderá ser contratado mediante emissão de apólice individual ou de bilhete, observadas as legislações específicas, não se admitindo, em nenhuma hipótese, contratação por meio de apólice coletiva.

Parágrafo único. Fica vedada a inclusão na apólice individual ou no bilhete de que trata o *caput* de coberturas pertencentes a outros ramos de seguro.

Art. 5° A renovação do seguro de garantia estendida poderá ser efetuada, por igual período, por iniciativa do segurado ou da sociedade seguradora, neste caso com a concordância expressa do segurado.

Parágrafo único. É vedada a renovação automática do seguro de garantia estendida.

Art. 6° As condições contratuais e a nota técnica atuarial dos planos de seguro de garantia estendida deverão observar a legislação e a regulamentação em vigor, em especial aquelas aplicáveis a seguro de danos.

Art. 7° Os planos de seguro de garantia estendida deverão, obrigatoriamente, oferecer uma das seguintes coberturas básicas:

I – extensão de garantia original: cuja vigência inicia-se imediatamente após o término da garantia do fornecedor e que contempla as mesmas coberturas e exclusões oferecidas pela garantia do fornecedor;

II – extensão de garantia original ampliada: cuja vigência inicia-se imediatamente após o término da garantia do fornecedor e que contempla as mesmas coberturas oferecidas pela garantia do fornecedor, apresentando, adicionalmente, a inclusão de novas coberturas, desde que não enquadradas em outros ramos específicos de seguro.

III – extensão de garantia reduzida: cuja vigência inicia-se imediatamente após o término da garantia do fornecedor e que pode contemplar coberturas reduzidas comparativamente àquelas oferecidas pela garantia do fornecedor.

Parágrafo único. A cobertura a que se refere o inciso III aplica-se somente ao seguro de garantia estendida voltado para veículos automotores e para bens que possuem apenas garantia legal.

Art. 8° Os planos de seguro de garantia estendida poderão, facultativamente, oferecer a cobertura de "complementação de garantia", cuja vigência inicia-se simultaneamente com a garantia do fornecedor, contemplando coberturas não previstas ou excluídas pela garantia do fornecedor e desde que não enquadradas em outros ramos específicos de seguro.

Parágrafo único. A rescisão contratual que implique o cancelamento da cobertura básica, a que se refere o artigo anterior, cancelará automaticamente a cobertura de "complementação de garantia".

Art. 9° A relação de riscos excluídos constantes na apólice individual ou no bilhete do seguro de garantia estendida, conforme o caso, deverá apresentar:

I – No máximo, a mesma relação de riscos excluídos da garantia do fornecedor do bem segurado, salvo no caso da cobertura de extensão de garantia reduzida.

II – A informação de que os danos causados por atos ilícitos dolosos ou por culpa grave equiparável ao dolo, praticados pelo segurado, pelo beneficiário ou representante legal de um ou de outro, também estarão excluídos.

§ 1° Na comercialização do seguro garantia estendida, a seguradora ou o representante de seguros, deverá informar ao consumidor as coberturas excluídas.

§ 2° Quando a relação de riscos excluídos do seguro de garantia estendida for expressamente a mesma da garantia do fornecedor, a apólice individual ou o bilhete poderá fazer remissão, em destaque, ao certificado do bem.

§ 3° Caso fique comprovado, mediante laudo técnico, que o segurado perdeu o direito à garantia do fornecedor por violação às regras de garantia do fabricante, a sociedade seguradora poderá eximir-se do pagamento da indenização do seguro de garantia estendida contratado, desde que apresente para o consumidor, por escrito e de forma clara e precisa, as razões objetivas da perda da garantia.

§ 4° Cabe à sociedade seguradora comprovar, por laudo técnico ou outro meio idôneo, a perda de direito a que se refere o parágrafo anterior.

§ 5° O bilhete ou a apólice de seguro deverá recomendar, em destaque, a guarda do certificado de garantia do fornecedor.

Art. 10. Os planos de seguro de garantia estendida poderão prever franquia e/ou participação obrigatória do segurado somente para coberturas diferentes daquelas oferecidas pela garantia do fornecedor.

Art. 11. A denominação comercial do plano de garantia estendida deverá conter uma das seguintes expressões: "Seguro de Garantia Estendida Original", "Seguro de Garantia Estendida Original Ampliada" ou "Seguro de Garantia Estendida Reduzida", conforme o caso.

Parágrafo único. A denominação comercial, na forma referida no *caput*, deverá constar nas apólices individuais, bilhetes e em todo o material publicitário dos planos de seguro de garantia estendida.

Art. 12. O seguro de garantia estendida deverá ser contratado, obrigatoriamente, a primeiro risco absoluto.

Art. 13. Fica vedado condicionar a compra do bem à contratação do seguro de garantia estendida, assim como condicionar a concessão de desconto no seu preço à aquisição do seguro.

§ 1° Os preços de aquisição do bem e do seguro de garantia estendida deverão ser discriminados na ocasião da oferta.

§ 2° Na apresentação do plano de seguro de garantia estendida ao consumidor por representante de seguros, deverá constar, obrigatoriamente e de forma clara e ostensiva, o termo "opcional", bem como a seguinte informação: "É proibido condicionar desconto no preço de bem à aquisição do seguro".

§ 3° A transação financeira correspondente à aquisição do seguro deverá ser distinta daquela realizada para pagamento do bem adquirido, inclusive com emissão dos respectivos comprovantes, bem como a individualização dos respectivos pagamentos, seja com cartão de crédito, boletos bancários ou outros meios de pagamento admitidos, com exceção daqueles realizados em espécie.

Art. 14. O segurado poderá desistir do seguro contratado no prazo de 7 (sete) dias corridos a contar da assinatura da proposta, no caso de contratação por apólice individual, ou da emissão do bilhete, no caso de contratação por bilhete.

§ 1° A sociedade seguradora deverá informar de forma expressa e ostensiva, na apólice individual ou bilhete, os meios adequados e eficazes para o exercício do direito de arrependimento pelo segurado.

§ 2° O segurado poderá exercer seu direito de arrependimento pelo mesmo meio utilizado para contratação, sem prejuízo de outros meios disponibilizados.

§ 3° A sociedade seguradora, ou seus representantes de seguros, e o corretor de seguros habilitado, conforme for o caso, fornecerão ao segurado confirmação imediata do recebimento da manifestação de arrependimento.

§ 4° Caso o segurado exerça o direito de arrependimento previsto neste artigo, os valores eventualmente pagos, a qualquer título, durante o prazo a que se refere o *caput*, serão devolvidos, de imediato.

§ 5° A devolução a que se refere o parágrafo anterior será realizada pelo mesmo meio e forma de efetivação do pagamento do prêmio, sem prejuízo de outros meios disponibilizados pela seguradora e expressamente aceitos pelo segurado.

Art. 15. Para os fins desta norma, nos contratos de seguro de garantia estendida, as datas de início da vigência do contrato e do início de cobertura de risco da cobertura básica são distintas, atendendo aos seguintes critérios:

I – o início de vigência do contrato de seguro de garantia estendida, para os efeitos legais, será a data da assinatura da proposta, no caso de contratação por apólice individual, ou a data da emissão do bilhete, no caso de contratação por bilhete.

II – o início da cobertura do risco será o exato instante do término da garantia do fornecedor, exceto na hipótese da cobertura de complementação da garantia, cuja vigência inicia-se simultaneamente a do contrato.

Art. 16. No caso de rescisão total ou parcial do contrato de seguro de garantia estendida, por iniciativa de quaisquer das partes contratantes e mediante concordância recíproca, deverão ser observadas as seguintes disposições:

I – entre a data de início de vigência do contrato de seguro de garantia estendida e a data de início da cobertura do risco:

a) na hipótese de rescisão a pedido da sociedade seguradora, esta devolverá ao segurado o valor integral do prêmio comercial recebido, acrescido dos emolumentos;

b) na hipótese de rescisão a pedido do segurado, após o período de arrependimento previsto no art. 14, a sociedade seguradora devolverá ao segurado o valor integral do prêmio comercial recebido e reterá os emolumentos.

II – após a data de início da cobertura do risco:

a) na hipótese de rescisão a pedido da sociedade seguradora, esta devolverá ao segurado a parte do prêmio comercial, calculada de forma proporcional à razão entre o prazo de risco a decorrer e o período de cobertura de risco;

b) na hipótese de rescisão a pedido do segurado, a sociedade seguradora devolverá, no mínimo, a parte do prêmio comercial calculada de forma proporcional à razão entre o prazo de risco a decorrer e o período de cobertura de risco.

§ 1° Entende-se por "emolumentos" o conjunto de despesas adicionais que o segurador cobra do segurado, correspondente às parcelas de origem tributária.

§ 2° No caso de ocorrência de evento que tenha como consequência a perda do bem segurado em data anterior ao início da cobertura do risco, o seguro de garantia estendida poderá ser rescindido por iniciativa unilateral do segurado, aplicando-se o disposto no inciso I deste artigo.

§ 3° Para fins do inciso II, entende-se como "prazo de risco a decorrer" o período entre a data do pedido de rescisão e a data final da cobertura do seguro.

§ 4° Caso também seja contratada a cobertura de "complementação de garantia", aplica-se para esta apenas o disposto no inciso II.

Art. 17. Caso ocorra a substituição do bem segurado pelo fabricante dentro do período de vigência da garantia do fornecedor, o seguro de garantia estendida poderá ser endossado, mediante acordo entre as partes.

Parágrafo único. Na hipótese de não concordância do endosso, aplicar-se-á o disposto no art. 16, inciso I, observado o disposto em suas alíneas em relação à iniciativa.

Art. 18. Em caso de ocorrência de sinistro, a sociedade seguradora terá o prazo de até 30 (trinta) dias para o cumprimento das obrigações previstas no art. 2° desta norma.

§ 1° O início da contagem do prazo estabelecido no caput ocorrerá:

I – na data da entrega do bem na assistência técnica ou ponto de coleta, juntamente com os documentos básicos previstos na apólice individual ou bilhete, conforme orientação da sociedade seguradora;

II – na data da comunicação do sinistro pelo segurado, quando for necessária a retirada do bem ou o atendimento em domicílio, por representante ou empresa indicada pela sociedade seguradora.

§ 2° Por ocasião da retirada do bem ou o atendimento em domicílio, a que se refere o inciso II, o segurado deverá apresentar os documentos básicos previstos na apólice ou bilhete, conforme orientação da sociedade seguradora.

§ 3° A responsabilidade pela entrega ou retirada do bem a que se referem os incisos do parágrafo anterior seguirá a orientação disposta na garantia do fornecedor, ou outra, mais benéfica ao segurado, mediante acordo entre as partes.

§ 4° Os documentos básicos a que se referem os incisos I do § 1° e o § 2° deste artigo estão limitados a:

a) documento fiscal de aquisição do bem;

b) bilhete ou apólice individual, conforme o caso; e

c) CPF ou outro documento de identificação do segurado.

§ 5° No caso de pagamento de indenização em dinheiro, além dos documentos listados no parágrafo anterior, a sociedade seguradora somente poderá exigir os documentos necessários à atualização cadastral do segurado, requerida em norma específica, realizada no ato da contratação.

Art. 19. Eventuais custos de transporte do bem sinistrado para reparo ou reposição serão de responsabilidade da sociedade seguradora, observada a orientação disposta na garantia do fornecedor do bem.

Art. 20. As sociedades seguradoras deverão solicitar, em até 365 dias a partir da data da publicação desta Resolução, o arquivamento dos processos referentes a planos de seguro de garantia estendida protocolizados anteriormente à data de início de vigência desta Resolução, sem prejuízo aos contratos de seguro em vigor.

§ 1° A ausência de manifestação formal das sociedades seguradoras quanto ao arquivamento dos processos a que se refere o caput implicará a automática suspensão de comercialização e encerramento dos respectivos planos, sem prejuízo da aplicação das penalidades cabíveis.

§ 2° Fica vedada qualquer emissão de apólice ou certificado individual, com base nos processos citados no *caput*, a partir da data de seus arquivamentos.

§ 3° Ressalvado o disposto no caput e nos parágrafos anteriores, as sociedades seguradoras deverão, observados os demais requisitos legais e infralegais vigentes, proceder à abertura de novo processo administrativo nos termos da presente Resolução, previamente à comercialização dos seguros de garantia estendida.

§ 4° Aplicam-se às sociedades seguradoras e às organizações varejistas que figurem como estipulantes em apólices coletivas em vigor, no que couber, os deveres e vedações constantes desta Resolução e da Resolução CNSP N° 297, de 24 de outubro de 2013.

Art. 21 A falta de cumprimento do disposto nesta Resolução sujeitará o infrator às penas previstas em lei e demais normas em vigor.

Art. 22 Fica a Susep autorizada a adotar as medidas necessárias à execução do disposto nesta Resolução.

Art. 23 Esta Resolução entra em vigor na data de sua publicação, ficando revogadas as Resoluções CNSP N° 122, de 3 de maio de 2005, e N° 146, de 23 de junho de 2006, e a Circular SUSEP n° 366, de 28 de maio de 2008.

Rio de Janeiro, 25 de outubro de 2013.

LUCIANO PORTAL SANTANNA

LEI 12.921, DE 26 DEZEMBRO DE 2013[47]

Proíbe a fabricação, a comercialização, a distribuição e a propaganda de produtos nacionais e importados, de qualquer natureza, bem como embalagens, destinados ao público infantojuvenil, reproduzindo a forma de cigarros e similares.

A Presidenta da República. Faço saber que o Congresso Nacional decreta e eu sanciono a seguinte Lei:

Art. 1° Fica proibida a fabricação, a importação, a comercialização, a distribuição e a propaganda, em todo o território nacional, de produtos de qualquer natureza, bem como embalagens, destinados ao público infantojuvenil, reproduzindo a forma de cigarros ou similares.

Art. 2° O descumprimento ao disposto nesta Lei, sujeita o infrator às seguintes penas, sem prejuízo das demais cominações legais:

I – apreensão do produto;

II – multa de R$ 10,00 (dez reais) por embalagem apreendida, a ser corrigida anualmente de acordo com a variação do índice de preços nacional utilizado para verificação do cumprimento das metas inflacionárias.

Parágrafo único. A multa pecuniária prevista no inciso II do *caput* deste artigo será duplicada a cada reincidência.

Art. 3° Esta Lei entra em vigor 180 (cento e oitenta) dias após a data de sua publicação.

Brasília, 26 de dezembro de 2013; 192° da Independência e 125° da República.

DILMA ROUSSEFF

[47] *DOU* de 27-12-2013.

LEI 12.933, DE 26 DEZEMBRO DE 2013[48]

Dispõe sobre o benefício do pagamento de meia-entrada para estudantes, idosos, pessoas com deficiência e jovens de 15 a 29 anos comprovadamente carentes em espetáculos artístico-culturais e esportivos, e revoga a Medida Provisória n° 2.208, de 17 de agosto de 2001.

> Decreto 8.537, de 5-10-2015 *(Regulamenta a Lei 12.852, de 5 de agosto de 2013, e a Lei 12.933, de 26 de dezembro de 2013, para dispor sobre o benefício da meia-entrada para acesso a eventos artístico-culturais e*

[48] *DOU* de 27-12-2013.

esportivos e para estabelecer os procedimentos e os critérios para a reserva de vagas a jovens de baixa renda nos veículos do sistema de transporte coletivo interestadual)

A Presidenta da República. Faço saber que o Congresso Nacional decreta e eu sanciono a seguinte Lei:

Art. 1º É assegurado aos estudantes o acesso a salas de cinema, cineclubes, teatros, espetáculos musicais e circenses e eventos educativos, esportivos, de lazer e de entretenimento, em todo o território nacional, promovidos por quaisquer entidades e realizados em estabelecimentos públicos ou particulares, mediante pagamento da metade do preço do ingresso efetivamente cobrado do público em geral.

§ 1º O benefício previsto no *caput* não será cumulativo com quaisquer outras promoções e convênios e, também, não se aplica ao valor dos serviços adicionais eventualmente oferecidos em camarotes, áreas e cadeiras especiais.

§ 2º Terão direito ao benefício os estudantes regularmente matriculados nos níveis e modalidades de educação e ensino previstos no Título V da Lei nº 9.394, de 20 de dezembro de 1996, que comprovem sua condição de discente, mediante a apresentação, no momento da aquisição do ingresso e na portaria do local de realização do evento, da Carteira de Identificação Estudantil (CIE), emitida pela Associação Nacional de Pós-Graduandos (ANPG), pela União Nacional dos Estudantes (UNE), pela União Brasileira dos Estudantes Secundaristas (Ubes), pelas entidades estaduais e municipais filiadas àquelas, pelos Diretórios Centrais dos Estudantes (DCEs) e pelos Centros e Diretórios Acadêmicos, com prazo de validade renovável a cada ano, conforme modelo único nacionalmente padronizado e publicamente disponibilizado pelas entidades nacionais antes referidas e pelo Instituto Nacional de Tecnologia da Informação (ITI), com certificação digital deste, podendo a carteira de identificação estudantil ter 50% (cinquenta por cento) de características locais.

§ 3º (VETADO).

§ 4º A Associação Nacional de Pós-Graduandos, a União Nacional dos Estudantes, a União Brasileira dos Estudantes Secundaristas e as entidades estudantis estaduais e municipais filiadas àquelas deverão disponibilizar um banco de dados contendo o nome e o número de registro dos estudantes portadores da Carteira de Identificação Estudantil (CIE), expedida nos termos desta Lei, aos estabelecimentos referidos no *caput* deste artigo e ao Poder Público.

§ 5º A representação estudantil é obrigada a manter o documento comprobatório do vínculo do aluno com o estabelecimento escolar, pelo mesmo prazo de validade da respectiva Carteira de Identificação Estudantil (CIE).

§ 6º A Carteira de Identificação Estudantil (CIE) será válida da data de sua expedição até o dia 31 de março do ano subsequente.

§ 7º (VETADO).

§ 8º Também farão jus ao benefício da meia-entrada as pessoas com deficiência, inclusive seu acompanhante quando necessário, sendo que este terá idêntico benefício no evento em que comprove estar nesta condição, na forma do regulamento.

§ 9º Também farão jus ao benefício da meia-entrada os jovens de 15 a 29 anos de idade de baixa renda, inscritos no Cadastro Único para Programas Sociais do Governo Federal (CadÚnico) e cuja renda familiar mensal seja de até 2 (dois) salários mínimos, na forma do regulamento.

§ 10. A concessão do direito ao benefício da meia-entrada é assegurada em 40% (quarenta por cento) do total dos ingressos disponíveis para cada evento.

§ 11. As normas desta Lei não se aplicam aos eventos Copa do Mundo FIFA de 2014 e Olimpíadas do Rio de Janeiro de 2016.

Art. 2º O cumprimento do percentual de que trata o § 10 do art. 1º será aferido por meio de instrumento de controle que faculte ao público o acesso a informações atualizadas referentes ao quantitativo de ingressos de meia-entrada disponíveis para cada sessão.

§ 1º As produtoras dos eventos deverão disponibilizar:

I – o número total de ingressos e o número de ingressos disponíveis aos usuários da meia-entrada, em todos os pontos de venda de ingressos, de forma visível e clara;

II – o aviso de que houve o esgotamento dos ingressos disponíveis aos usuários da meia-entrada em pontos de venda de ingressos, de forma visível e clara, quando for o caso.

§ 2º Os estabelecimentos referidos no *caput* do art. 1º deverão disponibilizar o relatório da venda de ingressos de cada evento à Associação Nacional de Pós-Graduandos, à União Nacional dos Estudantes, à União Brasileira dos Estudantes Secundaristas, a entidades estudantis estaduais e municipais filiadas àquelas e ao Poder Público, interessados em consultar o cumprimento do disposto no § 10 do art. 1º.

Art. 3º Caberá aos órgãos públicos competentes federais, estaduais e municipais a fiscalização do cumprimento desta Lei.

Parágrafo único. A comprovação da emissão irregular ou fraudulenta de carteiras estudantis acarretará à entidade emissora, conforme o caso, sem prejuízo das sanções administrativas e penais aplicáveis aos responsáveis pela irregularidade ou fraude:

I – multa;

II – suspensão temporária da autorização para emissão de carteiras estudantis; e

III – (VETADO).

Art. 4º Os estabelecimentos referidos no *caput* do art. 1º deverão afixar cartazes, em local visível da bilheteria e da portaria, de que constem as condições estabelecidas para o gozo da meia-entrada, com os telefones dos órgãos de fiscalização.

Art. 5º Revoga-se a Medida Provisória nº 2.208, de 17 de agosto de 2001.

Art. 6º Esta Lei entra em vigor na data de sua publicação, gerando efeitos a partir da edição de sua norma regulamentadora.

Brasília, 26 de dezembro de 2013; 192º da Independência e 125º da República.

DILMA ROUSSEFF

LEI 12.965, DE 23 DE ABRIL DE 2014[49]

Estabelece princípios, garantias, direitos e deveres para o uso da Internet no Brasil.

> *Dec. 8.771/2016 (Regulamenta a Lei 12.965/2014).*

A Presidenta da República. Faço saber que o Congresso Nacional decreta e eu sanciono a seguinte Lei:

CAPÍTULO I
Disposições Preliminares

Art. 1º Esta Lei estabelece princípios, garantias, direitos e deveres para o uso da internet no Brasil e determina as diretrizes para atuação da União, dos Estados, do Distrito Federal e dos Municípios em relação à matéria.

Art. 2º A disciplina do uso da internet no Brasil tem como fundamento o respeito à liberdade de expressão, bem como:

(...)

V – a livre-iniciativa, a livre concorrência e a defesa do consumidor; e

(...)

Art. 5º Para os efeitos desta Lei, considera-se:

I – internet: o sistema constituído do conjunto de protocolos lógicos, estruturado em escala mundial para uso público e irrestrito, com a finalidade de possibilitar a comunicação de dados entre terminais por meio de diferentes redes;

II – terminal: o computador ou qualquer dispositivo que se conecte à internet;

III – endereço de protocolo de internet (endereço IP): o código atribuído a um terminal de uma rede para permitir sua identificação, definido segundo parâmetros internacionais;

[49] *DOU* de 24.04.2014.

IV – administrador de sistema autônomo: a pessoa física ou jurídica que administra blocos de endereço IP específicos e o respectivo sistema autônomo de roteamento, devidamente cadastrada no ente nacional responsável pelo registro e distribuição de endereços IP geograficamente referentes ao País;

V – conexão à internet: a habilitação de um terminal para envio e recebimento de pacotes de dados pela internet, mediante a atribuição ou autenticação de um endereço IP;

VI – registro de conexão: o conjunto de informações referentes à data e hora de início e término de uma conexão à internet, sua duração e o endereço IP utilizado pelo terminal para o envio e recebimento de pacotes de dados;

VII – aplicações de internet: o conjunto de funcionalidades que podem ser acessadas por meio de um terminal conectado à internet; e

VIII – registros de acesso a aplicações de internet: o conjunto de informações referentes à data e hora de uso de uma determinada aplicação de internet a partir de um determinado endereço IP.

(...)

CAPÍTULO II
Dos Direitos e Garantias dos Usuários

Art. 7º O acesso à internet é essencial ao exercício da cidadania, e ao usuário são assegurados os seguintes direitos:

I – inviolabilidade da intimidade e da vida privada, sua proteção e indenização pelo dano material ou moral decorrente de sua violação;

II – inviolabilidade e sigilo do fluxo de suas comunicações pela internet, salvo por ordem judicial, na forma da lei;

III – inviolabilidade e sigilo de suas comunicações privadas armazenadas, salvo por ordem judicial;

IV – não suspensão da conexão à internet, salvo por débito diretamente decorrente de sua utilização;

V – manutenção da qualidade contratada da conexão à internet;

VI – informações claras e completas constantes dos contratos de prestação de serviços, com detalhamento sobre o regime de proteção aos registros de conexão e aos registros de acesso a aplicações de internet, bem como sobre práticas de gerenciamento da rede que possam afetar sua qualidade;

VII – não fornecimento a terceiros de seus dados pessoais, inclusive registros de conexão, e de acesso a aplicações de internet, salvo mediante consentimento livre, expresso e informado ou nas hipóteses previstas em lei;

VIII – informações claras e completas sobre coleta, uso, armazenamento, tratamento e proteção de seus dados pessoais, que somente poderão ser utilizados para finalidades que:

a) justifiquem sua coleta;

b) não sejam vedadas pela legislação; e

c) estejam especificadas nos contratos de prestação de serviços ou em termos de uso de aplicações de internet;

IX – consentimento expresso sobre coleta, uso, armazenamento e tratamento de dados pessoais, que deverá ocorrer de forma destacada das demais cláusulas contratuais;

X – exclusão definitiva dos dados pessoais que tiver fornecido a determinada aplicação de internet, a seu requerimento, ao término da relação entre as partes, ressalvadas as hipóteses de guarda obrigatória de registros previstas nesta Lei;

Texto novo: X – exclusão definitiva dos dados pessoais que tiver fornecido a determinada aplicação de internet, a seu requerimento, ao término da relação entre as partes, ressalvadas as hipóteses de guarda obrigatória de registros previstas nesta Lei e na que dispõe sobre a proteção de dados pessoais;

> Inciso X com redação pela Lei 13.709/2018, em vigor após decorridos 18 (dezoito) meses de sua publicação oficial (*DOU 15.08.2018*).

XI – publicidade e clareza de eventuais políticas de uso dos provedores de conexão à internet e de aplicações de internet;

XII – acessibilidade, consideradas as características físico-motoras, perceptivas, sensoriais, intelectuais e mentais do usuário, nos termos da lei; e

XIII – aplicação das normas de proteção e defesa do consumidor nas relações de consumo realizadas na internet.

Art. 8º A garantia do direito à privacidade e à liberdade de expressão nas comunicações é condição para o pleno exercício do direito de acesso à internet.

Parágrafo único. São nulas de pleno direito as cláusulas contratuais que violem o disposto no caput, tais como aquelas que:

I – impliquem ofensa à inviolabilidade e ao sigilo das comunicações privadas, pela internet; ou

II – em contrato de adesão, não ofereçam como alternativa ao contratante a adoção do foro brasileiro para solução de controvérsias decorrentes de serviços prestados no Brasil.

(...)

CAPÍTULO III
Da Provisão de Conexão e De Aplicações de Internet

(...)

Seção II
Da Proteção aos Registros, aos Dados Pessoais e às Comunicações Privadas

Art. 10. A guarda e a disponibilização dos registros de conexão e de acesso a aplicações de internet de que trata esta Lei, bem como de dados pessoais e do conteúdo de comunicações privadas, devem atender à preservação da intimidade, da vida privada, da honra e da imagem das partes direta ou indiretamente envolvidas.

§ 1º O provedor responsável pela guarda somente será obrigado a disponibilizar os registros mencionados no caput, de forma autônoma ou associados a dados pessoais ou a outras informações que possam contribuir para a identificação do usuário ou do terminal, mediante ordem judicial, na forma do disposto na Seção IV deste Capítulo, respeitado o disposto no art. 7º.

§ 2º O conteúdo das comunicações privadas somente poderá ser disponibilizado mediante ordem judicial, nas hipóteses e na forma que a lei estabelecer, respeitado o disposto nos incisos II e III do art. 7º.

§ 3º O disposto no caput não impede o acesso aos dados cadastrais que informem qualificação pessoal, filiação e endereço, na forma da lei, pelas autoridades administrativas que detenham competência legal para a sua requisição.

§ 4º As medidas e os procedimentos de segurança e de sigilo devem ser informados pelo responsável pela provisão de serviços de forma clara e atender a padrões definidos em regulamento, respeitado seu direito de confidencialidade quanto a segredos empresariais.

Art. 11. Em qualquer operação de coleta, armazenamento, guarda e tratamento de registros, de dados pessoais ou de comunicações por provedores de conexão e de aplicações de internet em que pelo menos um desses atos ocorra em território nacional, deverão ser obrigatoriamente respeitados a legislação brasileira e os direitos à privacidade, à proteção dos dados pessoais e ao sigilo das comunicações privadas e dos registros.

§ 1º O disposto no *caput* aplica-se aos dados coletados em território nacional e ao conteúdo das comunicações, desde que pelo menos um dos terminais esteja localizado no Brasil.

§ 2º O disposto no *caput* aplica-se mesmo que as atividades sejam realizadas por pessoa jurídica sediada no exterior, desde que oferte serviço ao público brasileiro ou pelo menos uma integrante do mesmo grupo econômico possua estabelecimento no Brasil.

§ 3º Os provedores de conexão e de aplicações de internet deverão prestar, na forma da regulamentação, informações que permitam a verificação quanto ao cumprimento da legislação brasileira referente à coleta, à guarda, ao armazenamento ou ao tratamento de dados, bem como quanto ao respeito à privacidade e ao sigilo de comunicações.

§ 4º Decreto regulamentará o procedimento para apuração de infrações ao disposto neste artigo.

Art. 12. Sem prejuízo das demais sanções cíveis, criminais ou administrativas, as infrações às normas previstas nos arts. 10 e 11 ficam sujeitas, conforme o caso, às seguintes sanções, aplicadas de forma isolada ou cumulativa:

I – advertência, com indicação de prazo para adoção de medidas corretivas;

II – multa de até 10% (dez por cento) do faturamento do grupo econômico no Brasil no seu último exercício, excluídos os tributos, considerados a condição econômica do infrator e o princípio da proporcionalidade entre a gravidade da falta e a intensidade da sanção;

III – suspensão temporária das atividades que envolvam os atos previstos no art. 11; ou

IV – proibição de exercício das atividades que envolvam os atos previstos no art. 11.

Parágrafo único. Tratando-se de empresa estrangeira, responde solidariamente pelo pagamento da multa de que trata o caput sua filial, sucursal, escritório ou estabelecimento situado no País.

(...)

CAPÍTULO V
Disposições Finais

Art. 29. O usuário terá a opção de livre escolha na utilização de programa de computador em seu terminal para exercício do controle parental de conteúdo entendido por ele como impróprio a seus filhos menores, desde que respeitados os princípios desta Lei e da Lei 8.069, de 13 de julho de 1990 – Estatuto da Criança e do Adolescente.

Parágrafo único. Cabe ao poder público, em conjunto com os provedores de conexão e de aplicações de internet e a sociedade civil, promover a educação e fornecer informações sobre o uso dos programas de computador previstos no *caput*, bem como para a definição de boas práticas para a inclusão digital de crianças e adolescentes.

Art. 30. A defesa dos interesses e dos direitos estabelecidos nesta Lei poderá ser exercida em juízo, individual ou coletivamente, na forma da lei.

(...)

Art. 32. Esta Lei entra em vigor após decorridos 60 (sessenta) dias de sua publicação oficial.

Brasília, 23 de abril de 2014; 193º da Independência e 126º da República.

DILMA ROUSSEFF

RESOLUÇÃO 315, DE 26 DE SETEMBRO DE 2014[50]

Dispõe sobre as regras e os critérios para operação do seguro viagem.

A Superintendência de Seguros Privados – SUSEP, no uso da atribuição que lhe confere o art. 34, inciso XI, do Decreto nº 60.459, de 13 de março de l967, e considerando o inteiro teor do Processo CNSP nº10/2013 e Processo Susep nº15414.000412/2013-88, torna público que o CONSELHO NACIONAL DE SEGUROS PRIVADOS – CNSP, em sessão ordinária realizada em 18 de setembro de 2014, na forma do que estabelece o artigo 32, inciso II, do Decreto-Lei nº 73, de 21 de novembro de 1966. Resolveu:

[50] *DOU* de 29-09-2014.

Art. 1° Dispor sobre as regras e os critérios para operação do seguro Viagem.

Art. 2° O seguro viagem tem por objetivo garantir, ao (s) segurado(s) ou seu(s) beneficiário(s), uma indenização, limitada ao valor do capital segurado contratado, na forma de pagamento do valor contratado ou de reembolso, ou, ainda, de prestação de serviço(s), no caso da ocorrência de riscos cobertos, desde que relacionados à viagem, durante período previamente determinado, nos termos estabelecidos nas condições contratuais.

CAPÍTULO I
Das coberturas Das Coberturas

Seção I
Das coberturas básicas e adicionais

Art. 3° Os planos de seguro viagem deverão ofertar, obrigatoriamente, pelo menos uma das seguintes coberturas básicas:

I – Despesas médicas, hospitalares e/ou odontológicas em viagem nacional (DMHO em viagem nacional) – consiste na indenização, na forma prevista nas condições gerais e limitada ao valor do capital segurado contratado, das despesas médicas, hospitalares e/ou odontológicas efetuadas pelo segurado para seu tratamento, sob orientação médica, ocasionado por acidente pessoal ou enfermidade súbita e aguda ocorrida durante o período de viagem nacional e uma vez constatada a sua saída de sua cidade de domicílio.

II – Despesas médicas, hospitalares e/ ou odontológicas em viagem ao exterior (DMHO em viagem ao exterior) – consiste na indenização, na forma prevista nas condições gerais e limitada ao valor do capital segurado contratado, das despesas médicas, hospitalares e/ou odontológicas efetuadas pelo segurado para seu tratamento, sob orientação médica, ocasionado por acidente pessoal ou enfermidade súbita e aguda ocorrida durante o período de viagem ao exterior e uma vez constatada a sua saída do país de domicílio.

III – Traslado de corpo – consiste na indenização, na forma prevista nas condições gerais e limitada ao valor do capital segurado contratado, das despesas com a liberação e transporte do corpo do segurado do local da ocorrência do evento coberto até o domicílio ou local do sepultamento, incluindo-se nestas despesas todos os procedimentos e objetos imprescindíveis ao traslado do corpo.

IV – Regresso sanitário – consiste na indenização, na forma prevista nas condições gerais e limitada ao valor do capital segurado contratado, das despesas com o traslado de regresso do segurado ao local de origem da viagem ou de seu domicílio, conforme definido nas condições contratuais, caso este não se encontre em condições de retornar como passageiro regular por motivo de acidente pessoal ou enfermidade cobertos.

V – Traslado Médico – consiste na indenização, na forma prevista nas condições gerais e limitada ao valor do capital segurado contratado, das despesas com a remoção ou transferência do segurado até a clínica ou hospital mais próximo em condições de atendê-lo, por motivo de acidente pessoal ou enfermidade cobertos.

VI – Morte em viagem – consiste no pagamento do capital segurado ao (s) beneficiário (s) indicado (s) na apólice, no certificado individual ou no bilhete, de uma única vez ou sob a forma de renda, em caso de falecimento do segurado, por causas naturais ou acidentais, durante o período de viagem.

VII – Morte acidental em viagem – consiste no pagamento do capital segurado ao(s) beneficiário(s) indicado(s) na apólice, no certificado individual ou no bilhete, de uma única vez ou sob a forma de renda, em caso de falecimento do segurado, por acidente pessoal ocorrido durante o período de viagem.

VIII – Invalidez permanente total ou parcial por acidente em viagem – consiste no pagamento de indenização, observados os limites do capital segurado contratado, em caso de perda, redução ou impotência funcional definitiva, total ou parcial, dos membros ou órgãos definidos na apólice, no certificado individual ou no bilhete, em decorrência de lesão física sofrida pelo segurado, provocada por acidente pessoal ocorrido durante o período de viagem.

§ 1° A contratação das coberturas a que se referem os incisos II, III, IV e V é obrigatória para os planos de seguro que cubram viagens ao exterior.

§ 2° A cobertura de Traslado de Corpo não poderá ser contratada isoladamente.

§ 3° A cobertura de DMHO em Viagem ao Exterior deverá, obrigatoriamente, cobrir eventos ocorridos durante a viagem ocasionados por acidente pessoal ou enfermidade súbita e aguda, sendo vedada a oferta da cobertura exclusivamente para eventos ocasionados por acidentes pessoais.

§ 4° As coberturas de que tratam os incisos I e II deverão cobrir episódios de crise ocasionados por doença preexistente ou crônica, quando gerar quadro clínico de emergência ou urgência, até o limite do capital segurado contratado para a cobertura, das despesas relacionadas à estabilização do quadro clínico do segurado que lhe permita continuar viagem ou retornar ao local de sua residência, não havendo cobertura para a continuidade e o controle de tratamentos anteriores, *check-up* e extensão de receitas.

§ 5° Para efeito do disposto no parágrafo anterior, considera-se:

a) Emergência: situação onde o segurado necessita de atendimento imediato, pois existe risco de morte; e

b) Urgência: situação onde o segurado necessita de atendimento, não caracterizado como de emergência, podendo aguardar o atendimento de casos emergenciais.

§ 6° Quando contratadas as coberturas a que se referem os incisos I e II deste artigo, deverá ser obrigatoriamente contratada a cobertura de Traslado Médico.

§ 7° A cobertura de que trata o inciso V deste artigo deve englobar, quando requisitado por médico ou equipe médica responsável pelo atendimento, mais de uma remoção, observado o limite do valor do capital segurado contratado.

Art. 4° A denominação do plano deverá apresentar estreita relação com as coberturas oferecidas.

Parágrafo único. Não poderá ser denominado como "Seguro Viagem" o plano que ofereça apenas coberturas básicas cujo evento gerador decorra exclusivamente de acidentes pessoais.

Art. 5° Os planos de seguro viagem poderão, facultativamente, oferecer as seguintes coberturas adicionais:

I – Bagagem – consiste na indenização, na forma prevista nas condições gerais e limitada ao valor do capital segurado contratado, em caso de extravio, roubo, furto, dano ou destruição da bagagem, devidamente comprovados, de acordo com o estabelecido nas condições contratuais.

II – Funeral – consiste na indenização, na forma prevista nas condições gerais e limitada ao valor do capital segurado contratado, das despesas, com o funeral, em caso de falecimento do segurado ocorrido durante o período de viagem.

III – Cancelamento de viagem – consiste na indenização, na forma prevista nas condições gerais e limitada ao valor do capital segurado contratado, das despesas não reembolsáveis com a aquisição de pacotes turísticos e/ou serviços de viagens, como transporte e hospedagem, na ocorrência de evento coberto que impeça o segurado de viajar ou continuar viajando.

IV – Regresso antecipado – consiste na indenização, na forma prevista nas condições gerais e limitada ao valor do capital segurado, das despesas com o traslado de regresso do segurado ao local de domicílio ou origem da viagem, ocasionado por evento coberto.

§ 1° Outras coberturas adicionais poderão ser oferecidas, desde que estejam relacionadas com a viagem objeto do plano de seguro.

§ 2º As denominações das coberturas adicionais poderão ser diferentes das estabelecidas neste artigo desde que guardem estreita relação com o risco coberto.

Art. 6° O segurado ou, quando for o caso, seu beneficiário poderá optar por prestadores de serviço a sua livre escolha, desde que legalmente habilitados, sendo reembolsado pelas despesas efetuadas até o limite máximo do capital segurado contratado.

Art. 7° A sociedade seguradora, desde que mantenha no (s) local(ais) de destino de viagem do segurado uma rede de serviços autorizada, poderá comercializar planos de seguro viagem que, em substituição, ao pagamento do capital segurado na forma de reembolso ou indenização em espécie, ofereçam a prestação do serviço correspondente, quando previsto nas condições contratuais do plano.

§ 1º No caso de que trata o *caput*, a sociedade seguradora deverá manter telefone gratuito de assistência ao segurado, disponível 24 (vinte e quatro) horas e com atendimento em português, o qual deverá constar, em destaque, na apólice, certificado individual ou bilhete, conforme o caso.

§ 2º Na impossibilidade de contato com o telefone gratuito disponibilizado pela seguradora e/ou a utilização de profissionais e/ou rede de serviços autorizada, o segurado ou beneficiário poderá optar por prestadores de serviços a sua livre escolha, desde que legalmente habilitados, ficando a sociedade seguradora responsável pelo reembolso das despesas até o limite máximo do capital segurado contratado.

§ 3º Não obstante o disposto neste artigo, deverá ficar claramente definido nas condições contratuais a existência de rede de serviços autorizada no (s) local (ais) de destino de viagem do segurado.

Art. 8° O valor do capital segurado deverá ser compatível com aqueles praticados pelo mercado de prestação de serviços do (s) local (ais) de destino da viagem.

Art. 9° Os planos de seguro viagem poderão prever a cobertura de eventos ocorridos em uma ou mais viagens durante o período de vigência do contrato de seguro, nos termos estabelecidos nas condições contratuais.

Seção II
Dos Riscos Excluídos

Art. 10. As condições contratuais deverão especificar, em destaque e de forma clara e precisa, os riscos cobertos e excluídos de cada cobertura contratada, as franquias e carências, se houver, e as situações passíveis de perda de direitos.

Art. 11. As condições contratuais que ofereçam coberturas que garantam o reembolso de despesas deverão especificar, com clareza, todas as despesas não cobertas pelo plano de seguro.

Art. 12. Caso a sociedade seguradora dispense o preenchimento de declaração de saúde por parte do segurado, fica vedada a exclusão de doenças preexistentes nas coberturas de seguro viagem.

§ 1° O disposto no *caput* não se aplica às coberturas de DMHO em Viagem Nacional e de DMHO em Viagem ao Exterior, que deverão observar o disposto no parágrafo 4°do art.3°.

§ 2° Para efeito desta norma, entende-se como "doença preexistente" a de conhecimento do segurado e não declarada na proposta de contratação ou, no caso de contratação coletiva, na proposta de adesão.

CAPÍTULO II
Do Capital Segurado

Art. 13. Deverão ser estabelecidos, na proposta e, conforme o caso, na apólice, no certificado individual ou no bilhete de seguro viagem, os valores dos prêmios e dos capitais segurados discriminados por cobertura contratada.

Parágrafo único. Os documentos contratuais a que se refere o caput deverão informar a data de vencimento do pagamento do prêmio do seguro.

Art. 14. Para viagens nacionais, todos os valores deverão ser expressos em moeda corrente nacional.

Art. 15. Exclusivamente para viagens internacionais, e desde que especificado nas condições gerais, o capital segurado das coberturas que prevejam o reembolso ou o pagamento de indenização relacionado a despesas efetuadas pelo segurado no exterior poderá ser estabelecido em moeda nacional ou estrangeira.

§ 1° Quando o capital segurado a que se refere o caput for estabelecido em moeda estrangeira:

I – o prêmio correspondente será pago em moeda corrente nacional, convertido na data de contratação, com base no disposto nas regras específicas do Conselho Monetário Nacional – CMN e do Banco Central do Brasil – Bacen, no que couber; e

II – os documentos contratuais do seguro deverão informar o capital segurado definido em moeda estrangeira.

§ 2° Quando o capital segurado a que se refere o caput for estabelecido em moeda nacional, para efeitos de comprovação junto às autoridades do (s) país (es) de destino, o documento contratual poderá informar, adicionalmente, o capital segurado convertido em moeda estrangeira.

Art. 16. Deverá constar nas condições contratuais do seguro cláusula estabelecendo que o reembolso ou o pagamento de indenização relacionado a despesas efetuadas no exterior será realizado em moeda nacional, respeitando-se o capital segurado de cada cobertura contratada, estabelecido em moeda nacional ou estrangeira, conforme definido nas Condições Gerais, cujo valor será convertido e atualizado monetariamente, nos termos da legislação específica, com base na data:

I – do efetivo pagamento realizado pelo segurado, quando se tratar de cobertura que preveja o reembolso de despesas; ou

II – do evento, para efeito de determinação do capital segurado, quando se tratar de cobertura que preveja o pagamento do capital segurado.

Parágrafo único. Alternativamente ao disposto neste artigo, desde que previsto nas condições gerais e solicitado pelo segurado ou o beneficiário, o reembolso ou o pagamento de indenizações relacionadas a despesas efetuadas no exterior poderá ser liquidado em moeda estrangeira, se na data efetiva da liquidação o segurado ou o beneficiário ainda se encontrar no exterior.

Art. 17. Para o disposto neste capítulo, deverão ser observadas as regras específicas do Conselho Monetário Nacional – CMN e do Banco Central do Brasil – Bacen, no que couber.

CAPÍTULO III
Da Vigência

Art. 18. Deverá constar na proposta e, conforme o caso, na apólice, no certificado individual ou no bilhete de seguro viagem, o detalhamento das datas de início e término de vigência de cada cobertura contratada.

§ 1° As coberturas, cujo evento gerador seja a não ocorrência da viagem segurada, deverão ter vigência iniciada em data anterior à programada para o início da viagem.

§ 2° Em caso de impossibilidade do retorno do segurado por evento coberto, o prazo de vigência das coberturas se estenderá, automaticamente, até o retorno do segurado ao local de domicílio ou de início da viagem, respeitando o limite do capital segurado contratado.

§ 3° Iniciada a viagem segurada, a sociedade seguradora não poderá recusar a proposta de contratação e/ou adesão, desde que recebidas anteriormente ao início da viagem, mesmo que ainda não decorrido o período de dias previstos nos normativos vigentes para a recusa da proposta.

Art. 19. Se o segurado regressar antecipadamente da viagem segurada, fica cancelado o seguro a partir da sua chegada ao local de origem da viagem ou de seu domicílio, conforme o caso, estando cobertos eventuais sinistros ocorridos antes do cancelamento.

CAPÍTULO IV
Da Liquidação de Sinistros

Art. 20. Fica vedada a exigência de comunicação prévia à sociedade seguradora para as coberturas que prevejam exclusivamente o reembolso de despesas ocasionadas por evento coberto em viagem.

Parágrafo único. O reembolso das despesas de que trata o caput fica condicionado à efetiva comprovação da ocorrência dos eventos cobertos, nos termos das condições contratuais, vedadas exigências manifestamente excessivas.

CAPÍTULO V
Da Oferta do Seguro Viagem

Art. 21. Para ofertar e promover planos de seguro em nome de sociedade seguradora, as agências de viagem, as companhias de transportes de passageiros, as operadoras de cartões de crédito e as empresas de serviços de assistência deverão, obrigatoriamente e previamente ao início das operações, estabelecer contrato na condição de representante de seguros, nos termos estabelecidos em norma específica.

§ 1º É expressamente vedada às agências de viagem, às companhias de transportes de passageiros, às operadoras de cartões de crédito e às empresas de assistência a atuação como estipulante ou subestipulante de seguros.

§ 2° A vedação a que se refere o parágrafo anterior não se aplica aos empregadores que estipulem seguro em favor de seus empregados.

Art. 22. As coberturas de que trata esta Resolução somente poderão ser providas por sociedades seguradoras autorizadas a operar em seguro de pessoas no Brasil.

§ 1° É vedada a comercialização de contrato de assistência com características de seguro, sob pena de responsabilização administrativa e criminal, consoante o disposto no art. 113 do Decreto-lei n° 73, de 21 de novembro de 1966, e no art. 16 da Lei n° 7.492, de 16 de junho de 1986.

§ 2° É vedada a comercialização de seguro viagem de forma acessória a contrato de assistência.

§ 3° As sociedades seguradoras poderão estabelecer contrato com empresas de assistência, ficando estas últimas na condição de suas prestadoras de serviços.

§ 4° As sociedades seguradoras são as responsáveis perante seus segurados pelas obrigações assumidas e, de forma objetiva e solidária, pelos serviços prestados pelas empresas de assistência contratadas como prestadoras de serviços.

Art. 23. O proponente deverá ser informado, de forma clara e detalhada, pela sociedade seguradora ou, quando for o caso, pelo representante de seguros, pelo corretor de seguros, pelo estipulante e subestipulante, sobre as coberturas mais convenientes e adequadas às necessidades de sua viagem.

Parágrafo único. Não poderá ser oferecido ao proponente contrato de seguro com coberturas que não atendam às exigências requeridas pelos países de destino da viagem ao exterior.

CAPÍTULO VI
Das Disposições Finais

Art. 24. As condições gerais deverão prever que os eventuais encargos de tradução necessários à liquidação de sinistros, ficarão totalmente a cargo da sociedade seguradora.

Art. 25. Na proposta, nas condições gerais e na apólice ou certificado individual ou bilhete, conforme o caso, deverá constar, em destaque, a seguinte informação: "Atenção: O seguro viagem não é seguro saúde! Leia atentamente as condições contratuais, observando seus direitos e obrigações, bem como o limite do capital segurado contratado para cada cobertura."

Parágrafo único. A informação contida no *caput* deverá ser inserida, necessariamente, em todo e qualquer material de comercialização e propaganda.

Art. 26. Respeitados os contratos de seguro em vigor, as sociedades seguradoras deverão se adequar ao disposto nesta Resolução em até 365 (trezentos e sessenta e cinco) dias da data de sua publicação.

> A Resolução 329/2015 prorroga por até 180 (cento e oitenta) dias o prazo referido no *caput* deste artigo.

Parágrafo único. Durante o prazo de que trata o caput deste artigo, fica vedada a contratação e a renovação dos planos de seguro viagem não adaptados a esta resolução por período de vigência superior a 1 (um) ano.

Art. 27. O descumprimento por parte das sociedades seguradoras ao disposto nesta Resolução dará ensejo à aplicação, pela Susep, de suspensão de comercialização dos planos de seguros, sem prejuízo da aplicação das penalidades cabíveis.

Art. 28. Aos casos não previstos nesta resolução aplicam-se as disposições legais e regulamentares em vigor.

Art. 29. Não se aplica ao seguro de que trata esta Resolução o disposto nos artigos 4° e 52 da Resolução CNSP n°117, de 22 de dezembro de 2004.

Art. 30. O segurado poderá desistir do seguro contratado, desde que antes da viagem, no prazo de 7 (sete) dias corridos a contar da assinatura da proposta, no caso de contratação por apólice individual, ou da emissão do bilhete, no caso de contratação por bilhete, ou do efetivo pagamento do prêmio, o que ocorrer por último.

§ 1° A sociedade seguradora deverá informar de forma expressa e ostensiva, na apólice individual ou bilhete, os meios adequados e eficazes para o exercício do direito do arrependimento pelo segurado.

§ 2° O Segurado poderá exercer seu direito de arrependimento pelo mesmo meio utilizado para contratação, sem prejuízo de outros meios disponibilizados.

§ 3° A sociedade seguradora, ou seus representantes de seguros, e o corretor de seguros habilitado, conforme for o caso, fornecerão ao segurado confirmação imediata do recebimento da manifestação de arrependimento.

§ 4° Caso o segurado exerça o direito de arrependimento previsto neste artigo, os valores eventualmente pagos, a qualquer título, durante o prazo a que se refere o caput, serão devolvidos, de imediato.

§ 5° A devolução a que se refere o parágrafo anterior será realizada pelo mesmo meio e forma de efetivação do pagamento do prêmio, sem prejuízo de outros meios disponibilizados pela seguradora e expressamente aceitos pelo segurado.

§ 6° No caso de pagamento de prêmio fracionado, para efeitos do disposto no *caput*, considera-se o pagamento da primeira parcela como o efetivo pagamento.

Art. 31. Esta Resolução entra em vigor na data de sua publicação.

Rio de Janeiro, 26 de setembro de 2014.

ROBERTO WESTENBERGER

Superintendente da Superintendência de Seguros Privados

LEI 13.111, DE 25 DE MARÇO DE 2015[51]

Dispõe sobre a obrigatoriedade de os empresários que comercializam veículos automotores informarem ao comprador o valor dos tributos incidentes sobre a venda e a situação de regularidade do veículo quanto a furto, multas, taxas anuais, débitos de impostos, alienação fiduciária ou quaisquer outros registros que limitem ou impeçam a circulação do veículo.

[51] *DOU* de 26-3-2015.

A Presidenta da República. Faço saber que o Congresso Nacional decreta e eu sanciono a seguinte Lei:

Art. 1º Esta Lei dispõe sobre a obrigatoriedade de os empresários que comercializam veículos automotores, novos ou usados, informarem ao comprador:

I – o valor dos tributos incidentes sobre a comercialização do veículo;

II – a situação de regularidade do veículo quanto a:

a) furto;

b) multas e taxas anuais legalmente devidas;

c) débitos de impostos;

d) alienação fiduciária; ou

e) quaisquer outros registros que limitem ou impeçam a circulação do veículo.

Art. 2º Os empresários que comercializam veículos automotores, novos ou usados, são obrigados a informar ao comprador a situação de regularidade do veículo junto às autoridades policiais, de trânsito e fazendária das unidades da Federação onde o veículo for registrado e estiver sendo comercializado, relativa a:

I – furto;

II – multas e taxas anuais legalmente devidas;

III – débitos quanto ao pagamento de impostos;

IV – alienação fiduciária; ou

V – quaisquer outros registros que limitem ou impeçam a circulação do veículo.

Parágrafo único. No contrato de compra e venda assinado entre vendedor e comprador devem constar cláusulas contendo informações sobre a natureza e o valor dos tributos incidentes sobre a comercialização do veículo, bem como sobre a situação de regularidade em que se encontra o bem quanto às eventuais restrições previstas no *caput*.

Art. 3º O descumprimento do disposto nesta Lei implica a obrigação de os empresários que comercializam veículos automotores, novos ou usados, arcarem com:

I – o pagamento do valor correspondente ao montante dos tributos, taxas, emolumentos e multas incidentes sobre o veículo e existentes até o momento da aquisição do bem pelo comprador;

II – a restituição do valor integral pago pelo comprador, no caso de o veículo ter sido objeto de furto.

Parágrafo único. As sanções previstas neste artigo serão aplicadas sem prejuízo das demais sanções previstas na Lei nº 8.078, de 11 de setembro de 1990.

Art. 4º Esta Lei entra em vigor após decorridos 60 (sessenta) dias de sua publicação oficial.

Brasília, 25 de março de 2015; 194º da Independência e 127º da República.

DILMA ROUSSEFF

LEI 13.146, DE 6 DE JULHO DE 2015[52]

Institui a Lei Brasileira de Inclusão da Pessoa com Deficiência (Estatuto da Pessoa com Deficiência).

A Presidenta da República. Faço saber que o Congresso Nacional Decreta e eu sanciono a seguinte Lei:

LIVRO I
PARTE GERAL

(...)

TÍTULO III
DA ACESSIBILIDADE

CAPÍTULO I
Disposições Gerais

(...)

[52] *DOU* de 7-7-2015.

CAPÍTULO II
Do Acesso à Informação e à Comunicação

(...)

Art. 69. O poder público deve assegurar a disponibilidade de informações corretas e claras sobre os diferentes produtos e serviços ofertados, por quaisquer meios de comunicação empregados, inclusive em ambiente virtual, contendo a especificação correta de quantidade, qualidade, características, composição e preço, bem como sobre os eventuais riscos à saúde e à segurança do consumidor com deficiência, em caso de sua utilização, aplicando-se, no que couber, os arts. 30 a 41 da Lei 8.078, de 11 de setembro de 1990.

§ 1º Os canais de comercialização virtual e os anúncios publicitários veiculados na imprensa escrita, na internet, no rádio, na televisão e nos demais veículos de comunicação abertos ou por assinatura devem disponibilizar, conforme a compatibilidade do meio, os recursos de acessibilidade de que trata o art. 67 desta Lei, a expensas do fornecedor do produto ou do serviço, sem prejuízo da observância do disposto nos arts. 36 a 38 da Lei 8.078, de 11 de setembro de 1990.

(...)

DILMA ROUSSEFF

LEI 13.179, DE 22 DE OUTUBRO DE 2015[53]

Obriga o fornecedor de ingresso para evento cultural pela internet a tornar disponível a venda de meia-entrada por esse veículo.

A Presidenta da República. Faço saber que o Congresso Nacional decreta e eu sanciono a seguinte Lei:

Art. 1º O fornecedor de ingresso para evento cultural pela internet é obrigado a tornar disponível a venda de meia-entrada por esse veículo.

Art. 2º A comprovação da situação de beneficiário da meia-entrada dar-se-á por ocasião do ingresso ao evento cultural, mediante a apresentação da documentação exigida.

§ 1º O fornecedor deverá informar, de forma clara e inequívoca, antes de consumada a venda, quais documentos serão reconhecidos para comprovação do direito ao benefício da meia-entrada.

§ 2º As informações previstas no § 1º também deverão ser afixadas em local visível, na entrada do evento.

§ 3º A impossibilidade de comprovação do direito ao benefício, de acordo com as informações divulgadas na forma dos §§ 1º e 2º, implica a perda do ingresso pelo consumidor, resguardado seu direito de complementar o pagamento do ingresso em seu valor integral.

§ 4º Na falta das informações anunciadas na forma dos §§ 1º e 2º, o consumidor prejudicado terá direito à devolução imediata do valor pago, sem prejuízo de eventual indenização por perdas e danos.

Art. 3º A desobediência ao disposto nesta Lei sujeita o infrator às sanções previstas na Lei no 8.078, de 11 de setembro de 1990, que dispõe sobre a proteção do consumidor e dá outras providências.

Art. 4º Esta Lei entra em vigor na data de sua publicação.

Brasília, 22 de outubro de 2015; 194º da Independência e 127º da República.

DILMA ROUSSEFF

DECRETO 8.573, DE 19 DE NOVEMBRO DE 2015[54]

Dispõe sobre o Consumidor.gov.br, sistema alternativo de solução de conflitos de consumo, e dá outras providências.

[53] *DOU* de 23-10-2015.

[54] *DOU* de 20-11-2015.

A Presidenta da República, no uso das atribuições que lhe conferem o art. 84, *caput*, incisos IV e VI, alínea "a", da Constituição, e tendo em vista o disposto no art. 4º, *caput*, incisos III e V, da Lei nº 8.078, de 11 de setembro de 1990, Decreta:

Art. 1º Este Decreto dispõe sobre o Consumidor.gov.br, sistema alternativo de solução de conflitos de consumo, de natureza gratuita e alcance nacional, na forma de sítio na internet, com a finalidade de estimular a autocomposição entre consumidores e fornecedores para solução de demandas de consumo.

Art. 2º São objetivos do Consumidor.gov.br:

I – ampliar o atendimento ao consumidor;

II – prevenir condutas que violem os direitos do consumidor;

III – promover a transparência nas relações de consumo;

IV – contribuir na elaboração e implementação de políticas públicas de defesa do consumidor;

V – estimular a harmonização das relações entre consumidores e fornecedores; e

VI – incentivar a competitividade por meio da melhoria da qualidade do atendimento ao consumidor.

Art. 3º A Secretaria Nacional do Consumidor – Senacon do Ministério da Justiça prestará o apoio administrativo e os meios necessários para o funcionamento do Consumidor.gov.br.

Art. 4º Fica instituído, no âmbito do Ministério da Justiça, o Comitê Gestor do Consumidor.gov.br, com o objetivo de definir ações e coordenar a gestão e manutenção do Consumidor.gov.br.

§ 1º O Comitê Gestor será composto por:

I – um representante da Senacon do Ministério da Justiça, que o presidirá;

II – um representante da Secretária-Executiva do Ministério da Justiça;

III – quatro representantes do Sistema Nacional de Defesa do Consumidor; e

IV – quatro representantes do setor produtivo.

§ 2º Os órgãos e entidades a que se referem os incisos de I a IV indicarão seus representantes e suplentes, que serão designados por ato do Ministro de Estado da Justiça.

§ 3º O Comitê Gestor do Consumidor.gov.br poderá convidar especialistas ou representantes de órgãos ou entidades, públicas ou privadas, inclusive organizações da sociedade civil, para acompanhar ou participar de suas reuniões.

Art. 5º Compete ao Comitê Gestor do Consumidor.gov.br:

I – apoiar a Senacon na gestão do sistema e no aprimoramento das políticas e diretrizes de atendimento aos consumidores;

II – promover o Consumidor.gov.br por meio da elaboração de ações específicas;

III – propor mecanismos para o financiamento, a manutenção e o aprimoramento do Consumidor.gov.br; e

IV – elaborar seu regimento interno, que deverá ser aprovado por maioria simples de seus membros.

Art. 6º A participação no Comitê Gestor do Consumidor.gov.br será considerada prestação de serviço público relevante, não remunerada.

Art. 7º Este Decreto entra em vigor na data de sua publicação.

Brasília, 19 de novembro de 2015; 194º da Independência e 127º da República.

DILMA ROUSSEFF

LEI 13.233, DE 29 DE DEZEMBRO DE 2015[55]

Obriga, nas hipóteses que especifica, a veiculação de mensagem de advertência sobre o risco de escassez e de incentivo ao consumo moderado de água.

[55] *DOU* de 30-12-2015.

A Presidenta da República. Faço saber que o Congresso Nacional decreta e eu sanciono a seguinte Lei:

Art. 1º As embalagens e rótulos dos equipamentos e produtos de limpeza cujo uso implicar consumo de água conterão mensagem de advertência sobre o risco de escassez e de incentivo ao consumo moderado de água.

§ 1º A mensagem a que se refere o *caput* será inserida em destaque e de forma legível nas embalagens e rótulos, utilizando-se a expressão «Água: pode faltar. Não desperdice.».

§ 2º Para todos os efeitos, a mensagem deverá ainda respeitar o tamanho mínimo de letra e quaisquer outros critérios definidos nos regulamentos técnicos que disponham sobre as características das embalagens e rótulos dos equipamentos e produtos de limpeza abrangidos por esta Lei.

Art. 2º O descumprimento do disposto nesta Lei sujeita os responsáveis às punições previstas no art. 56 da Lei 8.078, de 11 de setembro de 1990 – Código de Defesa do Consumidor.

Art. 3º Esta Lei entra em vigor após decorridos trezentos e sessenta e cinco dias de sua publicação oficial.

Brasília, 29 de dezembro de 2015; 194º da Independência e 127º da República.

DILMA ROUSSEFF

LEI 13.294, DE 6 DE JUNHO DE 2016[56]

Dispõe sobre o prazo para emissão de recibo de quitação integral de débitos de qualquer natureza pelas instituições integrantes do Sistema Financeiro Nacional, nos termos da Lei nº 4.595, de 31 de dezembro de 1964.

O Vice-Presidente da República, no exercício do cargo de Presidente da República. Faço saber que o Congresso Nacional decreta e eu sanciono a seguinte Lei:

Art. 1º As instituições integrantes do Sistema Financeiro Nacional, nos termos da Lei nº 4.595, de 31 de dezembro de 1964, são obrigadas a emitir recibo de quitação integral de débitos de qualquer natureza, quando requerido pelo interessado, no prazo de dez dias úteis, contado da comprovação de liquidação integral do débito, por meios próprios ou por demonstração efetuada pelo interessado.

§ 1º O disposto no caput não se aplica às hipóteses em que a lei haja determinado procedimentos e prazos específicos, devendo a instituição financeira esclarecer tais situações excepcionais no documento ou protocolo que fornecer em resposta ao requerimento do interessado.

§ 2º No caso de contratos de financiamento imobiliário, a instituição financeira fornecerá o termo de quitação no prazo de trinta dias a contar da data de liquidação da dívida.

Art. 2º (VETADO).

Art. 3º Esta Lei entra em vigor após decorridos noventa dias de sua publicação oficial.

Brasília, 6 de junho de 2016; 195º da Independência e 128º da República.

MICHEL TEMER

LEI 13.455, DE 26 DE JUNHO DE 2017[57]

Dispõe sobre a diferenciação de preços de bens e serviços oferecidos ao público em função do prazo ou do instrumento de pagamento utilizado, e altera a Lei 10.962, de 11 de outubro de 2004.

[56] *DOU* de 7-6-2016.

[57] *DOU* 27-6-2017.

O Presidente da República:

Faço saber que o Congresso Nacional decreta e eu sanciono a seguinte Lei:

Art. 1º Fica autorizada a diferenciação de preços de bens e serviços oferecidos ao público em função do prazo ou do instrumento de pagamento utilizado.

Parágrafo único. É nula a cláusula contratual, estabelecida no âmbito de arranjos de pagamento ou de outros acordos para prestação de serviço de pagamento, que proíba ou restrinja a diferenciação de preços facultada no caput deste artigo.

Art. 2º A Lei 10.962, de 11 de outubro de 2004, passa a vigorar acrescida do seguinte art. 5º-A:

> Alterações incorporadas no texto da referida Lei.

Art. 3º Esta Lei entra em vigor na data de sua publicação.

Brasília, 26 de junho de 2017; 196º da Independência e 129º da República.

Michel Temer

LEI 13.460, DE 26 DE JUNHO DE 2017[58]

Dispõe sobre participação, proteção e defesa dos direitos do usuário dos serviços públicos da administração pública.

> *Dec. 9.492/2018 (Regulamenta a Lei 13.460/2017).*

Faço saber que o Congresso Nacional decreta e eu sanciono a seguinte Lei:

CAPÍTULO I
Disposições Preliminares

Art. 1º Esta Lei estabelece normas básicas para participação, proteção e defesa dos direitos do usuário dos serviços públicos prestados direta ou indiretamente pela administração pública.

§ 1º O disposto nesta Lei aplica-se à administração pública direta e indireta da União, dos Estados, do Distrito Federal e dos Municípios, nos termos do inciso I do § 3º do art. 37 da Constituição Federal.

§ 2º A aplicação desta Lei não afasta a necessidade de cumprimento do disposto:

I – em normas regulamentadoras específicas, quando se tratar de serviço ou atividade sujeitos a regulação ou supervisão; e

II – na Lei 8.078, de 11 de setembro de 1990, quando caracterizada relação de consumo.

§ 3º Aplica-se subsidiariamente o disposto nesta Lei aos serviços públicos prestados por particular.

Art. 2º Para os fins desta Lei, consideram-se:

I – usuário – pessoa física ou jurídica que se beneficia ou utiliza, efetiva ou potencialmente, de serviço público;

II – serviço público – atividade administrativa ou de prestação direta ou indireta de bens ou serviços à população, exercida por órgão ou entidade da administração pública;

III – administração pública – órgão ou entidade integrante da administração pública de qualquer dos Poderes da União, dos Estados, do Distrito Federal e dos Municípios, a Advocacia Pública e a Defensoria Pública;

IV – agente público – quem exerce cargo, emprego ou função pública, de natureza civil ou militar, ainda que transitoriamente ou sem remuneração; e

V – manifestações – reclamações, denúncias, sugestões, elogios e demais pronunciamentos de usuários que tenham como objeto a prestação de serviços públicos e a conduta de agentes públicos na prestação e fiscalização de tais serviços.

Parágrafo único. O acesso do usuário a informações será regido pelos termos da Lei 12.527, de 18 de novembro de 2011.

Art. 3º Com periodicidade mínima anual, cada Poder e esfera de Governo publicará quadro geral dos serviços públicos

[58] *DOU* 27-6-2017.

prestados, que especificará os órgãos ou entidades responsáveis por sua realização e a autoridade administrativa a quem estão subordinados ou vinculados.

Art. 4º Os serviços públicos e o atendimento do usuário serão realizados de forma adequada, observados os princípios da regularidade, continuidade, efetividade, segurança, atualidade, generalidade, transparência e cortesia.

CAPÍTULO II
Dos Direitos Básicos e Deveres dos Usuários

Art. 5º O usuário de serviço público tem direito à adequada prestação dos serviços, devendo os agentes públicos e prestadores de serviços públicos observar as seguintes diretrizes:

I – urbanidade, respeito, acessibilidade e cortesia no atendimento aos usuários;

II – presunção de boa-fé do usuário;

III – atendimento por ordem de chegada, ressalvados casos de urgência e aqueles em que houver possibilidade de agendamento, asseguradas as prioridades legais às pessoas com deficiência, aos idosos, às gestantes, às lactantes e às pessoas acompanhadas por crianças de colo;

IV – adequação entre meios e fins, vedada a imposição de exigências, obrigações, restrições e sanções não previstas na legislação;

V – igualdade no tratamento aos usuários, vedado qualquer tipo de discriminação;

VI – cumprimento de prazos e normas procedimentais;

VII – definição, publicidade e observância de horários e normas compatíveis com o bom atendimento ao usuário;

VIII – adoção de medidas visando a proteção à saúde e a segurança dos usuários;

IX – autenticação de documentos pelo próprio agente público, à vista dos originais apresentados pelo usuário, vedada a exigência de reconhecimento de firma, salvo em caso de dúvida de autenticidade;

X – manutenção de instalações salubres, seguras, sinalizadas, acessíveis e adequadas ao serviço e ao atendimento;

XI – eliminação de formalidades e de exigências cujo custo econômico ou social seja superior ao risco envolvido;

XII – observância dos códigos de ética ou de conduta aplicáveis às várias categorias de agentes públicos;

XIII – aplicação de soluções tecnológicas que visem a simplificar processos e procedimentos de atendimento ao usuário e a propiciar melhores condições para o compartilhamento das informações;

XIV – utilização de linguagem simples e compreensível, evitando o uso de siglas, jargões e estrangeirismos; e

XV – vedação da exigência de nova prova sobre fato já comprovado em documentação válida apresentada.

Art. 6º São direitos básicos do usuário:

I – participação no acompanhamento da prestação e na avaliação dos serviços;

II – obtenção e utilização dos serviços com liberdade de escolha entre os meios oferecidos e sem discriminação;

III – acesso e obtenção de informações relativas à sua pessoa constantes de registros ou bancos de dados, observado o disposto no inciso X do caput do art. 5º da Constituição Federal e na Lei 12.527, de 18 de novembro de 2011;

IV – proteção de suas informações pessoais, nos termos da Lei 12.527, de 18 de novembro de 2011;

V – atuação integrada e sistêmica na expedição de atestados, certidões e documentos comprobatórios de regularidade; e

VI – obtenção de informações precisas e de fácil acesso nos locais de prestação do serviço, assim como sua disponibilização na internet, especialmente sobre:

a) horário de funcionamento das unidades administrativas;

b) serviços prestados pelo órgão ou entidade, sua localização exata e a indicação do setor responsável pelo atendimento ao público;

c) acesso ao agente público ou ao órgão encarregado de receber manifestações;

d) situação da tramitação dos processos administrativos em que figure como interessado; e

e) valor das taxas e tarifas cobradas pela prestação dos serviços, contendo informações para a compreensão exata da extensão do serviço prestado.

Art. 7º Os órgãos e entidades abrangidos por esta Lei divulgarão Carta de Serviços ao Usuário.

§ 1º A Carta de Serviços ao Usuário tem por objetivo informar o usuário sobre os serviços prestados pelo órgão ou entidade, as formas de acesso a esses serviços e seus compromissos e padrões de qualidade de atendimento ao público.

§ 2º A Carta de Serviços ao Usuário deverá trazer informações claras e precisas em relação a cada um dos serviços prestados, apresentando, no mínimo, informações relacionadas a:

I – serviços oferecidos;

II – requisitos, documentos, formas e informações necessárias para acessar o serviço;

III – principais etapas para processamento do serviço;

IV – previsão do prazo máximo para a prestação do serviço;

V – forma de prestação do serviço; e

VI – locais e formas para o usuário apresentar eventual manifestação sobre a prestação do serviço.

§ 3º Além das informações descritas no § 2º, a Carta de Serviços ao Usuário deverá detalhar os compromissos e padrões de qualidade do atendimento relativos, no mínimo, aos seguintes aspectos:

I – prioridades de atendimento;

II – previsão de tempo de espera para atendimento;

III – mecanismos de comunicação com os usuários;

IV – procedimentos para receber e responder as manifestações dos usuários; e

V – mecanismos de consulta, por parte dos usuários, acerca do andamento do serviço solicitado e de eventual manifestação.

§ 4º A Carta de Serviços ao Usuário será objeto de atualização periódica e de permanente divulgação mediante publicação em sítio eletrônico do órgão ou entidade na internet.

§ 5º Regulamento específico de cada Poder e esfera de Governo disporá sobre a operacionalização da Carta de Serviços ao Usuário.

Art. 8º São deveres do usuário:

I – utilizar adequadamente os serviços, procedendo com urbanidade e boa-fé;

II – prestar as informações pertinentes ao serviço prestado quando solicitadas;

III – colaborar para a adequada prestação do serviço; e

IV – preservar as condições dos bens públicos por meio dos quais lhe são prestados os serviços de que trata esta Lei.

CAPÍTULO III
Das Manifestações dos Usuários de Serviços Públicos

Art. 9º Para garantir seus direitos, o usuário poderá apresentar manifestações perante a administração pública acerca da prestação de serviços públicos.

Art. 10. A manifestação será dirigida à ouvidoria do órgão ou entidade responsável e conterá a identificação do requerente.

§ 1º A identificação do requerente não conterá exigências que inviabilizem sua manifestação.

§ 2º São vedadas quaisquer exigências relativas aos motivos determinantes da apresentação de manifestações perante a ouvidoria.

§ 3º Caso não haja ouvidoria, o usuário poderá apresentar manifestações diretamente ao órgão ou entidade responsável pela execução do serviço e ao órgão ou entidade a que se subordinem ou se vinculem.

§ 4º A manifestação poderá ser feita por meio eletrônico, ou correspondência convencional, ou verbalmente, hipótese em que deverá ser reduzida a termo.

§ 5º No caso de manifestação por meio eletrônico, prevista no § 4º, respeitada a legislação específica de sigilo e proteção de dados, poderá a administração pública ou sua ouvidoria requerer meio de certificação da identidade do usuário.

§ 6º Os órgãos e entidades públicos abrangidos por esta Lei deverão colocar à disposição do usuário formulários simplificados e de fácil compreensão para a apresentação do requerimento previsto no caput, facultada ao usuário sua utilização.

§ 7º A identificação do requerente é informação pessoal protegida com restrição de acesso nos termos da Lei 12.527, de 18 de novembro de 2011.

Art. 11. Em nenhuma hipótese, será recusado o recebimento de manifestações formuladas nos termos desta Lei, sob pena de responsabilidade do agente público.

Art. 12. Os procedimentos administrativos relativos à análise das manifestações observarão os princípios da eficiência e da celeridade, visando a sua efetiva resolução.

Parágrafo único. A efetiva resolução das manifestações dos usuários compreende:

I – recepção da manifestação no canal de atendimento adequado;

II – emissão de comprovante de recebimento da manifestação;

III – análise e obtenção de informações, quando necessário;

IV – decisão administrativa final; e

V – ciência ao usuário.

CAPÍTULO IV
Das Ouvidorias

Art. 13. As ouvidorias terão como atribuições precípuas, sem prejuízo de outras estabelecidas em regulamento específico:

I – promover a participação do usuário na administração pública, em cooperação com outras entidades de defesa do usuário;

II – acompanhar a prestação dos serviços, visando a garantir a sua efetividade;

III – propor aperfeiçoamentos na prestação dos serviços;

IV – auxiliar na prevenção e correção dos atos e procedimentos incompatíveis com os princípios estabelecidos nesta Lei;

V – propor a adoção de medidas para a defesa dos direitos do usuário, em observância às determinações desta Lei;

VI – receber, analisar e encaminhar às autoridades competentes as manifestações, acompanhando o tratamento e a efetiva conclusão das manifestações de usuário perante órgão ou entidade a que se vincula; e

VII – promover a adoção de mediação e conciliação entre o usuário e o órgão ou a entidade pública, sem prejuízo de outros órgãos competentes.

Art. 14. Com vistas à realização de seus objetivos, as ouvidorias deverão:

I – receber, analisar e responder, por meio de mecanismos proativos e reativos, as manifestações encaminhadas por usuários de serviços públicos; e

II – elaborar, anualmente, relatório de gestão, que deverá consolidar as informações mencionadas no inciso I, e, com base nelas, apontar falhas e sugerir melhorias na prestação de serviços públicos.

Art. 15. O relatório de gestão de que trata o inciso II do *caput* do art. 14 deverá indicar, ao menos:

I – o número de manifestações recebidas no ano anterior;

II – os motivos das manifestações;

III – a análise dos pontos recorrentes; e

IV – as providências adotadas pela administração pública nas soluções apresentadas.

Parágrafo único. O relatório de gestão será:

I – encaminhado à autoridade máxima do órgão a que pertence a unidade de ouvidoria; e

II – disponibilizado integralmente na internet.

Art. 16. A ouvidoria encaminhará a decisão administrativa final ao usuário, observado o prazo de trinta dias, prorrogável de forma justificada uma única vez, por igual período.

Parágrafo único. Observado o prazo previsto no caput, a ouvidoria poderá solicitar informações e esclarecimentos diretamente a agentes públicos do órgão ou entidade a que se vincula, e as solicitações devem ser respondidas no prazo de vinte dias, prorrogável de forma justificada uma única vez, por igual período.

Art. 17. Atos normativos específicos de cada Poder e esfera de Governo disporão sobre a organização e o funcionamento de suas ouvidorias.

CAPÍTULO V
Dos Conselhos de Usuários

Art. 18. Sem prejuízo de outras formas previstas na legislação, a participação dos usuários no acompanhamento da prestação e na avaliação dos serviços públicos será feita por meio de conselhos de usuários.

Parágrafo único. Os conselhos de usuários são órgãos consultivos dotados das seguintes atribuições:

I – acompanhar a prestação dos serviços;

II – participar na avaliação dos serviços;

III – propor melhorias na prestação dos serviços;

IV – contribuir na definição de diretrizes para o adequado atendimento ao usuário; e

V – acompanhar e avaliar a atuação do ouvidor.

Art. 19. A composição dos conselhos deve observar os critérios de representatividade e pluralidade das partes interessadas, com vistas ao equilíbrio em sua representação.

Parágrafo único. A escolha dos representantes será feita em processo aberto ao público e diferenciado por tipo de usuário a ser representado.

Art. 20. O conselho de usuários poderá ser consultado quanto à indicação do ouvidor.

Art. 21. A participação do usuário no conselho será considerada serviço relevante e sem remuneração.

Art. 22. Regulamento específico de cada Poder e esfera de Governo disporá sobre a organização e funcionamento dos conselhos de usuários.

CAPÍTULO VI
Da Avaliação Continuada dos Serviços Públicos

Art. 23. Os órgãos e entidades públicos abrangidos por esta Lei deverão avaliar os serviços prestados, nos seguintes aspectos:

I – satisfação do usuário com o serviço prestado;

II – qualidade do atendimento prestado ao usuário;

III – cumprimento dos compromissos e prazos definidos para a prestação dos serviços;

IV – quantidade de manifestações de usuários; e

V – medidas adotadas pela administração pública para melhoria e aperfeiçoamento da prestação do serviço.

§ 1º A avaliação será realizada por pesquisa de satisfação feita, no mínimo, a cada um ano, ou por qualquer outro meio que garanta significância estatística aos resultados.

§ 2º O resultado da avaliação deverá ser integralmente publicado no sítio do órgão ou entidade, incluindo o ranking das entidades com maior incidência de reclamação dos usuários na periodicidade a que se refere o § 1º, e servirá de subsídio para reorientar e ajustar os serviços prestados, em especial quanto ao cumprimento dos compromissos e dos padrões de qualidade de atendimento divulgados na Carta de Serviços ao Usuário.

Art. 24. Regulamento específico de cada Poder e esfera de Governo disporá sobre a avaliação da efetividade e dos níveis de satisfação dos usuários.

CAPÍTULO VII
Disposições Finais e Transitórias

Art. 25. Esta Lei entra em vigor, a contar da sua publicação, em:

I – trezentos e sessenta dias para a União, os Estados, o Distrito Federal e os Municípios com mais de quinhentos mil habitantes;

II – quinhentos e quarenta dias para os Municípios entre cem mil e quinhentos mil habitantes; e

III – setecentos e vinte dias para os Municípios com menos de cem mil habitantes.

Brasília, 26 de junho de 2017; 196º da Independência e 129º da República.

MICHEL TEMER

LEI 13.543, DE 19 DE DEZEMBRO DE 2017

Acrescenta dispositivo à Lei nº 10.962, de 11 de outubro de 2004, que dispõe sobre a oferta e as formas de afixação de preços de produtos e serviços para o consumidor.

O Presidente da República:

Faço saber que o Congresso Nacional decreta e eu sanciono a seguinte Lei:

Art. 1º Esta Lei altera a Lei nº 10.962, de 11 de outubro de 2004, para regular as condições de informação do preço de bens e serviços ao consumidor, no comércio eletrônico.

Art. 2º O art. 2º da Lei nº 10.962, de 11 de outubro de 2004, passa a vigorar acrescido do seguinte inciso III:

Art. 3º Esta Lei entra em vigor na data de sua publicação.

Brasília, 19 de dezembro de 2017; 196º da Independência e 129º da República.

MICHEL TEMER

LEI 13.786, DE 27 DE DEZEMBRO DE 2018[59]

Altera as Leis nos 4.591, de 16 de dezembro de 1964, e 6.766, de 19 de dezembro de 1979, para disciplinar a resolução do contrato por inadimplemento do adquirente de unidade imobiliária em incorporação imobiliária e em parcelamento de solo urbano.

O PRESIDENTE DA REPÚBLICA Faço saber que o Congresso Nacional decreta e eu sanciono a seguinte Lei:

Art. 1º Esta Lei altera as Leis nos 4.591, de 16 de dezembro de 1964, e 6.766, de 19 de dezembro de 1979, para disciplinar a resolução do contrato por inadimplemento do adquirente de unidade imobiliária em incorporação imobiliária e em parcelamento de solo urbano.

Art. 2º A Lei nº 4.591, de 16 de dezembro de 1964, passa a vigorar acrescida dos seguintes arts. 35-A, 43-A e 67-A:

> *Alterações incorporadas no texto da referida Lei.*

Art. 3º A Lei nº 6.766, de 19 de dezembro de 1979, passa a vigorar com as seguintes alterações:

> *Alterações incorporadas no texto da referida Lei.*

Art. 4º Esta Lei entra em vigor na data de sua publicação.

Brasília, 27 de dezembro de 2018; 197º da Independência e 130º da República.

MICHEL TEMER

[59] *DOU* de 28-12-2018.

SÚMULAS DOS TRIBUNAIS SUPERIORES

Súmulas Vinculantes do Supremo Tribunal Federal

24. Não se tipifica crime material contra a ordem tributária, previsto no art. 1º, incisos I a IV, da Lei 8.137/1990, antes do lançamento definitivo do tributo.

25. É ilícita a prisão civil de depositário infiel, qualquer que seja a modalidade do depósito.

27. Compete à Justiça estadual julgar causas entre consumidor e concessionária de serviço público de telefonia, quando a ANATEL não seja litisconsorte passiva necessária, assistente, nem opoente.

38. É competente o Município para fixar o horário de funcionamento de estabelecimento comercial.

48. Na entrada de mercadoria importada do exterior, é legítima a cobrança do ICMS por ocasião do desembaraço aduaneiro.

49. Ofende o princípio da livre concorrência lei municipal que impede a instalação de estabelecimentos comerciais do mesmo ramo em determinada área.

Súmulas do Superior Tribunal de Justiça

284. A purga da mora, nos contratos de alienação fiduciária, só é permitida quando já pagos pelo menos 40% (quarenta por cento) do valor financiado.

285. Nos contratos bancários posteriores ao Código de Defesa do Consumidor incide a multa moratória nele prevista.

297. O Código de Defesa do Consumidor é aplicável às instituições financeiras.

302. É abusiva a cláusula contratual de plano de saúde que limita no tempo a internação hospitalar do segurado.

321. **Cancelada** pelo REsp. 1.536.786-MG (*DJE 29.02.2016*). *O Código de Defesa do Consumidor é aplicável à relação jurídica entre a entidade de previdência privada e seus participantes.*

323. A inscrição do nome do devedor pode ser mantida nos serviços de proteção ao crédito até o prazo máximo de cinco anos, independentemente da prescrição da execução.

379. Nos contratos bancários não regidos por legislação específica, os juros moratórios poderão ser convenciona dos até o limite de 1 % ao mês.

380. A simples propositura da ação de revisão de contrato não inibe a caracterização da mora do autor.

381. Nos contratos bancários, é vedado ao julgador conhecer, de ofício, da abusividade das cláusulas.

382. A estipulação de juros remuneratórios superiores a 12% ao ano, por si só, não indica abusividade.

385. Da anotação irregular em cadastro de proteção ao crédito, não cabe indenização por dano moral, quando preexistente legítima inscrição, ressalvado o direito ao cancelamento.

391. O ICMS incide sobre o valor da tarifa de energia elétrica correspondente à demanda de potência efetivamente utilizada.

395. O ICMS incide sobre o valor da venda a prazo constante da nota fiscal.

404. É dispensável o aviso de recebimento (AR) na carta de comunicação ao consumidor sobre a negativação de seu nome em bancos de dados e cadastros.

407. É legítima a cobrança da tarifa de água fixada de acordo com as categorias de usuários e as faixas de consumo.

410. A prévia intimação pessoal do devedor constitui condição necessária para a cobrança de multa pelo descumprimento de obrigação de fazer ou não fazer.

421. Os honorários advocatícios não são devidos à Defensoria Pública quando ela atua contra a pessoa jurídica de direito público à qual pertença.

469. CANCELADA pela Segunda Seção, na sessão de 11 de abril de 2018, ao apreciar o Projeto de Súmula 937 *(DJE-STJ 17.04.2018)*.

Aplica-se o Código de Defesa do Consumidor aos contratos de plano de saúde.

473. O mutuário do SFH não pode ser compelido a contratar o seguro habitacional obrigatório com a instituição financeira mutuante ou com a seguradora por ela indicada.

475. Responde pelos danos decorrentes de protesto indevido o endossatário que recebe por endosso translativo título de crédito contendo vício formal extrínseco ou intrínseco, ficando ressalvado seu direito de regresso contra os endossantes e avalistas.

476. O endossatário de título de crédito por endosso-mandato só responde por danos decorrentes de protesto indevido se extrapolar os poderes de mandatário.

477. A decadência do art. 26 do CDC não é aplicável à prestação de contas para obter esclarecimentos sobre cobrança de taxas, tarifas e encargos bancários.

478. Na execução de crédito relativo a cotas condominiais, este tem preferência sobre o hipotecário.

479. As instituições financeiras respondem objetivamente pelos danos gerados por fortuito interno relativo a fraudes e delitos praticados por terceiros no âmbito de operações bancárias.

506. A ANATEL não é parte legítima nas demandas entre a concessionária e o usuário de telefonia decorrentes de relação contratual.

532. Constitui prática comercial abusiva o envio de cartão de crédito sem prévia e expressa solicitação do consumidor, configurando-se ato ilícito indenizável e sujeito à aplicação de multa administrativa.

539. É permitida a capitalização de juros com periodicidade inferior à anual em contratos celebrados com instituições integrantes do Sistema Financeiro Nacional a partir de 31/3/2000 (MP 1.963-17/2000, reeditada como MP 2.170-36/2001), desde que expressamente pactuada.

541. A previsão no contrato bancário de taxa de juros anual superior ao duodécuplo da mensal é suficiente para permitir a cobrança da taxa efetiva anual contratada.

543. Na hipótese de resolução de contrato de promessa de compra e venda de imóvel submetido ao Código de Defesa do Consumidor, deve ocorrer a imediata restituição das parcelas pagas pelo promitente comprador – integralmente, em caso de culpa exclusiva do promitente vendedor/construtor, ou parcialmente, caso tenha sido o comprador quem deu causa ao desfazimento.

546. A competência para processar e julgar o crime de uso de documento falso é firmada em razão da entidade ou órgão ao qual foi apresentado o documento público, não importando a qualificação do órgão expedidor.

548. Incumbe ao credor a exclusão do registro da dívida em nome do devedor no cadastro de inadimplentes no prazo de cinco dias úteis, a partir do integral e efetivo pagamento do débito.

550. A utilização de escore de crédito, método estatístico de avaliação de risco que não constitui banco de dados, dispensa o consentimento do consumidor, que terá o direito de solicitar esclarecimentos sobre as informações pessoais valoradas e as fontes dos dados considerados no respectivo cálculo.

551. Nas demandas por complementação de ações de empresas de telefonia, admite-se a condenação ao pagamento de dividendos e juros sobre capital próprio independentemente de pedido expresso. No entanto, somente quando previstos no título executivo, poderão ser objeto de cumprimento de sentença.

553. Nos casos de empréstimo compulsório sobre o consumo de energia elétrica, é competente a Justiça estadual para o julgamento de demanda proposta exclusivamente contra a Eletrobrás. Requerida a intervenção da União no feito após a prolação de sentença pelo juízo estadual, os autos devem ser remetidos ao Tribunal Regional Federal competente para o julgamento da apelação se deferida a intervenção.

563. O Código de Defesa do Consumidor é aplicável às entidades abertas de previdência complementar, não incidindo nos contratos previdenciários celebrados com entidades fechadas.

566. Nos contratos bancários posteriores ao início da vigência da Resolução-CMN n. 3.518/2007, em 30/4/2008, pode ser cobrada a tarifa de cadastro no início do relacionamento entre o consumidor e a instituição financeira.

572. O Banco do Brasil, na condição de gestor do Cadastro de Emitentes de Cheques sem Fundos (CCF), não tem a responsabilidade de notificar previamente o devedor acerca da sua inscrição no aludido cadastro, tampouco legitimidade passiva para as ações de reparação de danos fundadas na ausência de prévia comunicação.

595. As instituições de ensino superior respondem objetivamente pelos danos suportados pelo aluno/consumidor pela realização de curso não reconhecido pelo Ministério da

Educação, sobre o qual não lhe tenha sido dada prévia e adequada informação.

597. A cláusula contratual de plano de saúde que prevê carência para utilização dos serviços de assistência médica nas situações de emergência ou de urgência é considerada abusiva se ultrapassado o prazo máximo de 24 horas contado da data da contratação.

601. O Ministério Público tem legitimidade ativa para atuar na defesa de direitos difusos, coletivos e individuais homogêneos dos consumidores, ainda que decorrentes da prestação de serviço público.

602. O Código de Defesa do Consumidor é aplicável aos empreendimentos habitacionais promovidos pelas sociedades cooperativas.

603. CANCELADA pela Segunda Seção, na sessão de 22 de agosto de 2018, ao julgar o REsp 1.555.722-SP *(DJE-STJ 27.08.2018)*.

É vedado ao banco mutuante reter, em qualquer extensão, os salários, vencimentos e/ou proventos de correntista para adimplir o mútuo (comum) contraído, ainda que haja cláusula contratual autorizativa, excluído o empréstimo garantido por margem salarial consignável, com desconto em folha de pagamento, que possui regramento legal específico e admite a retençao de percentual.

606. Não se aplica o princípio da insignificância a casos de transmissão clandestina de sinal de internet via radiofrequência, que caracteriza o fato típico previsto no art. 183 da Lei 9.472/1997.

608. Aplica-se o Código de Defesa do Consumidor aos contratos de plano de saúde, salvo os administrados por entidades de autogestão.

609. A recusa de cobertura securitária, sob a alegação de doença preexistente, é ilícita se não houve a exigência de exames médicos prévios à contratação ou a demonstração de má-fé do segurado.

610. O suicídio não é coberto nos dois primeiros anos de vigência do contrato de seguro de vida, ressalvado o direito do beneficiário à devolução do montante da reserva técnica formada.

616. A indenização securitária é devida quando ausente a comunicação prévia do segurado acerca do atraso no pagamento do prêmio, por constituir requisito essencial para a suspensão ou resolução do contrato de seguro.

618. A inversão do ônus da prova aplica-se às ações de degradação ambiental.

620. A embriaguez do segurado não exime a seguradora do pagamento da indenização prevista em contrato de seguro de vida.

ÍNDICE REMISSIVO

A

ABATIMENTO PROPORCIONAL DO PREÇO
CDC
- vício de quantidade do produto; alternativa: arts. 19, I,
- vício de qualidade do produto; alternativa: art. 20, III

ABUSO DE DIREITO
CDC
- desconsideração da personalidade jurídica: art. 28

AÇÃO
CDC
- cumprimento da obrigação de fazer ou de não fazer: art. 84
- defesa dos direitos e interesses do consumidor previstos no CDC: art. 83
- de regresso: art. 88

AÇÃO CIVIL PÚBLICA
LEG. ESP.
- Lei 7.347/1985

AÇÃO COLETIVA PARA DEFESA DE INTERESSES INDIVIDUAIS HOMOGÊNEOS
CDC
- competência: arts. 93 e 98, § 2º
- concurso de créditos: art. 99
- condenação: art. 95
- execução: art. 98
- legitimidade: arts. 91 e 92
- liquidação e a execução de sentença: art. 97
- liquidação; prazo: art. 100
- litisconsórcio: art. 94

AÇÃO COLETIVA
CDC
- coisa julgada: art. 103
- custas, emolumentos, honorários periciais e outras despesas: art. 87
- direitos e interesses protegidos: art. 81, parágrafo único
- disciplina: art. 81 e ss.
- liquidação e execução da sentença: arts. 97 e ss.
- litigância de má-fé: art. 87, parágrafo único
- litispendência; ausência: art. 104
- previsão legal: art. 81, *in fine*

AÇÃO DE REGRESSO
CDC
- art. 88
- denunciação da lide; vedação: art. 88
- processo autônomo: art. 88
- solidariedade dos responsáveis pelo dano: art. 13, par. ún.

AÇÃO DE RESPONSABILIDADE CIVIL DO FORNECEDOR DE PRODUTOS E SERVIÇOS
CDC
- chamamento ao processo; segurador: art. 101, II
- competência: art. 101, I
- disciplina: art. 101
- réu declarado falido: art. 101, II
- segurador: art. 101, II

AÇÃO INDIVIDUAL
CDC
- arts. 81 e 103, § 2º

AÇÃO PARA DECLARAÇÃO DE NULIDADE DE CLÁUSULA CONTRATUAL
CDC
- ajuizamento; requerimento; ministério Público: art. 51, § 4º

AÇÃO PENAL
CDC
- agravantes: art. 76
- concurso de pessoas: art. 75
- crimes: arts. 61 e ss.
- culpabilidade: art. 75
- fiança: art. 79
- intervenção como assistentes: art. 80
- pena pecuniária: art. 77
- penas: art. 78
- responsabilidade penal do diretor, administrador ou gerente da pessoa jurídica: art. 75
- subsidiária da pública: art. 80

ACESSO À INFORMAÇÕES
CDC
- direito do consumidor: art. 43, *caput*

ACIDENTE (S)
LEG. ESP.
- de consumo; sistema de informaç ões de: Portaria Interministerial 3.082/2013

ADIMPLEMENTO
LEG. ESP.
- banco de dados com informações de; formação de histórico de crédito: Lei 12.414/2011
- banco de dados com informações de; formação de histórico de crédito; regulamentação: Decreto 7.829/2012

ADMINISTRAÇÃO PÚBLICA
CDC
- entidades e órgãos; legitimidade: art. 82, III
- garantia de acesso: art. 6º, VI
- serviços adequados, eficientes, seguros e contínuos; fornecimento de: art. 22

AFIRMAÇÃO FALSA OU ENGANOSA
CDC
- pena: art. 66

ÁGUA
LEG. ESP.
- consumo moderado; risco de escassez; veiculação de mensagem de advertência sobre risco: Lei 13.233/2015
- de sistemas de abastecimento; procedimento sobre controle de qualidade; informação ao consumidor: Decreto 5.440/2005

ALIENAÇÃO FIDUCIÁRIA
CDC
- cláusulas nulas de pleno direito: art. 53

ALIMENTOS
LEG. ESP.
- embalagem; proibição de uso de chumbo e estanho: Lei 9.832/1999
- transgênicos; direito à informação; regulamentação: Decreto 4.680/2003

ALVARÁ
CDC
- cassação: art. 59

AMEAÇA
CDC
- cobrança de débitos: art. 42
- crime: art. 71

AMOSTRA GRÁTIS
CDC
- equiparação: art. 39, parágrafo único

ANÚNCIOS PUBLICITÁRIOS
CDC
- obrigatoriedade para os produtos nocivos ou perigosos: art. 10, §§ 1º a 3º

ASSISTÊNCIA JURÍDICA, ADMINISTRATIVA E TÉCNICA
CDC
- necessitados: art. 6º, VII

ASSOCIAÇÕES DE DEFESA DOS INTERESSES E DIREITOS DO CONSUMIDOR
CDC
- legitimidade: art. 82, IV e § 1º

ASSOCIAÇÕES REPRESENTATIVAS
CDC
- incentivo governamental: art. 4º, II, *b*

ATENDIMENTO
LEG. ESP.
- estabelecimento de tempo máximo para; serviço de atendimento ao consumidor (SAC): Portaria 2.014/2008, do Ministério da Justiça

ATIVIDADE ECONÔMICA
LEG. ESP.
- princípios gerais da atividade econômica; defesa do consumidor: art. 170 da CF

ATIVIDADE NOCIVA
CDC
- medidas de tutela específica; impedimento: art. 84, § 5º

ATIVIDADES
CDC
- bancária, financeira e de crédito: art. 3º, § 2º
- de fornecedor: art. 3º, *caput*
- securitária: art. 3º, § 2º
- serviços: art. 3º, § 2º

B

BALANÇA NÃO AFERIDA
CDC
- responsabilidade: art. 19, § 2º.

BANCO DE DADOS E CADASTROS DE CONSUMIDORES
CDC
- acesso às informações: art. 43
- débitos prescritos: art. 43, § 5º
- não correção de informação inexata sobre consumidor; crime: art. 73

BENEFÍCIO (S)
LEG. ESP.
- do pagamento de meia-entrada: Lei 12.933/2013

BENS
CDC
- imateriais: art. 3º, § 1º
- imóveis: art. 3º, § 1º
- materiais: art. 3º, § 1º
- móveis: art. 3º, § 1º

BUSCA E APREENSÃO
CDC
- medidas de tutela específica: art. 84, § 5º

C

CADASTRO
CDC
- contra fornecedores de produtos ou serviços; reclamações: art. 44
- caráter público: art. 43, § 4º
- comunicação: art. 43, § 2º
- exigência de correção: art. 43, § 3º
- legibilidade: art. 43, § 1º

CADUCIDADE
CDC
-DIREITO DE RECLAMAR: ART. 26

CASSAÇÃO
CDC
- alvará: art. 59
- concessão: art. 59, § 1º
- de licença; ocorrência: art. 56, IX
- do registro do produto; ocorrência: art. 56, IV

CIGARRO (S)
LEG. ESP.
- e similares; proibição de produtos reproduzindo a forma de; destinação ao público infanto-juvenil: Lei 12.921/2013

CLÁUSULA CONTRATUAL
CDC
- abusiva; hipóteses: art. 51; Portaria 5/2002, da SDE
- alteração em razão de fatos supervenientes: art. 6º, V

- assistência médica; carência; emergência: Súm. 597/STJ
- contrato de adesão: art. 54
- especial em outorga de crédito ou concessão de financiamento ao consumidor: art. 52
- imprópria; vedação: art. 25
- interpretação: art. 47
- modificação ou revisão: art. 6º, V
- nulas: art. 25, *caput*
- nulas de pleno direito: Portaria 3/1999, da SDE; Portaria 4/1998, da SDE; Portaria 3/2001, da SDE
- nulidade; ajuizamento de ação pelo Ministério Público: art. 51, § 4º
- nulidade de pleno direito, hipóteses: arts. 51 e 53
- plano de saúde; emergência; carência: Súm. 597/STJ
- plano de saúde; emergência; 24 horas: Súm. 597/STJ
- redação em caso de limitação ao direito do consumidor: art. 54, § 4º
- resolutória em contrato de adesão: art. 54, § 2º

COBRANÇA DE DÍVIDAS

CDC
- afirmações falsas, incorretas ou enganosas: art. 71
- ameaça, coação, constrangimento físico ou moral: arts. 42 e 71
- crime: art. 71
- disciplina: art. 42
- procedimento que exponha o consumidor, injustificadamente, a ridículo ou interfira com seu trabalho, descanso ou lazer: arts. 42 e 71
- quantia indevida: art. 42, parágrafo único

CÓDIGO DE DEFESA DO CONSUMIDOR

LEG. ESP.
- exemplar; obrigatoriedade da manutenção em estabelecimentos comerciais e de prestação de serviços. Lei 12.291/2010
- regulamentação: Decretos 6.523/2008 (Serviços de Atendimento ao Consumidor – SAC) e 7.962/2013 (Contratação no Comércio Eletrônico)

CÓDIGO DE PROCESSO CIVIL

CDC
- aplicação: art. 90

COISA JULGADA

CDC
- *erga omnes*: art. 104
- *ultra partes*: arts. 103 e 104

COLETIVIDADE DE PESSOAS

CDC
- qualidade de consumidoras: art. 2º, parágrafo único

COMERCIANTE
- responsabilidade solidária: art. 13

COMÉRCIO

LEG. ESP.
- de veículos automotores; obrigatoriedade de informação sobre o valor dos tributos: Lei 13.111/2015
- eletrônico; contratação: Decreto 7.962/2013

COMPENSAÇÃO OU RESTITUIÇÃO DE PARCELAS QUITADAS

CDC
- descontos: art. 53, § 2º

COMPONENTES DE REPOSIÇÃO

CDC
- art. 21

CONCURSO DE CRÉDITOS

CDC
- preferência no pagamento: art. 99

CONCURSO PÚBLICO

CDC
- proibição de participar: art. 7º, § 1º, I

CONDENAÇÃO

CDC
- procedência do pedido: art. 95

CONSÓRCIO DE PRODUTOS DURÁVEIS

CDC
- compensação; restituição das parcelas quitadas: ART. 53, § 2º

CONSTRUÇÃO

CDC
- reparação dos danos: art. 12

CONSTRUTOR

CDC
- responsabilidade; reparação de danos: art. 12, *caput*

CONSUMIDOR

CDC
- carente: art. 5º, I
- cláusulas contratuais abusivas: art. 51
- cobrança de débitos: arts. 42 e 42-A
- conceito: art. 2º
- desfazimento do negócio: art. 41
- direito a informação em contratos de outorga de crédito ou concessão de financiamento ao consumidor: art. 52
- defesa em juízo: arts. 81 e ss.
- desistência do contrato: art. 49
- direitos: art. 6º
- entidades civis: art. 107
- envio de produto sem solicitação: art. 39, III
- equiparado: arts. 2º, parágrafo único, 17 e 29
- escolhas em caso de vício do produto ou serviço: art. 18
- exigência de vantagem: art. 39, V
- exposição ao ridículo: art. 42
- identificação em documentos de cobrança: art. 42-A
- informações em Bancos de Dados e Cadastros de Consumidores: arts. 43 e 44
- indução ao erro: art. 37, § 1º
- proteção contratual: art. 46
- publicidade prejudicial: art. 4º, § 2º
- responsabilidade pela reparação dos danos causados: arts. 12 e 14

LEG. ESP.
- chamamento; *recall*; procedimento: Portaria 487/2012, do Ministério da Justiça
- Código de Defesa do; regulamento: Decreto 5.903/2006
- defesa do; Comissão Nacional Permanente: Decreto de 28 de setembro de 1995
- defesa do; fiscalização pelos órgãos públicos; práticas abusivas: Portaria 7/2003, da SDE
- defesa do; Sistema Nacional; organização: Decreto 2.181/1997
- forma de afixação de oferta de preços de produtos e serviços para: Lei 10.962/2004
- informação; controle e qualidade da água de sistemas de abastecimento: Decreto 5.440/2005
- medidas de esclarecimento ao: Lei 12.741/2012

- regras de informação ao; mudança de quantidade de produto: Portaria 81/2002
- serviço de atendimento ao consumidor (SAC); fixação de normas gerais: Decreto 6.523/2008

SÚMULA STJ
- aluno; curso não reconhecido; danos: Súm. 595/STJ
- aluno; curso não reconhecido; responsabilidade: Súm. 595/STJ
- instituição ensino superior; responsabilidade; curso não reconhecido: Súm. 595/STJ
- responsabilidade; danos; curso não reconhecido: Súm. 595/STJ

CONSUMO

LEG. ESP.
- moderado de água; risco de escassez; veiculação de mensagem de advertência sobre risco: Lei 13.233/2015
- solução de conflitos de; *consumidor.gov.br*: Decreto 8.573/2015

CONTRAPROPAGANDA

CDC
- publicidade abusiva: arts. 56, XII, e 60

CONTRATO

CDC
- ação para declaração de nulidade de cláusula contratual: art. 51, § 4º
- alienação fiduciária em garantia: art. 53
- cancelamento; cláusulas nulas de pleno direito: art. 51, XI
- cláusulas abusivas: art. 51 e ss.
- compra e venda de móveis ou imóveis: art. 53
- conhecimento prévio do conteúdo: art. 46
- consórcios de produtos duráveis: art. 53, § 2º
- de adesão: art. 54
- desistência: art. 49
- direito de arrependimento: art. 49, parágrafo único
- disciplina geral: art. 46
- escritos particulares, recibos e pré-contratos: art. 48
- garantia contratual: art. 50
- interpretação favorável ao consumidor: art. 47
- invalidade; cláusulas nulas: art. 51, § 2º
- liquidação antecipada do débito: art. 52, § 2º
- multa de mora; valor: art. 52, § 1º
- nulidade: art. 51
- obrigação de indenizar inafastável: art. 25
- orçamento prévio: art. 40
- rescisão; recusa cumprimento oferta, apresentação, publicidade: art. 35, III

LEG. ESP.
- cláusulas contratuais; nulidade; inversão do ônus da prova: Medida Provisória 2.172-32/2001
- juros: Decreto 22.626/1933

CONTRATO DE ADESÃO

CDC
- cláusula resolutória: art. 54, § 2º
- definição: art. 54, *caput*
- inserção de cláusula: art. 54, § 1º
- legibilidade: art. 54, § 3º
- limitação de direito: art. 54, § 4º

CONTROLE

LEG. ESP.
- de qualidade da água de sistema de abastecimento; informação ao consumidor: Decreto 5.440/2005

CONTRATOS DE COMPRA E VENDA

CDC
- alienações fiduciárias em garantia: art. 53
- móveis ou imóveis mediante pagamento em prestações: art. 53
- perda total das prestações: art. 53

CONVENÇÃO COLETIVA DE CONSUMO

CDC
- regulamento; relações de consumo: art. 107

COSTUMES

CDC
- direitos do consumidor decorrentes: art. 7º, *caput*
- vedado ao fornecedor contrariar: art. 39, II

CRIANÇA
- publicidade abusiva: art. 37, § 2º

CRIMES

CDC
- arts. 61 a 80
- agravantes: art. 76

LEG. ESP.
- contra a economia popular: Lei 1.521/1951
- contra a ordem tributária: Lei 8.137/1990

CULPA

CDC
- responsabilidade pessoal dos profissionais liberais: arts. 12 e 14, § 4º

CUMPRIMENTO DA OBRIGAÇÃO DE FAZER OU DE NÃO FAZER

CDC
- ação: art. 84
- resultado prático equivalente ao do adimplemento: art. 84
- tutela específica: art. 84

D

DANO

CDC
- ação civil coletiva de responsabilidade: art. 91
- ação de indenização individual: art. 103, § 3º
- assistência jurídica, administrativa e técnica aos necessitados: art. 6º, VI
- causação; responsabilidade solidária: art. 25, §§ 1o e 2o
- direito de regresso: art. 13, parágrafo único
- patrimoniais, morais, individuais, coletivos e difusos; reparação: art. 6º, VI
- prazo de prescrição à reparação: art. 27
- prevenção e reparação: arts. 8º e ss.
- responsabilidade do réu: art. 95
- responsabilidade pela reparação: art. 14
- responsabilidade pelo fato do produto e do serviço: art. 12
- responsabilidade solidária: art. 7º

SÚMULA STJ
- aluno; curso não reconhecido; responsabilidade: Súm. 595/STJ
- instituição ensino; curso não reconhecido; responsabilidade: Súm. 595/STJ
- responsabilidade; instituição ensino; curso não reconhecido: Súm. 595/STJ

DÉBITO (S)

LEG. ESP.
- declaração de quitação de; emissão: Lei 12.007/2009

DECADÊNCIA
CDC
- art. 26

DECLARAÇÃO
LEG. ESP.
- de quitação anual de débitos; emissão: Lei 12.007/2009

DECLARAÇÃO DE VONTADE
CDC
- vínculo: art. 48

DEFEITOS
CDC
- diferença de qualidade: art. 12, § 2º
- produto defeituoso: art. 12, § 1º
- responsabilidade pelo fato do produto e do serviço: art. 12
- serviço defeituoso: art. 14, § 1º

DEFESA
LEG. ESP.
- do consumidor; fiscalização; práticas abusivas: Portaria 7/2003, da SDE
- Torcedor; Estatuto de: Lei 10.671/2003

DEFESA DO CONSUMIDOR EM JUÍZO
CDC
- arts. 81 e ss.
- ações cabíveis: art. 83
- Código de Processo Civil; aplicação: art. 90
- defesa coletiva: art. 81, parágrafo único
- disciplina: arts. 81 e ss.
- interesses difusos e coletivos: arts. 81, I e II, e 83
- interesses individuais homogêneos: arts. 81, III, e 91 e ss.
- legitimidade: art. 82
- obrigação de fazer ou não fazer; ação: art. 84
- responsabilização do fornecedor de produtos e serviços: art. 101

DEFICIENTES
LEG. ESP.
Lei Brasileira da Pessoa; Estatuto da Pessoa com Deficiência: Lei 13.146/2015

DENUNCIAÇÃO DA LIDE
CDC
- vedação: art. 88

DEPARTAMENTO NACIONAL DE CONSUMO
CDC
- atribuições: art. 106

DESCONSIDERAÇÃO DA PERSONALIDADE JURÍDICA
CDC
- hipóteses: art. 28
- obstáculo ao ressarcimento de prejuízos causados aos consumidores: art. 28, § 5º
- responsabilidade das sociedades coligadas: art. 28, § 4º
- responsabilidade solidária das sociedades consorciadas: art. 28, § 3º
- responsabilidade subsidiária nas sociedades integrantes dos grupos societários e entre sociedades controladas: art. 28, § 2º

DESFAZIMENTO DE OBRA
CDC
- medidas de tutela específica: art. 84, § 5º

DESISTÊNCIA DO CONTRATO
CDC
- devolução de valor pago: art. 49, parágrafo único
- direito de arrependimento: art. 49
- prazo para desistir: art. 49, *caput*

DESTINATÁRIO FINAL
CDC
- consumidor: art. 2º

DIREITO À RECLAMAÇÃO
CDC
- caducidade: art. 26

DIREITO DE ARREPENDIMENTO
CDC
- devolução de valores pagos: art. 49, parágrafo único

DIREITO DE REGRESSO
CDC
- ocorrência: art. 13, parágrafo único

DIREITOS DO CONSUMIDOR
CDC
- direitos previstos em outros diplomas, princípios gerais de direito, analogia, costumes e equidade: art. 7º, *caput*

LEG. ESP.
- direitos previstos no CDC: art. 6º
- à informação; alimentos geneticamente modificados: Decreto 4.680/2003
- à informação; segurança dos estabelecimentos de lazer, cultura e entretenimento: Portaria 3.083/2013, do Ministério da Justiça
- ao benefício da meia-entrada: Leis 12.933/2013

DIREITOS E INTERESSES COLETIVOS
CDC
- conceito: art. 81, parágrafo único, II

DIREITOS E INTERESSES DIFUSOS
CDC
- conceito: arts. 81, parágrafo único, I

DIREITOS E INTERESSES INDIVIDUAIS HOMOGÊNEOS
CDC
- ação coletiva: art. 91 e ss.
- justiça competente: art. 93

E

EDUCAÇÃO E DIVULGAÇÃO SOBRE O CONSUMO
CDC
- direito do consumidor: art. 6º, II

EMBALAGEM
LEG. ESP.
- metálica; uso de chumbo e estanho; proibição: Lei 9.832/1999

ENTES DESPERSONALIZADOS
CDC
- qualidade de fornecedor: art. 3º, *caput*

EQUIDADE
CDC
- direitos decorrentes de: art. 7º

ESCLARECIMENTO
LEG. ESP.
- ao consumidor; medidas de: Lei 12.741/2012

ESPETÁCULO(S)
LEG. ESP.
- benefício da meia-entrada; pagamento: Lei 12.933/2013

ESTABELECIMENTO(S)
LEG. ESP
- comercial; manutenção de exemplar do Código de Defesa do Consumidor; obrigatoriedade: Lei 12.291/2010

ESTATUTO
LEG. ESP.
- da Pessoa com Deficiência: Lei 13.146/2015
- do Torcedor; disposições: Lei 10.671/2003

EXCESSO DE PODER
CDC
- desconsideração da personalidade jurídica: art. 28

EXECUÇÃO COLETIVA
CDC
- promoção: art. 98

EXECUÇÃO DA SENTENÇA
CDC
- promoção: arts. 97 e 100

EXONERAÇÃO CONTRATUAL
CDC
- vedação: art. 24

F

FABRICANTE
CDC
- caso de não responsabilidade pelo produto: art. 12, § 3º
- exigência de informação sobre o produto: art. 8º, parágrafo único
- obrigatoriedade: art. 33
- oferta de componentes: art. 32
- reparação de danos: art. 12, *caput*
- responsabilidade solidária por dano: art. 25, § 2º

FALÊNCIA DA PESSOA JURÍDICA
CDC
- desconsideração da personalidade jurídica: art. 28

FATO ILÍCITO
CDC
- não exclusão; imputabilidade penal: art. 28

FATOS SUPERVENIENTES
CDC
- modificação ou revisão de cláusulas contratuais: art. 6º, V

FIANÇA
CDC
- art. 79

FINANCIAMENTO AO CONSUMIDOR
CDC
- exigência: art. 52

FISCALIZAÇÃO
LEG. ESP.
- de práticas abusivas; pelos órgãos de defesa do consumidor: Portaria 7/2003, da SDE

FORÇA POLICIAL
CDC
- medidas de tutela específica: art. 84, § 5º

FORNECEDOR
CDC
- apresentação, publicidade e oferta; recusa de cumprimento: art. 35
- cadastro de reclamações: art. 44, *caput*
- conceito: art. 3º, *caput*
- convenção coletiva de consumo; cumprimento: art. 107, § 3º
- controle ou tabelamento de preços: art. 41
- crédito ao consumidor: art. 52, I a V
- de produtos ou serviços; cláusulas nulas de pleno direito: arts. 51 e 53
- de serviços; abatimento proporcional do preço: art. 20, § 1º, III
- de serviços; responsabilidade por vícios de qualidade: art. 20
- dever de informar; risco de contaminação: art. 8º, § 2º
- escritos particulares, recibos e pré-contratos: art. 48
- exoneração contratual: art. 24
- ignorância sobre os vícios: art. 23
- obrigação de cumprir oferta: art. 30
- obrigação de informar: arts. 8º, *caput*, e 9º
- orçamento prévio: art. 40
- preços; controle ou tabelamento: art. 41
- produtos de alto grau de nocividade ou periculosidade; proibição de colocar no mercado: art. 10
- produtos e serviços potencialmente nocivos ou perigosos: art. 9º
- proibição: art. 10, *caput*
- publicidade: art. 36, parágrafo único
- pesagem ou medição; responsabilidade: art. 19, § 2º
- produtos; vícios de quantidade: art. 19
- reexecução de serviços: art. 20, § 1º
- responsabilidade; ação: art. 101
- responsabilidade pelo serviço: arts. 14 e 20
- responsabilidade pelo vício do produto e do serviço: art. 18
- responsabilidade por atos de prepostos e representantes: art. 34
- serviços; vícios de qualidade: art. 20

FUNDO
LEG. ESP.
- de Defesa de Direitos Difusos (CFDD): Lei 9.008/1995

G

GARANTIA
CDC
- contratual; conferência: art. 50, *caput*
- fornecedor; exoneração vedada: art. 24
- legal: arts. 24 e 26
- normas: art. 50, parágrafo único
- termo expresso; independe de: art. 24

LEG. ESP.
- estendida: Resolução 296/2013

GRUPOS SOCIETÁRIOS
CDC
- responsabilidade subsidiária: art. 28, § 2º
- sociedades controladas: art. 28, § 2º

I

IGUALDADE NAS CONTRATAÇÕES
CDC
- direitos básicos do consumidor: art. 6º, II

IMÓVEL
CDC
- compra e venda: art. 53.

IMPORTADOR
CDC
- caso de não responsabilidade pelo produto: art. 12, § 3º
- peças de reposição: art. 32
- reparação de danos: art. 12, *caput*
- responsabilidade por dano causado: arts. 12, 13 e 25, § 2º

INADIMPLEMENTO
CDC
- cláusulas nulas; perda total: art. 53
- multas de mora decorrentes: art. 52, § 1º

INDENIZAÇÃO
CDC
- liquidação e execução: art. 100
- reparação de danos ao consumidor: arts. 12 e ss.

INFORMAÇÃO
CDC
- acesso do consumidor: art. 43
- adequada e clara; direito do consumidor: art. 6º, III
- insuficiente ou inadequada: art. 12

LEG. ESP.
- ao consumidor; controle e qualidade da água de sistema de abastecimento: Decreto 5.440/2005
- ao consumidor; segurança dos estabelecimentos de lazer, cultura e entretenimento: Portaria 3.083/2013, do Ministério da Justiça
- aos consumidores; mudança de quantidade de produto: Portaria 81/2002, do Ministério da Justiça
- direito à; alimentos e ingredientes produzidos a partir de organismos geneticamente modificados: Decreto 4.680/2003

INFRAÇÕES
CDC
- penais: arts. 61 e ss.
- sanções administrativas: art. 56

INQUÉRITO CIVIL
CDC
- instauração: art. 26, § 2º, III
- normas aplicáveis: art. 90

INSTITUIÇÕES FINANCEIRAS
LEG. ESP.
- prevenção de riscos na contratação de serviços de; Resolução 3.694/2009, do BACEN

INTERESSES COLETIVOS
CDC
- transindividuais; natureza indivisível; titular; grupo; categoria; classe de pessoas; relação jurídica base: art. 81, II

INTERESSES DIFUSOS
CDC
- transindividuais; natureza indivisível; titulares; pessoas indeterminadas; circunstâncias de fato; art. 81, I

INTERESSES INDIVIDUAIS HOMOGÊNEOS
CDC
- interesses; direitos individuais homogêneos; origem comum: art. 81, III

INTERVENÇÃO ADMINISTRATIVA
CDC
- procedimento administrativo; ampla defesa: art. 59, § 2º

INUTILIZAÇÃO DO PRODUTO
CDC
- sanção administrativa; infração de norma de defesa do consumidor: art. 56, III

INVERSÃO DO ÔNUS DA PROVA
CDC
- alegação verossímil: art. 6º, VIII
- direito a: art. 6º, VIII
- hipossuficiente: art. 6º, VIII
- nulidade das cláusulas contrárias ao consumidor: art. 51, VI

J

JUDICIÁRIO
CDC
- facilitação da defesa do consumidor: art. 6º, VIII
- garantia de acesso: art. 6º, VII

JUIZ
CDC
- concessão de tutela específica: art. 84, *caput*, e §§ 3º e 5º
- desconsideração de personalidade jurídica: art. 28
- fixação: art. 79
- imposição de multa: art. 84, § 4º

JUIZADOS ESPECIAIS E VARAS ESPECIALIZADAS
CDC
- criação: art. 5º, IV

JUROS
CDC
- de mora; informação sobre o montante: art. 52, II
- redução proporcional: art. 52, V, § 2º

LEG. ESP.
- nos contratos: Decreto 22.626/1933

L

LEGITIMIDADE
CDC
- ação penal subsidiária da pública: art. 80
- associações; requisito da pré-constituição: art. 82, IV e § 1º
- concorrente: art. 82

LESÃO CORPORAL
CDC
- pena: art. 65

LIBERDADE DE ESCOLHA
CDC
- direitos básicos; educação; divulgação; consumo adequado dos produtos e serviços: art. 6º, II

LIQUIDAÇÃO ANTECIPADA DO DÉBITO
CDC
- direito do consumidor: art. 52, V, § 2º

LITIGÂNCIA DE MÁ-FÉ
CDC
- art. 87, parágrafo único

LITÍGIOS DE CONSUMO
CDC
- criação de Juizados Especiais de Pequenas Causas e Varas Especializadas: art. 5º, IV

LITISCONSÓRCIO
CDC
- publicação de edital; interessados; intervenção: art. 94

LITISPENDÊNCIA
CDC
- art. 104

M

MEIA-ENTRADA
LEG. ESP.
- benefício do pagamento da: Lei 12.933/2013
- venda pela internet; obrigações do fornecedor: Lei 13.179/2015

MÉTODOS COMERCIAIS COERCITIVOS OU DESLEAIS
CDC
- proteção contra: art. 6º, IV

MINISTÉRIO PÚBLICO
CDC
- abandono ou desistência da ação por associação: art. 110
- ação declaratória de nulidade de cláusula contratual: art. 51, § 4º
- assistentes: art. 80
- atuação: art. 92
- execução da sentença condenatória: art. 114
- legitimidade para ação coletiva: art. 82, I
- litisconsórcio facultativo entre MPs: art. 113
- Promotorias de Justiça de Defesa do Consumidor: art. 5º, II

MULTA
CDC
- diária coercitiva: art. 86, § 4º
- indenização sem prejuízo: art. 84, § 2º
- mora: art. 52, § 1º
- montante: art. 57, parágrafo único
- pena pecuniária: art. 77
- sanção administrativa: arts. 56, I, e 57

N

NOCIVIDADE
CDC
- crimes: arts. 63 e 64
- produtos: arts. 63 e 65
- produtos impróprios: art. 19, § 6º, II
- proibição de colocar no mercado: art. 10
- proteção contra: art. 6º, I
- serviços: arts. 6º, I, 10

NORMAS
LEG. ESP.
- gerais; de atendimento ao consumidor (SAC); fixação: Decreto 6.523/2008

NULIDADE
CDC
- de cláusula contratual; ajuizamento de ação: art. 51, § 4º
LEG. ESP.
- de disposições contratuais; inversão do ônus da prova: Medida Provisória 2.172-32/2001
- de pleno direito; cláusulas: Portaria 4/1998, da SDE
- de pleno direito; cláusulas: Portaria 3/1999, da SDE
- nulas de pleno direito: Portaria 3/2001, da SDE

O

OBRIGAÇÃO DE FAZER OU NÃO FAZER
CDC
- normas: art. 84

OBRIGAÇÃO DE INFORMAR
CDC
- art. 8º, *caput*
- da União, Estados e Municípios: art. 10, § 3º
- nocivos ou perigosos à vida ou à saúde: arts. 9º, 18, § 6º, II
- produto industrial: art. 8º, parágrafo único
LEG. ESP.
- comércio de veículos automotores; informação sobre o valor dos tributos: Lei 13.111/2015

OFERTA
CDC
- disciplina: arts. 30 e ss.
- componentes e peças de reposição: art. 32
- crimes: arts. 66 e 75
- cumprimento forçado: art. 35
- informações: art. 31
- telefone; por meio de: art. 33
LEG. ESP.
- e forma de afixação de preços para o consumidor: Lei 10.962/2004

ÔNUS DA PROVA
CDC
- inversão: art. 6º, VIII
- veracidade da informação ou publicidade: art. 38
LEG. ESP.
- da prova; inversão; nulidade de disposições contratuais: Medida Provisória 2.172-32/2001

ORÇAMENTO PRÉVIO
CDC
- art. 40
- alteração posterior: art. 40, § 2º
- prazo de validade: art. 40, § 1º
- serviços de terceiros não previstos: art. 40, § 3º

ÓRGÃOS PÚBLICOS
CDC
- obrigação de fornecer serviços adequados, eficientes, seguros e contínuos: art. 22
- serviços essenciais: art. 22, *caput*

P

PAGAMENTO EM PRESTAÇÕES
CDC
- contratos de compra e venda de móveis ou imóveis: art. 53
- desproporcionais e excessivamente onerosas: art. 6º, V
- obrigação de informar número e periodicidade: art. 52, IV
- perda total de: art. 53

PASSAGEIRO (S)
LEG. ESP.
- serviço de transporte rodoviário interestadual e internacional; exploração: Decreto 2.521/1998

PEÇA OU COMPONENTE DE REPOSIÇÃO
CDC
- obrigação de usar originais: art. 21

- oferta: art. 32
- usado; crime: art. 70

PENA

CDC
- apreensão: art. 58
- cassação da concessão: art. 59, § 1º
- cassação de alvará de licença: art. 59
- cassação do registro do produto: art. 58
- concessão ou permissão de uso; revogação da: art. 58
- contrapropaganda: art. 60
- cumulativas: art. 78
- interdição: art. 59
- interdição temporária de direitos: art. 78, I
- intervenção administrativa: art. 59, *caput* e § 2º
- inutilização de produtos: art. 58
- multa: art. 57
- pecuniária: art. 77
- prestação de serviços à comunidade: art. 78, III
- proibição de fabricação de produtos: art. 58
- publicação de notícia: art. 78, II
- suspensão do fornecimento de produto ou serviço: art. 58
- suspensão temporária da atividade: art. 59

PERDAS E DANOS

CDC
- conversão da obrigação: art. 84, § 1º
- indenização: art. 84, § 2º
- litigância de má-fé: art. 87, parágrafo único

PERICULOSIDADE DE PRODUTO E SERVIÇO

CDC
- alto grau; proibição: art. 10
- crimes: arts. 63 a 65
- informação ao consumidor: art. 9º
- omissão de comunicação: art. 64

PERMISSIONÁRIAS

CDC
- obrigação de fornecer serviços adequados: art. 22

PESAGEM E MEDIÇÃO

CDC
- direito de complementação: art. 19, II
- responsabilidade: art. 19, § 2º

PESSOA JURÍDICA

CDC
- desconsideração da personalidade jurídica: art. 28
- estrangeira, como fornecedora: art. 3º, *caput*
- pública, como fornecedora: art. 3º, *caput*

PESSOAS INDETERMINÁVEIS

CDC
- interesses ou direitos difusos: art. 81, parágrafo único, I
- qualidade de consumidoras: art. 2º, parágrafo único

POLÍTICA NACIONAL DE RELAÇÕES DE CONSUMO

CDC
- execução: art. 5º, I a V
- objetivo: art. 4º, *caput*
- princípios: art. 4º, I a VIII

PRÁTICAS COMERCIAIS

CDC
- arts. 29 e ss.

PRÁTICAS E CLÁUSULAS ABUSIVAS

CDC
- assistência médica; carência; emergência: Súm. 597/STJ
- direitos do consumidor: arts. 6º, IV, 39 e ss.
- plano de saúde; emergência; carência: Súm. 597/STJ
- plano de saúde; emergência; 24 horas: Súm. 597/STJ

LEG. ESP.
- fiscalização pelos órgãos públicos de defesa do consumidor: Portaria 7/2003, da SDE

PRAZO(S)

CDC
- decadência: art. 26
- prescrição: art. 27
- vício oculto: art. 26, § 3º
- vícios de produto ou serviço; sanar: art. 18, §§ 1º a 4º

PREÇO

CDC
- abatimento: arts. 19, I, e 20, III
- diferença: art. 18, § 4º

LEG. ESP.
- de produtos e serviços para o consumidor; formas de afixação: Lei 10.962/2004
- diferenciação; bens e serviços ao público: Lei 13.455/2017 e art. 5º-A da Lei 10.962/2004

PRESCRIÇÃO

CDC
- interrupção do prazo: art. 27, parágrafo único
- prazo: art. 27
- sistemas de proteção ao crédito: art. 43, § 5º

PRESTAÇÕES DESPROPORCIONAIS

CDC
- modificação ou revisão de cláusulas contratuais: art. 6º, V

PRODUTO (S)

CDC
- adulterados: art. 18, § 6º, II
- alterados: art. 18, § 6º, II
- alto grau de nocividade ou periculosidade à saúde ou segurança: art. 10
- amostra grátis: art. 39, parágrafo único
- avariados: art. 18, § 6º, II
- conceito: art. 3º, § 1º
- conserto; componentes de reposição: art. 21
- corrompidos: art. 18, § 6º, II
- desacordo com as normas regulamentares de fabricação, distribuição ou apresentação: art. 18, § 6º, II
- defeituoso: art. 12, § 1º
- definição: art. 3o, § 1o
- deteriorados: art. 18, § 6º, II
- falsificados: art. 18, § 6º, II
- fraudados: art. 18, § 6º, II
- garantia legal: art. 24
- impróprio ou inadequado ao consumo: art. 18, *caput* e § 6º
- industrial; obrigação de informar: art. 8º, parágrafo único
- informações necessárias e adequadas: art. 8º
- *in natura*: art. 18, § 5º
- nocivos ou perigosos à vida ou à saúde: arts. 9º, 18, § 6º, II
- obrigatoriedade de preço: art. 52, I
- periculosidade ou nocividade: art. 10, *caput*
- sanções administrativas aplicáveis: arts. 56 e ss.
- proibição de colocar no mercado: art. 10
- publicidade enganosa: art. 37, § 1o
- responsabilidade pelo fato do produto: art. 12

- riscos à saúde e segurança: art. 8º
- substituição: arts. 18, § 1º, I, e § 4º, 19, III
- sujeitos a controle ou tabelamento de preços: art.41
- vício: arts. 18 e ss.

LEG. ESP.
- comercializado na embalagem; mudança na quantidade; regra para informação ao consumidor: Portaria 81/2002, do Ministério da Justiça
- e serviços ao consumidor; oferta e forma de afixação de preços: Lei 10.962/2004
- nocivos ou perigosos; chamamento dos consumidores; *recall*; procedimento: Portaria 487/2012, do Ministério da Justiça
- reproduzindo a forma de cigarros e similares; proibição: Lei 12.921/2013

PRODUTOR

CDC
- caso de não responsabilidade pelo produto: art. 12, § 3º
- produtos *in natura*: art. 18, § 5º
- reparação de danos: art. 12, *caput*

PROFISSIONAL LIBERAL

CDC
- responsabilidade pessoal: art. 14, § 4º

PROTEÇÃO DO CONSUMIDOR

CDC
- cláusulas abusivas: arts. 51 e ss.
- contratual: arts. 46 e ss.
- jurídica, administrativa e técnica: art. 6º, VII
- publicidade abusiva: art. 6º, IV
- saúde e segurança: arts. 8º e ss.

PROVA(S)

CDC
- inversão do ônus: art. 6º, VIII
- publicidade; veracidade da informação: art. 38

LEG. ESP.
- ônus; inversão; nulidade de disposições contratuais: Medida Provisória 2.172-32/2001

PUBLICIDADE E PROPAGANDA

CDC
- norma: art. 36, *caput*
- obrigatoriedade do fornecedor: art. 36, parágrafo único
- ônus da prova: art. 38
- proibição: art. 37, *caput*

LEG. ESP.
- de produtos reproduzindo a forma de cigarros e similares; destinação ao público infanto-juvenil: Lei 12.921/2013

PUBLICIDADE ENGANOSA E ABUSIVA

CDC
- contrapropaganda: art. 60
- crime: arts. 67 e 68
- direito do consumidor: art. 6º, IV
- enganosa: art. 37, § 1º
- enganosa por omissão: art. 37, § 3º
- proibição: art. 37

Q

QUALIDADE

LEG. ESP.
- da água; controle; informação ao consumidor sobre: Decreto 5.440/2005

QUANTIDADE (S)

LEG. ESP.
- mudança na; regra para informação aos consumidores: Portaria 81/2002, do Ministério da Justiça

QUITAÇÃO

LEG. ESP.
- anual de débitos; emissão de declaração: Lei 12.007/2009

R

RECALL

LEG. ESP.
- de produtos e serviços; chamamento dos consumidores; procedimento: Portaria 487/2012, do Ministério da Justiça

RECLAMAÇÃO

CDC
- caducidade: art. 26

RELAÇÕES DE CONSUMO

CDC
- art. 2º, parágrafo único
- crimes contra: arts. 61 e ss.
- política nacional: art. 4º
- possibilidade de indenização limitada: art. 51, I
- processo penal: art. 80
- proteção contratual: arts. 46 e ss.

RELAÇÕES TRABALHISTAS

CDC
- serviço; atividade fornecida no mercado de consumo; remuneração; salvo as decorrentes das: art. 3º, § 2º

REPARAÇÃO POR DANOS

CDC
- prazo de prescrição: art. 27

REPETIÇÃO DE INDÉBITO

CDC
- restituição em dobro: art. 42, parágrafo único

RESPONSABILIDADE(S)

CDC
- direito de regresso: art. 13, parágrafo único
- fornecedor de serviços: art. 20
- fornecedor de serviços; ausência de: art. 14, § 3º
- grupos societários: art. 28, § 2º
- hipóteses de ausência para fabricante, o construtor, o produtor ou importador: art. 12, § 3º
- pelo fato do produto e do serviço: art. 12
- penal; cumplicidade: art. 75
- pessoal; profissionais liberais: art. 14, § 4º
- profissionais liberais: art. 14, § 4º
- sociedades coligadas: art. 28, § 4º
- sociedades consorciadas: art. 28, § 3º
- sociedades controladas: art. art. 28, § 2º
- solidária: arts. 7º, parágrafo único, 28, § 3º, 25, §§ 1º e 2º
- subsidiária: art. 28, § 2º
- vício do produto e do serviço: art. 18 e ss.

SÚMULA STJ
- curso não reconhecido; instituição ensino superior: Súm. 595/STJ
- danos; curso não reconhecido; instituição ensino superior: Súm. 595/STJ
- instituição ensino superior; danos; curso não reconhecido: Súm. 595/STJ

RESTITUIÇÃO DA QUANTIA PAGA
CDC
- arts. 18, § 1º, II, 19, IV, e 20, II

REVOGAÇÃO DE CONCESSÃO OU PERMISSÃO DE USO
CDC
- ocorrência: art. 56, VIII

RISCOS
CDC
- dever de informar; fornecedor contaminação: art. 8º, § 2º
- informações necessárias e adequadas: art. 8º
- normais e previsíveis: art. 8º

LEG. ESP.
- uso de substâncias tóxicas em embalagens de alimentos: Lei 9.832/1999

S

SAC
LEG. ESP.
- serviço de atendimento ao consumidor; fixação de normas gerais: Decreto 6.523/2008
- tempo máximo para contato direto com atendente: Portaria 2.014/2008, do Ministério da Justiça

SANÇÕES ADMINISTRATIVAS
CDC
- apreensão, inutilização de produtos, proibição de fabricação de produtos, suspensão do fornecimento de produto ou serviço, cassação do registro do produto e revogação da concessão ou permissão de uso: art. 58
- contrapropaganda: art. 60
- espécies: art. 56
- intervenção administrativa: art. 59, § 2º
- pena de cassação da concessão: art. 59, § 1º
- pena de multa: art. 57
- penas de cassação de alvará de licença, de interdição e de suspensão temporária da atividade: art. 59

SAÚDE
CDC
- produtos impróprios: art. 18, § 6º, II
- proteção contra riscos, direito do consumidor: arts. 6º, I, 8º

SEGURANÇA
CDC
- proteção contra riscos, direito do consumidor: art. 6º, I

SEGURO
LEG. ESP.
- viagem: Resolução 315/2014

SENTENÇA
CDC
- coisa julgada: art. 103
- juízo competente para execução: art. 98, § 2º
- liquidação e execução: arts. 97 e 98
- multa diária; imposição: art. 84, § 4º
- penal condenatória: art. 103, § 4º

SERVIÇO
CDC
- alto grau de nocividade e periculosidade; comunicação ao público: art. 10, § 1º
- alto grau de nocividade e periculosidade; proibição: art. 10
- ausência de responsabilidade do fornecedor: art. 14, § 3º
- componentes e peças originais: art. 21
- conceito: art. 3º, § 2º
- crime: art. 65
- defeituoso: art. 14, § 1º
- impróprios: art. 20, § 2º
- novas técnicas: art. 14, § 2º
- proibição de colocar no mercado: art. 10
- profissionais liberais: art. 14, § 4º
- qualidade: arts. 8º e ss.
- reexecução: art. 20, I
- responsabilidade do fornecedor: art. 20
- responsabilidade por vício: arts. 18 e ss.

LEG. ESP.
- de atendimento ao consumidor (SAC); fixação de normas gerais: Decreto 6.523/2008
- e preços de produtos ao consumidor; oferta e formas de afixação: Lei 10.692/2004
- exploração de; transporte de passageiros: Decreto 2.521/1998
- prestação de; instituições financeiras; prevenção de riscos na contratação: Resolução 3.694/2009, do BACEN

SERVIÇOS PÚBLICOS
CDC
- adequada e eficaz prestação; direito a: art. 6º, X
- racionalização e melhoria: art. 4º, VII

SISTEMA
LEG. ESP.
- alternativo de solução de conflitos; *consumidor.gov.br*: Decreto 8.573/2015
- Brasileiro da Concorrência; estrutura: Lei 12.529/2011
- de Informação de Acidentes de Consumo (SIAC): Portaria Interministerial 3.082/2013
- Nacional de Defesa do Consumidor; organização: Decreto 2.181/1997

SISTEMAS DE PROTEÇÃO AO CRÉDITO
CDC
- prescrição; cobrança de débitos do consumidor: impedir ou dificultar novo acesso ao crédito: art. 43, § 5º

SOCIEDADE (S)
CDC
- coligadas; responsabilidade: art. 28, § 4º
- consorciadas; responsabilidade: art. 28, § 3º
- desconsideração da personalidade jurídica: art. 28
- grupos societários: art. 29, § 2º
- responsabilidade: art. 28, § 2º

SOLIDARIEDADE
CDC
- ofensa com mais de um autor: art. 7º, parágrafo único

SUSPENSÃO TEMPORÁRIA DA ATIVIDADE
CDC
- art. 59, *caput*

T

TERMO DE GARANTIA
CDC
- art. 50, parágrafo único
- obrigação de entregar; crime: art. 74

TORCEDOR
LEG. ESP.
- Estatuto: Lei 10.671/2003

TRANSGÊNICOS
LEG. ESP.
- alimentos; direito à informação sobre; regulamentação: Decreto 4.680/2003

TRANSPORTE
LEG. ESP.
- de passageiros; rodoviário; exploração dos serviços de: Decreto 2.181/1997

TUTELA ESPECÍFICA
CDC
- cumprimento da obrigação de fazer ou não fazer; resultado prático; equivalente ao do adimplemento: art. 84

U

USO E CONSUMO
CDC
- produtos deteriorados ou falsificados: art. 18, § 6º, II
- produtos impróprios: art. 18, § 6º
- produtos inadequados: art. 18, § 6º, III
- produtos nocivos: art. 18, § 6º, II
- produtos vencidos: art. 18, § 6º, I

V

VALOR ORÇADO
CDC
- prazo de validade: art. 40, § 12

VEÍCULOS AUTOMOTORES
LEG. ESP.
- comercialização; informação ao comprador sobre o valor dos tributos incidentes sobre a venda: Lei 13.111/2015

VÍCIO DO PRODUTO E DO SERVIÇO
CDC
- de qualidade, quantidade ou disparidade: art. 18, *caput*
- indicações do recipiente, da embalagem, rotulagem ou mensagem publicitária: art. 18, *caput*
- prazo para sanar o vício: art. 18, § 1º
- prazo; redução ou ampliação: art. 18, § 2º
- responsabilidade solidária dos fornecedores: art. 18, *caput*
- substituição do produto; restituição da quantia paga, abatimento proporcional do preço: art. 18, §§ 1º e 3º

VÍCIOS
CDC
- direito de reclamar; decadência: art. 26
- oculto; decadência: art. 26, § 3º
- prazo para regularizar: art. 18, § 1º
- responsabilidade: arts. 18 e ss.

VIDA
CDC
- produtos impróprios: art. 18, § 6º, II
- proteção contra riscos; direito do consumidor: art. 6º, I

VÍTIMAS
CDC
- equiparação aos consumidores: art. 17